JN093901

関西学院大学研究叢書　第236編

法人と組織と資源の理論

経営学省察

小林 敏男 著
KOBAYASHI, Toshio

A Theory of Corporations, Organizations and Resources: Meditations on the Business Administration

中央経済社

はじめに

本書の構想が浮かび上がったのは，５年ほど前，所属大学の移籍が内定した頃である。前著『事業創成―イノベーション戦略の彼岸』（有斐閣，2014）がイノベーションマネジメントに特化したものだっただけに，経営を網羅的にかつ実践的に捉えたものをまとめたくなった。どういう切り口にすべきか。

もともと，筆者の考えは，経営という現場での営みは，法律にも財務・会計にも深くかかわっており，組織にせよ，戦略にせよ，それらに大きく影響を受ける，というものであった。そのことをストレートに著したくなったのである。そこにこれまでの研究蓄積を織り込み，経営研究を振り返ってみようと考えた。

本書の特長は，「法人」「組織」「資源」という３つの観点から経営を分析し，その内容を詳らかにしている点にある。これまで多くの研究書は，特定の一側面に焦点をあて，その研究成果を開示してきた。そのことは，独自理論を展開するうえで，やむを得ないことではあるが，経営の実務からすると，経営を構成するその他の重要要素を排除することにもつながりかねない。

経営とは，法人がその有する資源（資産）をもとに組織的に活動し，自らの資源（資産）を獲得することによって，法人そのものを持続可能な状態におくことだと考える。そうすると，法人・組織・資源という概念間の相互連関の図式を丁寧に議論したほうが，経営の実態に則している，と思うようになった。

具体的には，法人を取り巻く法学の枠組み，組織・戦略・管理に関する経営学の枠組み，加えて，経営体の評価に関する会計学やファイナンスの枠組みを併せ持つことによって，経営実践における「理論」を浮かび上がらせようと企画した。そうした構えにおいて，３つの枠組みに通底する視座として，組織学習の枠組みを適用した。その理由は，法人・資源といったスナップショットを映し出すのは組織としての戦略行動であり，その原動力は学習する組織だからである。本書は以下の構成となっている。

第１章「序説　経営とは」では，第１節において，経営の概念を定義したのち，第２節で法学的視点から法人の類型を，第３節では組織類型を紹介し，第４節では資産と資源の区分を解説する。資産と資源の区分は，資産をいわゆる勘定可能な会計学上の狭義の資産とし，それら以外の市場支配力，組織能力，ブランド力，技術力等々，いわゆる「見えざる資産（invisible assets）」を，資源と定義して議論を進めている。

第２章「経営戦略：事業の計画立案」では，ビジネスプランニングということから，経営戦略論を中心に議論を展開する。第１節「理念・戦略・ポジション」，第２節「法人と構造」，そして第３節「知識ベースの戦略構築」という構成になっている。法人，組織，資源という観点を導入したことから，会社の買収や統合，さらには分割に関する現代的トピックスを法学的な視点からも紹介できるようになっている。

組織については，垂直的及び水平的統合といったオーソドックスな議論に加え，見えざる資産の観点から，知識創造や知的財産（知財）戦略，プラットフォームリーダーシップなどの議論を紹介する。いうなれば，所有権に基づくストック面での戦略論と，資源ベースでのフロー面での戦略論を併せて議論し，それぞれの特色を対比できる構成になっている。

第３章「生産と供給の管理」は，第１節「生産管理」，第２節「供給管理（SCM）」に加え，第３節「補綴：脱炭素社会における生産と供給」から構成されている。第１節では，大量生産が誕生した歴史的背景に加えて，TQC及びTQMといった量産における基本的管理技法が紹介される。第２節では，近年その重要性が強く意識されるようになったSCM（サプライチェーンマネジメント）を中心に取り上げる。供給管理における鞭効果（bullwhip effects）の難しさをシミュレーションによって伝え，ロジスティックスネットワークの重要性を訴える。そのもとで，戦後日本の国力を底上げしたJIT（ジャストインタイム）生産方式を供給管理の観点から紹介する。

一転して第３節では，今後のモノづくりのあり方を考えるべく，脱炭素社会の主要産業と目されるEV（Electric Vehicle）に焦点をあて，生産コストに大きく影響する電池供給について考察する。その際，液晶パネル産業での失敗を教訓に，イノベーションのジレンマの理論をもとに，日本企業が液晶パネルのように，一敗地にまみれないようにするための試論を展開する。

第４章「人的資源管理（HRM）」では，人間関係論を出発点として，個人の動機づけ理論，集団力学，そして組織学習・文化に関する議論を振り返る。個人から集団へ，そして組織へと主体性のレベルを上げていくにつれ，マネジメントの中身も変化することを確認する。個人に対する動機づけから，グループへのコミットメント，最終的には組織学習と文化の変革へと議論を進める。

今日DX（デジタルトランスフォーメーション）が声高に唱えられ，またコロナ禍も相まって，リモートワークの推進も著しい。しかし，こうした状況が生産性向上やモラール維持において，問題を抱えていないかといえばそうではない。むしろ，第４章の議論を踏まえて，現場のマネジメントとしては，「DXプラス」を推し進めて頂きたいと願うばかりである。すなわちDXだけでは，個人も組織も疲弊してしまうのである。

第５章「評価システム」では，資産と資源を概念区分することから，第１節では，資産ベースでの経営分析を，第２節では，企業価値評価を，そして第３節では見えざる資産，すなわち資源，を評価するためのバランストスコアカード（BSC）を解説する。経営学の書物ではほとんど取り上げられない会計学あるいはファイナンスに関連する領域であるが，経営の全体を理解し評価するには不可欠だと考え，あえて取り上げた。

第６章「国際経営と経済発展」では，まず第１節において国際経営の発展史を産業別に取り上げる。その事実を踏まえ，第２節では，バートレットとゴシャールの所説をもとに，国際経営モデルについて検討する。結論としては，「トランスナショナル経営」をその理念形に近い形で実現しようとすると，第３節で詳述するように，リバースイノベーションやあるいはBOP（Bottom Of the Pyramid）のような実践枠組みが必要になる，ということをケースから読み解いていく。

こうしたトレンドは，経営における多様性への適応欲求の表れでもあり，第７章「多元的価値社会の中での経営：ESGそしてSDGsへ」では，第１節「株主主権から利害関係モデルへ」において，株式会社の誕生から今日に至るまでに，コーポレートガバナンスがどのように変化してきたかについて紹介する。続く第２節「会社法上のコーポレートガバナンス」では，2014年及び2019年に改正された会社法上のコーポレートガバナンス論を考察する。第３節「ESGのもとでのSDGs」では，国連を中心に動き始めた投資とガバナンス，そして社会・自然環境の持続可能性について，ケースを含め詳述する。

補論「学習する組織」では，現代組織に求められる，社会性・国際性・多様性の確保と，組織の硬直化を防ぐための組織学習論を，ピーター・M. センゲの所説に基づき検討する。センゲ理論に依拠しつつも，新たな解釈枠組みを模索している。

以上のことからも分かる通り，本書は，概説的でありながらも専門的で，また実践的でありながらも理論的であり，そのため市場性に乏しい。にもかかわらず，二つ返事で出版を快諾して下さった中央経済社・学術書編集部 副編集長・酒井 隆 氏に対して，まず謝意を伝えたい。次に，2018年10月から小生を温かく迎えて下さった関西学院大学の出版助成制度も有り難い限りであった。村田治学長をはじめ研究推進社会連携機構の面々には，改めてお礼を申し上げたい。さらに，大阪大学時代から大学移籍後も，筆者の研究を資金面で厚く支えて下さっている株式会社パルグループホールディングス及び代表取締役社長・井上隆太氏に対し深く感謝申し上げたい。コロナ禍の苦しい状況にありながらも，絶え間ないご支援を下さり，これなくして本書の上梓はあり得なかった。最後に，自由闊達な雰囲気で研究を行える環境を提供してくれている宮田由紀夫学部長をはじめとする国際学部の同僚及び事務職員そして研究室の秘書たちにも厚く御礼申し上げたい。

その他数多くの人たちのご支援のおかげで本書を刊行することができた。ただ1つ心残りがあるとすれば，コロナ禍中にあって制約の多い老人ホーム生活を強いられ，悪性腫瘍の再発からの激痛に堪えきれず7月末に最期を迎えた父に，本書を見せることができなかったことであろうか。甚だ私的ではあるが，本書を亡き父への手向けとすることをお許し頂きたい。

研究室から六甲連山を眺めつつ，本書を亡き父に捧ぐ
2021年末
筆　　者

目　次

第1章

序説　経営とは

第1節　概　念

「経営」という言葉は，広く日常的に使われている。会社を経営する，というのが最も典型的な例だが，会社に限らず，いわゆるNPO（特定非営利活動法人）等の団体においても，団体経営，といったような使われ方をする。

学術的に考えていくと，経営とは，営利・非営利に関係なく，その社会的使命のもとに，法人を組織し，それが有する資源（資産）を用いて，法人を存続・発展させる，言い換えれば持続可能な状態に保つ，ということだと思われる。詳しく説明しよう。

営利・非営利というのは，法人の社会的使命と大きく関わっている。社会的使命とは，法人の存在する社会において，法人がこのような体（てい）でありたい，あるいはこのようにして社会に貢献したい，と考えていることであり，それらは一般的に「定款」という形で明文化される。営利法人は，事業活動を通じて，利益を生み出し，それを出資者等に還元することをその社会的使命としている。また，非営利法人は，利益の還元ということよりも，その活動自体で，社会に役立ちたい，と考えている。

では，非営利法人は利益を無視していいのかと言えば，そうではない。赤字続きで，資金が不足してしまうと，非営利活動自体を行えなくなってしまう。それゆえ，非営利活動を持続可能にするには，経営が必要になるのである。こうした理解のうえで，筆者が経営を考えるうえで重要だとみなしているのが，「法人」「組織」「資源（資産）」という概念である。

法人とは，法的に社会に認められた活動主体のことを指す。社会的に正当な手続きを経て存在する社会体である。ではなぜ，法人が経営を考えるうえで，重要になのか。営利，非営利いずれの活動も，法人でなくても行える。事実，任意の団体として営利活動しているものもある。しかしながら，こうした団体は，持続可能性に対する意識が希薄になりがちで，状況ごとに恣意的な要素が入り込みやすく，存続・発展ということが二の次にされがちである。

もちろん，世間には「ペーパーカンパニー」という社会的に実体のない，租税回避等のためだけに設立・登記され，用がなくなれば，廃止されるような法人も存在する。であれば，持続可能性ということに対して，個人あるいはそのグループが強い意識を持っているかどうかが重要であって，法人か否かはさほど問題ではないのではないか，と考える向きもあるかもしれない。

実際，いわゆるヤクザやカルト教団のような反社会勢力は，血の結束や鉄の掟といった特異な価値観とルールによって，持続可能性を保持しようとしている。しかし，それらは社会に反する営みであって，決して社会に容認されるものではない。そうした勢力には，持続可能性が担保されていない。ペーパーカンパニーのような例外は除き，法人とは，社会的に正当な手続きを経て，社会に認知された活動主体で，営利あるいは非営利の事業を行う。その社会的使命は「定款」という形で明文化され，理念としてその存続・発展を目指す。したがって，経営を考えるうえで，法人という概念は必須のものなのである。

法人は事業を営むことによって，成立する。実体のある事業を行おうとすると，必ず組織が必要になる。組織とは，分業と階層制からなる役割体系で，分業とは，文字通り，業務を分けて，すなわち役割を決めて，全体として目的を達成するための社会的装置である。そして階層制だが，簡単に言ってしまえば，上司部下の上下関係のことである。組織的に物事を進めるには，必ず最終意思決定者は１人でなければならない。

徹底的に皆で話し合って決める，というやり方もなくはないが，それでは意見の集約に時間がかかるし，意見が集約できるとも限らない。それゆえ，意見を束ね，そして各自に何をしなければならないかを伝える上位者が必要になる。現場で作業する際のリーダー，そうしたリーダーたちを束ねる現場責任者，その現場責任者たちに指示を出す管理者，さらには管理者たちに目標を与える部門長，そして部門長たちに使命を与える経営者，というように上下関係をもとに成り立つシステムが階層制だ。

法人が組織的に事業を営むうえで，必要不可欠なものが資源あるいは資産である。ヒト・モノ・カネは経営資源（資産）の代表例だが，実際，営利企業，会社を設立する場合には，必ず資本金の拠出が義務付けられている。他方，非営利法人，NPO等では，設立にあたって資本金の拠出は不要だが，役員等からなる組織の構成が義務付けられている。こうした資源あるいは資産をもとに組織的に活動し，新たな資源・資産を獲得して，法人を持続可能な状態にすることが経営である。

ここで，資源と資産との概念区分を明確にしておこう。資産とは，会計学的に計上可能な資源のことをいい，他方資源とは，経営において活用することができるあらゆるリソース，原資を指し，数量化できない要素が含まれている。例えば，組織メンバーたちの高い貢献意識，人的ネットワーク，流通チャネルへのアクセス権等々，これらを数値化することは困難で，それゆえ会計学的にはなじまない。

しかしながら，こうしたいうなれば「見えざる資産（invisible assets）」に注目して，経営戦略論を組み立てる学派も存在するため，資源という概念をないがしろにすることはできない。むしろ，戦略論的には，資産と見えざる資産をふたつ併せて，経営資源とみなしている，というように考えて頂きたい。

第２節　法　人

法人には，大きく分けて，営利法人と非営利法人の２種類がある。ただ，非営利法人については，経営としての範囲及び規模において，営利法人に包摂されるので，まず営利法人の分類と特徴を説明し，その後簡単に非営利法人の分類を紹介することにする。

営利法人は４種類あり，株式会社，合同会社，合資会社，合名会社である。株式会社は，営利法人の大半を占める法人で，資本主義の原動力となっている法人形態なので，それ以外の日頃なじみのうすい合名，合資，合同会社から説明していこう。

2.1　合名会社

最も原初的な会社形態で，「無限責任」を負う「社員」から構成される会社である。ここで，「無限責任」というのは，会社が負った債務について，出資者である「社員」がその出資額に関係なくすべての責任を負う，という意味での「無限責任」ということである。例えば，会社が1億円の債務を負った。出資者は，1千万円出資していた。株式会社であれば，この1千万円以上の責任を負うことはないが，合名会社では，1億円の債務を出資者は負わなければならない。

次に「社員」という用語だが，一般的に用いられている従業員を意味するものではなく，出資者のことを指す。この社員は，会社の所有者であり，経営者でもある。ではなぜこのような形態の会社が登場したのかと言えば，基本には家族経営とそれを維持・発展させるための排他性にあった。

合名会社の起源は中世ヨーロッパのコンパーニア（compagnia）にあるとされており，コンパーニアは，ある家族が社員として複数世代にわたって同一の名称を用いて活動するために誕生した。そうした家族的な事業団が，家族が認めた家族以外の者を含めることで，より発展を目指したのがコンパーニアだ。家族同様の無限責任を負わせることによって，言い換えれば，無限責任を負わせられるほどの信頼関係がある者を会社に組み入れていくことによって，排他性を維持しつつ，会社の発展を目指したのである。

2.2　合資会社

合資会社という会社形態を理解するには，「責任」のあり方について，さらに詳しい区分を理解しなければならない。合名会社のところでは，「会社が負った債務について，社員がその出資額に関係なくすべての責任を負う」ことを「無限責任」と説明したが，そうした責任は，正しくは，「直接」無限責任という。会社の債務が出資者である社員に「直接」及ぶことになるからだ。

これに対して，株式会社や合同会社の出資者である株主は，会社の債務を直接請求されるようなことはない。会社が倒産して，所有している株式の価値がゼロになったとしても，それ以上に会社の債権者から請求されるようなことはない。株主は，出資金以上の責任を会社の債権者に対して負わない，ということから「間接」責任者と呼ばれる。

合資会社は，合名会社同様に，会社の債務に対する「直接」責任者たちによる会社形態である。その直接責任の程度が，無限なのか，あるいは金額が定められた有限なのかの違いはあるが，いずれも直接責任を負わないといけない社員たちの会社である。

ただ，合資会社の場合，一部の無限責任を負う社員と，責任額が定められた有限責任の社員から成り立ち，合名会社のように社員全員が無限責任を負うようなことはない。また，合名会社の社員になるには，必ず出資しなければならないのに対して，合資会社の社員になるのには，出資は必要条件ではない。直接責任を引き受けるということだけで，出資しなくても社員になることも可能である。

もっと言えば，合資会社は資金を出資しなくても会社を設立できる。例えば，無限責任社員が１人立ち，直接有限責任の額をひとり１千万円として５人を集め，無限責任者が有する商取引・信用・役務を５千万円と評価して，資本金１億円の会社を資金ゼロで設立することも理論上は可能である。

2.3　合同会社

合同会社は，平成18年（2006年）５月１日に施行された改正会社法が，新たに設けた会社形態で，アメリカ合衆国のLLC（Limited Liability Company：有限責任会社）をモデルに導入された会社形態である。合名会社・合資会社と同様に，出資者である社員がその経営にあたる。その意味において，合名会社・合資会社同様，合同会社は「持分会社」として分類され，すなわち，所有（出資）と経営（機関）が一体となっている。むしろ以下で説明する株式会社以外の会社は，すべて持分会社という理解のほうが良いと思われる。

持分会社の特徴としては，次のようなものがある。

① 株式会社のように，取締役・執行役というような機関は設置されず，全社員（出資者）が，業務遂行及び経営を行う。

② 会社としての使命・目的・事業・業務・会計等を定める定款は，社員全員の一致によって，作成・変更することができる（全社員が「拒否権」を有することになる）。

③ 社員の持分の譲渡，新たな社員の加入も他の社員全員の同意を必要とする。

④ 利益分配，議決権分配も，出資割合とは切り離して自由に定められる。

こうした持分会社としての特徴に加えて，合同会社には，以下の固有の特徴が備わっている。

⑤ 社員はすべて有限責任社員であり，また社員は間接有限責任のみを負う。

すなわち，出資額だけの有限責任を負う。

⑥　各社員は出資義務を負い，信用や役務の出資は認められない。また設立の登記をする時までに全額払込みを要する。

⑦　持分の払戻しは請求できず，また，退社に際しての払戻しは規制される。

⑧　持分の全部又は一部を譲り受けることができず，取得した場合には消滅する。

⑨　任意清算は認められない（合名・合資会社と異なり，無限責任社員がおらず，債権者保護手続きが必要となるため）。

2.4　株式会社

以上の説明の中で重要な概念を取り出すと，**表1-1**に示されているように，「無限責任」と「有限責任」，「直接責任」と「間接責任」，「出資金」の必要性，「所有（出資）と経営（機関）の分離」（持分会社か否か）である。株式会社は，出資者（株主）が出資額以上の責任を負わなくてもよいという意味で有限間接責任形態をとっており，出資者は必ず資金を出資しなければならない。出資形態については，ほとんどが現金だが，現金以外の資産価値が評価できるもので代替されることもまれにある。また，所有と経営が明確に分離されており，出資者（株主）が経営にあたる必要はない。

［表1-1］　会社の分類と特徴

		合名会社	合資会社	合同会社	株式会社
責任	有限・無限	無　限	一部有限	有　限	有　限
	直接・間接	直　接	直　接	間　接	間　接
出資金		必　要	必要でない	必　要	必　要
所有と経営の分離 （持分会社）		一　体 （持分会社）	一　体 （持分会社）	一　体 （持分会社）	分　離 （非持分会社）

設　　立

ではどのようにして，株式会社が設立されるかと言えば，日本での株式会社の設立方法には，発起人（ほっきにん）が全額出資する発起設立と，発起人が一部を出資し，残りの株式を引き受ける者を募集する募集設立の２種類がある。

いずれの場合も，発起人が，株式会社の目的，商号（会社名），本店所在地，設立に際しての出資額，発起人の氏名（名称）・住所等を記載した定款を作成する。発起人及び募集設立の場合の引受人は，引き受けた株式についてその全額の出資を履行しなければならない。

機　関

こうして設立された株式会社は，「機関」を設けなければならない。機関とは，法人である株式会社が意思決定し，行為をするための機能的主体のことである。自然人（法学的には，我々個人のことを「自然人」と呼ぶ。）と違って，法人として意思決定するには，擬制化が必要で，個人及び会議体（自然人が集まって意思決定する会議に主体性を持たせて「会議体」という呼び方をする。）によって代理し，それをもって株式会社としての意思決定及び行為と見なすのである。

株式会社の機関の主だったものには，株主総会，取締役会，監査役あるいは会計監査人等がある。取締役会とは，株主たちから選任された取締役（経営者）たちの会議体で，もっぱら会社経営のための意思決定を行う。そうした経営者の意思決定が，法的に問題がないかどうか，あるいは業務がキチンと行われているか，資金の運用・使用・保全に問題がないかどうかをチェックするのが，監査役や会計監査人と呼ばれる人たちである。

また，取締役会では，互選によって，会社経営の代表者を定める。いわゆる「代表取締役」と呼ばれる人たちで，会社を代表する権利を有する。代表権の中身を議論しだすとややこしくなるので，ここでは代表権のことを，単独で会社を代表して契約等の行為を行うことができる権利，という程度の理解で問題ない。

役　職

一般的によく耳にする，社長，副社長，会長，専務，常務といった会社における役職は，言ってしまえば，会社が勝手に決めている役職で，法的にはそれほど意味はない。ただし，社長・副社長（のほか，会長，頭取，総裁，理事長，代表取締役代行等）については，会社の長に類する役職であることを表す名称であることから，仮に，代表取締役でない（内規上は代表権を持たない）社長・副社長という肩書であったとしても，「表見代表取締役」と見なされ，その者が行う契約責任については，会社として担保することが法的に定められている（会社法354条）。

株主総会決議事項

所有（出資）と経営（機関）の分離が進んだ株式会社では，株主総会の決議事項も法的に以下に限定されている。

- ➢取締役・監査役などの機関の選任・解任
- ➢定款変更，合併・会社分割，解散など，会社の基礎的変更に関する事項
- ➢株式併合，配当など，株主の重要な利益に関する事項
- ➢取締役の報酬決定

これらの事項は，一般的には取締役会において決議された内容が株主総会に諮られることになる。決議事項は一般的に「普通決議」と「特別決議」に区分されており，ほとんどが，定足数（議決権総数に占める総会出席議決権数）は過半数で，賛成過半数の場合に成立する普通決議であるが，会社の合併・分割・解散等，会社の基礎的変更に関する事項については，定足数は過半数で，かつ賛成が出席議決権数の３分の２以上ないと成立しない特別決議として扱われる。

議決権数

株式会社の株主総会の議決は，一般選挙のような１人１票という形式では行われない。発行された株式数に応じた議決権が割り当てられ，株式数の多寡に応じて議決権数が割り当てられる。それゆえ，多くの株式を有している者が多くの議決権を有することになる。議決権総数の過半数を所有していれば，普通決議はすべて思い通りになり，さらに議決権総数の３分の２以上を所有していれば，完全に会社をコントロール下に置くことが可能になる。資本比率の多くを所有するものが決定力を有するということから，資本主義といわれる所以だ。

所有関係は，会社間においてしばしば発生することから，議決権総数の３分の２以上を有する会社のことを「完全子会社」と呼び，議決権総数の過半数を有する会社を「子会社」と呼ぶ。また，発行済株式総数の20％以上～50％未満の株式を所有している会社のことを「関連会社」と呼び，子会社，関連会社，これら両者のことを総じて「関係会社」とも呼ぶ。

ところで，議決権総数の３分の１未満では，結局のところ，何も決議できな

いことから，過半数に満たないまでも３分の１超の議決権を所有しようとする動機があってもおかしくはない。こうした動機は，裏を返せば，「拒否権」を有しようとする意図，というように理解できなくもない。なぜなら，会社の合併・分割・解散等に係る特別決議を多数派の思いのままにはさせない，という意思表示と理解可能だからだ。

株式会社については，社会におけるその影響が非常に高まってきていることから，企業の社会的責任（CSR）やコーポレートガバナンス等々多方面で議論されるようになってきているので，第７章にて詳述しよう。

2.5　非営利法人

非営利法人の典型は，民法第34条で定められている「公益法人」である。公益法人は，その目的が，慈善，学術，技芸その他公益のみにつくし営利を求めない法人のことをいう。公益法人には，社団法人と財団法人の２種類があり，前者は，一定の目的をもつ人々が集まった法人のことであり，各種の学会や日本医師会などがこれに相当する。他方，財団法人は，一定の目的のために投じられた財産を中心に活動する法人のことであり，財団法人の構成員はその目的に沿って財産を運用する。例えば，日本相撲協会や日本サッカー協会などがこれに相当する。設立に当たり，主務官庁の許可が必要とされるため，その数は限定的だが，公益法人は原則法人税の支払は免除される。

2008（平成20）年12月１日以前までは，公益社団法人，公益財団法人，という名称はなく，単に社団法人，あるいは財団法人とだけ称されていた。しかしながら，公益法人制度改革３法（一般社団法人及び一般財団法人に関する法律，公益社団法人及び公益財団法人の認定等に関する法律，一般社団法人及び一般財団法人に関する法律及び公益社団法人及び公益財団法人の認定等に関する法律の施行に伴う関係法律の整備等に関する法律）が施行されたことにより，既存の社団法人・財団法人は，ふるいにかけられ，公益性の高いと認定される法人を公益社団法人・公益財団法人と称し，それ以外の法人は，一般社団法人・一般財団法人，というように区別されるようになった。要するに公益性があまり認定できないような社団法人，例えば一部のゴルフ倶楽部や，企業が自らの余剰金をもとに社員や周辺地域住民の福利厚生に資する財団法人などは，それぞれ一般社団法人，あるいは一般財団法人に分類された。

こうした法人以外に，特別法により設立される学校法人，社会福祉法人，宗教法人，医療法人のほか，非営利ではあるが積極的に公益を目的とするとまではいえない法人（中間法人）も非営利法人に属する。とりわけ，特定非営利活動法人（NPO）は，一般にもなじみがある法人で，1998年（平成10年）12月に施行された「特定非営利活動促進法」に基づき特定非営利活動を行うことを主たる目的として設立される法人である。

ここでの「非営利」という用語は，構成員に利益を配分しない，ということに限定され，商業活動を行うこと等の収益を得る行為を制限するものではなく，また許認可も所轄庁（事務所が所在する都道府県の知事。ただし，２つ以上の都道府県の区域内に事務所を設置する場合は，経済企画庁長官）が行うことから，設立における自由度もあり，設立手続きが簡素化されているのが特徴である。

第３節　組　織

3.1　基本原則

第１節で述べたように，組織とは，役割分担と階層制によって成立している。階層制は，職位における上下関係を形成するとともに，指示・命令・報告のコミュニケーションラインを敷設する。この階層制以外に，組織を設計するには，基本原則というものがあって，「統制の幅（span of control）」，「命令一元制（unity of command）」及び「指揮一元制（unity of direction）」である。

統制の幅とは，上司が直接コントロールする部下の人数を定めるもので，通常，数人とされている。この原則は，要するに，上司の目の届く範囲に生理的な限界があることを見据えての原則である。例えば，統制の幅を５人とし部下の数が100人とすると，上司は100÷５＝20（人）必要になる。同様に，この20人には，４人の上司が必要になり，さらにこの４人を束ねるトップが１人，というように組織は階層化される。トップ１人，その部下４人，そのまた部下20人，ボトム100人，という４階層からなる組織が編成される。

トップが１人ということを定めるのが，指揮一元制の原則である。組織のトップが複数だと，意見の相違から最終判断ができない事態が起こりうる。こうした事態を避けるために，組織のトップは必ず1人でなければならず，そのことを指揮一元制の原則は定めている。

最後に命令一元制だが，これは，部下が直属の上司以外の上位者からの指示・命令を聞き入れてはいけない，とする原則である。指示命令系統，すなわちコミュニケーションラインの混乱を避けるための原則である。

3.2　公式（フォーマル）と非公式（インフォーマル）

以上，階層制（hierarchy）を含む4つの原則によって構築される組織は，一般的に「公式組織（formal organization)」と呼ばれる。これに対して，公式組織に所属することによって派生する個人間の付き合い等のことを総称して，非公式組織（informal organization）と呼ぶ。大学等のゼミやサークルでの仲間，グループなどは，このインフォーマル組織に相当する。したがって，フォーマル組織とインフォーマル組織は，コインの裏表のような関係にある。

さらに言えば，経営学領域の中でも，リーダーシップやグループダイナミクス等を中心に議論する人的資源管理論では，フォーマル組織の設計よりも，インフォーマル組織の雰囲気を重視する。公式組織が従業員等の組織メンバーが住む家であるとすれば，その家で生活していくうえでの雰囲気（働きやすさや人間関係等）を大事にするからだ。

3.3　ライン＆スタッフ

以後，断らない限り，組織といえば公式（フォーマル）組織に関する説明となるが，組織には，このフォーマル／インフォーマルの区分とは別に，ラインとスタッフという区分もある。そして，両者は相互補完関係にある。ライン組織とは，コミュニケーションラインから派生してきた用語で，計画や作戦を実行するために，指示命令の伝達系統（ライン）を通じて情報がやり取りされることから，このように呼ばれる。具体的には，計画・作戦を実行する実働部隊のことを指す。他方，スタッフ組織は，計画や作戦の立案を手掛け，あるいは実働部隊の活動を支援する組織全般のことを指す。

ラインとスタッフは，もともとは軍隊用語で，実際の戦闘任務にあたるのが，ラインで，戦闘計画を立案し後方支援するのが，スタッフだ。したがってスタッフのうち，計画立案に深く関わる役職のことを参謀と呼ぶ。

現代の会社組織では，計画立案や後方支援，管理等の業務が増えその範囲が広がっているだけでなく，各業務の連携も深まり高度化しているため，軍隊のように戦闘部隊をライン，支援部隊をスタッフ，というようにきれいに切り分けすることはなかなか難しい。そこで，会社の行っている事業に直接関与している直接部門（購買・製造・販売等）のことをラインと称し，経営企画，研究開発，人事・労務，総務，財務等の間接部門のことをスタッフとして扱っている（**図1-1**）。

ラインの長は，その直接部門に関する責任を負うので，会社全体あるいは他部門に関する情報については，疎遠にならざるを得ない。そこで，会社全体あるいは他部門の情報をまとめて，情報伝達するのが，スタッフの任務になる。各ライン部門からの情報を総合し，会社としての経理・財務計画，研究開発計画，経営企画等を立案し，それを社長に提案するのもスタッフの仕事である。したがって，情報化が進展している今日的経営環境においては，スタッフ部門の役割の高度化が求められることになっているのである。

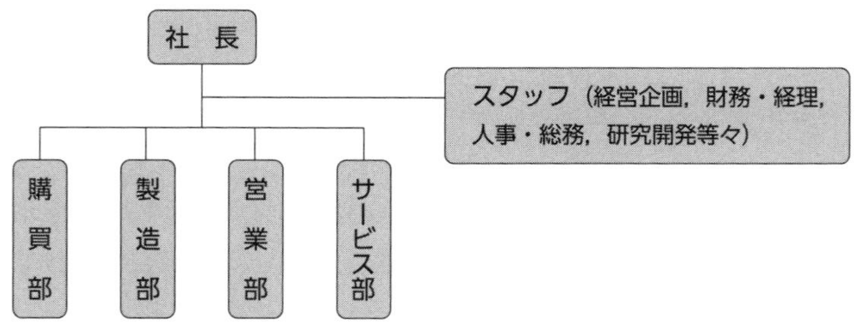

［図1-1］　ラインアンドスタッフの基本形

会社規模が大きくなり，グローバル企業になればなおさらのことである。例えば，ソニーグループの組織図は，**図1-2**のように概略的に描かれている。以前ソニーは「カンパニー制」という事業領域ごとに見なし法人，カンパニー，を仕立てて，そのトップへの権限委譲を進め，カンパニーとしての機動性を高め市場により迅速に対応しようとしていた（カンパニー制，1994年導入・1996年強化・2005年廃止）。その名残として，今も「ゲーム＆ネットワークサービス」「音楽」「映画」等々のグループ構成にして，各種事業を展開している。

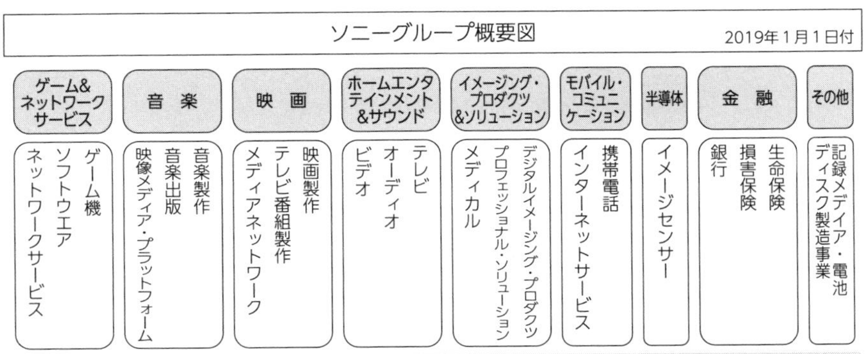

ヘッドクォーターズ（本社機能），Research & Development（研究開発）／事業開発／ブランドデザインプラットフォーム，プロフェッショナルサービス

専門機能会社（生産，物流，調達，品質，環境，セールス&マーケティング，経理，人事，総務情報システム等）

［図1-2］　ソニーグループ組織図 [1)]

これらのタテに描かれているグループ事業体が，ライン組織に相当し，他方底に並べられている「ヘッドクォーターズ（本社機能）」以外の，「研究開発プラットフォーム」「事業開発プラットフォーム」「ブランドデザインプラットフォーム」「プロフェッショナルサービス」というのが，スタッフ組織である。さすがは大会社ソニー（グループ）だけあって，全社に共通するサービスを提供する部門を束ねて「専門機能会社」といったスタッフ会社までも設置している。スタッフ機能の株式会社化は，スタッフサービスにおいてもコスト削減意識を徹底させる意図の表れだと思われる。

3.4　機能と事業

機能別組織

経営トップに直属する部下たちが束ねる直接部門の構成の仕方には，大きく分けて２つある。１つは，機能，すなわち会社にとって必要不可欠な役割に

1）　出所：ソニーグループHP（https://www.sony.co.jp/SonyInfo/CorporateInfo/Data/organization.html）（最終閲覧日：2019年１月24日）

よって区分するもので，製造・営業・購買，といった役割区分がその一例である。原初的な会社や規模の小さな会社は，ほとんどがこの機能別の部門によって構成され，「機能別組織（functional organization）」と呼ばれている。

事業部制

会社の規模が大きくなり，複数の事業を多角的に展開し始めると，事業ごとに部門を構成しようとする動きが現れる。この事業単位での組織化を「事業部制組織（divisional organization）」と呼ぶ。さらに地域と事業との関係が密接になると「地域制組織（regional organization）」という部門も登場することもある。これも事業部制組織の一種である。事業部制組織は，通常複数の部門＝事業部によって構成され，英語では，multiple divisional organizationと表記されることから，別名「Mフォーム」と呼ばれる。

各事業部は，一般的に下位組織を機能別に構成する。ただ，類似製品を作っている複数の事業部があって，各事業部がそれぞれ個別に工場（製造部門）等を有するよりも，集約したほうがコスト面で効率的な場合には，そうした工場等を「コストセンター（cost center）」として事業部間で共有することがある。この場合，事業部は，「プロフィットセンター（profit center）」として位置づけられる。なぜプロフィットセンターと呼ばれるのかと言えば，事業を通じて利益を生み出す部門だからだ。コストセンターに発生した費用は，生産数等に応じてコストセンターを共有しているプロフィットセンターに配賦される。

事業本部制

事業部制が拡大すると，すなわち多数の事業部が構成されるようになると，どうしても製品・サービスを販売している市場が重なることがある。そうなると同じ会社でありながら，内部での競合は不可避となる。こうした事態を回避するために，類似市場に製品・サービスを提供している関連事業部群を束ねる「事業本部」という組織を設置することがある。要するに，関連事業部間の調整機構である。会社によってはその英訳もさまざまだ。Head Officeというように称する会社もあれば，Operational Headquartersと称するところもある。

ところが，この事業本部の設置は，デメリットも持ち合わせている。いくつかあるが，代表的なデメリットを２つ紹介しておくと，１つは，意思決定に時間がかかることだ。なにせ関連事業部間での調整を行わなければならないからだ。3，40年前の話だが，ある家電メーカーには，テレビ事業部とビデオ事業部があった。新製品としてビデオ内蔵テレビを企画した。それをどちらから販売するのか，事業本部としては調整が迫られることになった。

もう1つのデメリットは，事業本部長の立場に関係する。事業部を束ねる本部の長を任されるので，たいていは，本社取締役会のメンバー，すなわち重役が兼務することになる。その重役は，会社全体のことを考えなければならないが，事業本部のことも考えなければならない。えこひいきとまでは言わないが，自分が管掌している事業本部に対して愛着が湧くことは確かで，取締役会において私情が入った意見を展開しかねない。

こうしたデメリットがあったせいか，日本で最初に事業部制組織を導入した旧松下電器産業（現パナソニック）は，事業部制組織を導入後，事業本部制を採用し，また事業本部制を解体して事業部制に戻し，さらに事業本部制を再導入し，というように，組織設計を行きつ戻りつさせたことがあった。

カンパニー制

現パナソニックは，「カンパニー制」という組織形態を採用している。事業本部よりも多数の事業部や子会社をも束ねて，1カンパニーに仕立てて，それぞれがほぼ独立した会社のように振る舞えるようにしている。

具体的には，「アプライアンス社」「エコソリューションズ社」「コネクティッドソリューションズ社」「オートモーティブ&インダストリアルシステムズ社」の4つのカンパニーによってパナソニックのカンパニー制は構成されており，それぞれの下に複数の事業部や子会社が配置されている。アプライアンスには，家電や空調等に関連する事業部等が配属され，エコソリューションズには，照明，エネルギー（太陽光発電等），ハウジングが，またコネクティッドソリューションズには，モノづくり企業向けに，プロセスオートメーション等の事業部や子会社が，そしてオートモーティブ&インダストリアルシステムズには，車載エレクトロニクス事業部，二次電池事業部や電子材料事業部等が配置されている。

事業本部とカンパニー制との大きな違いは，前者が事業本部に配置されていない事業部が存在する，別言すれば，事業本部を介在させずに本社直属の事業部が存在するのに対して，後者カンパニー制では，すべての事業部は，カンパニーに配属される，ということだ。

事業部と子会社

注意深く解説を読んでいる読者は，前記の文中に「事業部」という用語に混じって「子会社」という用語が入っていることに気付き，「会社の中に別会社があるの⁉」とふと疑問に思われたかもしれない。それこそ１世紀近く前の話だが，アメリカ自動車産業における大企業ゼネラルモーターズ（GM）は，戦略の一環として，原材料や部品を製造販売する会社を買収していった。それら買収された会社は，子会社として，ビュイック，ポンティアック，シボレー，キャデラック等々の事業部に配属された。すなわち，大企業になってくると，別会社でありながらも，指令系統上は，すなわちコミュニケーションライン上は，事業部，事業本部，さらにはカンパニーといった部門に配属されることがあるのだ。

逆に事業部を別会社にする，ということも行われる。平成12年に行われた商法改正によって，会社分割が容易になった。ただし，本体から完全に切り離すか，指令系統上はこれまで通り事業本部やカンパニーに残すかどうかは別にしての話である。独立採算色が強く，これまで本社から投資してきた残高等が明確に把握できる事業部は，この商法改正によって別会社化することが容易になったのである。投資王国，米国では，事業部も投資対象の１つであるという意識のもと，事業部はそもそも「インベストメントセンター（investment center)」として位置づけられる。そして，事業部単位での売買は，会社本体のリストラクチャリング（企業再編）の際には，必ず行われる。

別会社化には，前向きな理由と後ろ向きの理由の２つがある。１つは，本社としての「創業者利得」を得やすいことが上げられる。事業部を会社分割のうえ株式会社化し，一部あるいは全部の株式を譲渡することによって，外部資金を調達しようというものだ。ここにいう創業者利得とは，投資残高（資本金）の額面上の価値よりも，市場評価（株価）のほうが高い場合に生じる差益のことで，この差益を狙って事業部を別会社にすることが行われる。

例えば，粉飾決算に始まって最近話題に事欠かない東芝だが，債務超過に陥り資金調達に困り果てた結果，虎の子の半導体事業部を東芝半導体メモリとして，別会社化した。この半導体メモリを２兆円で売却しその創業者利得をもって，債務の返済に充てようとした。実際は，半導体メモリの全株式を手放すまでもなく，投資ファンド等から資金調達を行えたため，債務超過を解消し，資金調達も容易になった。そして，東芝半導体メモリは，キオクシアとして上場準備を進めるに至っている[2]。

他方後ろ向きの理由は，採算性が悪く，すなわち赤字続きの状況で，本体と同じ労働条件や全社共通費の負担を維持することが難しい場合，労務費や福利厚生費等を削減させるために別会社化する，といったことも行われる。

3.5　分権と集権

事業部制組織を考えるうえで，もう１つ理解しておく必要があるのが，事業部の独立性である。本社から見れば，分権か集権か，ということになる。分権か集権かは，もともと意思決定に深く関わる概念で，１カ所に意思決定のための情報が集約される場合を集権と呼び，他方，複数の箇所で情報集約が行われ，それぞれ独自に意思決定をすることが許されている（組織論的には，「委譲（delegation）」されている）場合，分権的と称される。

事業内容，規模，収益度合によって，意思決定権限が委譲されるか否かが決まるが，外形的に分権か集権かを見極めることができる。それは，スタッフ部門の位置取りから判断可能である。スタッフ部門は，上でも説明したように，もっぱら実働部隊の後方支援として，計画立案等をもっぱらとする。すなわち，スタッフは意思決定のための部隊だ。したがって，事業部にスタッフ部門が配置されていれば，その事業部には独自に意思決定できる領域が，配置されていない事業部に比べて大きい，ということになる。

すべての事業部にすべからくスタッフ部門が配置されていれば，そうした会社は分権的な経営が行われていると考えてもそれほど間違ってはいない。これに対して，事業部にスタッフ部門が配置されていなければ，集権的な経営が行われていると考えても良いだろう。

カンパニー制を日本で初めて採用したのがソニーで，当社は1994年４月，19事業部を８つのカンパニーに再編した。目指したのは，スピーディーかつ自律的な組織，ということであったが，スタッフ部門のうち研究開発については，本社直属のままでカンパニーには配置されず，人事と会計などの間接部門が一

2）東証一部上場予定であったものの，米国の中国・ファーウェイ（HUAWEI）への制裁に伴い，ファーウェイがキオクシアの供給先大手であったため，2020年10月の上場が取り消され，その後現時点（2021年12月）においても，上場するという情報はない。

部委譲されたに過ぎなかった。このように，スタッフ部門の配置・委譲のされ方を見れば，会社のおおよその分権程度が把握できるのだ。

3.6 チーム

チームには，いくつかの種類がある。主だったものとしては，タスクフォース，プロジェクトチーム，そして委員会だ。タスクフォースというのは，文字通り，任務をこなすための部隊で，緊急事態が発生し，その問題を片づけなければならない際に，関連部署からメンバーが招集され，解決に向けて組織される。問題が解決された時点でタスクフォースは解散される。それゆえ，タスクフォースは，短期的な受け身のチームである。

次にプロジェクトチームだが，これは，受け身ではなく状況によっては，長期化する。新製品開発のためのプロジェクトチーム等がその典型で，会社全体あるいは部門として，積極的に新たな事柄にチャレンジしようとする際に組織される。そのため，時間軸も比較的長いものになる。それゆえ，問題もなくはない。

さまざまな部署からメンバーが集められ，プロジェクトチームは結成される。メンバーを派遣する元の部署にとっては，既存の業務をこなすうえでは人手が不足することになる。それゆえ，派遣元の部署は，プロジェクトチームへのメンバーの派遣をあまり歓迎しない。また，一旦少ない人間で，もとあった部署が既存業務をこなすようになると，プロジェクトチームに派遣された人の戻るところがなくってしまうということも起きる。いずれにせよ，プロジェクトチームというものの時間軸の長さが，こうした問題を惹起するのである。

そして，最後に委員会だが，これは，株式会社において機関として設置される委員会のことではなく，通常業務をこなしていくうえで部門間に共通する全社的な課題を検討・解決するために，ほぼ恒常的に設置される組織のことをいう。人事・労務委員会や渉外対策委員会等々，会社・組織ごとに各種各様の委員会が設けられる。委員会のメンバーは，当然のことながら，皆オリジナルな部門・部署に配属されながら，委員を兼務する。

第4節　資産・資源

本章第1節「概念」のところで紹介したように，会社はこの資産・資源をもとに事業を営み，利益を生み出し，資産・資源を増やそうとする。このサイクルを安定的に行えれば，持続可能な経営ということになる。

繰り返すが，本書では，資産という場合には，会計上，計上可能な資産，すなわち貸借対照表上に表記できる資産に限定し，それら以外の勘定不能な（uncountable），いわゆる「見えざる資産（invisible assets）」については，資源と呼ぶ。

4.1　資　産

貸借対照表

貸借対照表は，左右2つの領域から成り立っており，左側が「借方」，右側が「貸方」と呼ばれる。借方に，会社が保有する資産項目が記載され，貸方には負債及び資本の部が記載される。会社の資産，すなわち債権がなぜ借方（かりかた）に表記されるのかについて疑問を覚える向きもあると思われるので，簡単に筆者の理解を示しておこう。

借方は英語のdebitの訳で，他方，貸方はcreditの訳である。Debitは，債務とも訳されるが，デビットカードを連想すれば分かる通り，資産購入の結果，というようにも考えられる。その原資は何かといえば，貸方（credit），すなわち信用である。会社の信用（credit）なくして，負債や株式発行等による資金調達は行えない。会社が有する信用をもとに調達された貸方資金の使用結果が，借方（debit）として記録されるというように理解できるのである。

図1-3（次頁）に表記されている自己資本は，貸方全体を資金調達の結果という理解から「総資本」として捉え，そのうち返済義務のある負債を「他人資本」と呼ぶことから，返済義務のない資本金・利益準備金等のことを指している。要するに，総資本＝他人資本（返済義務あり）＋自己資本（返済義務なし）である。また，自己資本は別名，「純資産」とも呼ばれ，借方（総資産）から，貸方の負債の部を差し引いて残る純粋な会社資産のことである。

会社の資産項目は，大別して3つあり，現預金，売掛金，受取手形，仕掛品

借 方（debit）	貸 方（credit）
流動資産	流動負債
	固定負債
固定資産	自己資本
繰延資産	

［図1-3］ 貸借対照表の構成

等の「流動資産」，建物・設備，仕掛品，関係会社株式等の「固定資産」，そして開業費や新株発行費といった「繰延資産」である。また負債の部は，支払手形，買掛金，短期借入金等の「流動負債」と，社債や長期借入金等の「固定負債」から成り立っている。これら資産・負債・自己資本内容から，会社経営の健全性・安全性などが経営分析される。

安全性指標

以下主だった分析指標を**表1-2**としてまとめた。備考欄が重要で，流動比率の場合，流動資産の半分以上は，いつでも短期負債の返済に充当できる資産（現預金，受取手形，売掛金，短期保有株式等）を保有しておくべきだ，ということなる。また，固定比率は，自己資本（純資産）に占める固定資産の割合を意味しているが，要するに，返済義務のない自己資本が非常に高い割合で固定資産に固定化されていると，結果として流動比率を悪化させることに繋がるので注意しよう，ということである。

ただそうなると，自己資本以上の設備投資は行いにくくなり，こじんまりとした経営になってしまいかねない。固定資産が流動化しづらいという考えからすれば，自己資本に加えて，返済期間が長期に及ぶ固定負債も勘定に入れても問題ないのではないか，という考えから「固定長期適合率」という指標が代用される。実際，上場企業の多くは，固定比率では失格でも，固定長期適合率では問題なし，という状態にある。

[表1-2]　経営分析指標

指　　標	内　　　容（%）	備　　　考
流動比率	流動資産÷流動負債×100	企業の短期支払能力を示し，おおよそ200%以上が妥当。
固定比率	固定資産÷自己資本×100	自己資本に対する固定資産の比率を示し，100%未満が妥当。
固定長期適合率	固定資産÷(自己資本＋長期負債)×100	自己資本に返済期間の長い長期負債を組み入れることによって，資産の固定化の安全性を確認する。
負債比率	負債÷自己資本×100	自己資本に対する負債の割合を示し，100%未満が妥当。
自己資本比率	自己資本÷総資本(＝総資産)×100	この比率が大きいほど，負債の少ない経営を行っている。

負債比率が高い，あるいは自己資本比率が低い経営は，要するに借金経営だ。好況時は問題ないが，不況には弱い経営である。ただ，負債比率が低く，自己資本比率が高い経営が常に優れた経営か，といえばそうとも言えない。経営の安全性を重視し過ぎて，成長のチャンスを逸してしまうこともあるからだ。攻めの経営と守りの経営，どちらも必要なところが経営の難しさである。

ROAとROE

以上のことは，会社が過去から現在に至る事業において蓄積してきた資産についての経営分析になるが，会社の経営評価，ということからすると当然のことながら損益とも関連付けられなければならない。

損益というのは，毎期発生する。損益の主だったものは，「営業損益」「経常損益」「純損益」の３種類である。営業損益とは，会社の事業活動によって生み出された損失あるいは利益だ。この事業活動の損益（営業損益）を基本に，期間中に事業活動外での損益が合わさると，経常損益になる。具体的には，預金からの受取利息や，保有株式の配当金，為替損益等の営業外損益が営業損益に加わり，経常損益となる。この経常損益に，短期保有株式や固定資産の売却，債権放棄等による損益，すなわち特別損益が加算され，税引き前純損益になる。これに応じて法人税等が算出され，それらを差し引いた後に残るのが，当期純損益である。

この純損益を期首と期末の平均自己資本（純資産）で除して得られるのが，「自己資本利益率（Return On Equity：ROE）」である。他方，「総資産利益率（Return On Assets：ROA）」は分子に事業損益（営業損益に受取利息・受取配当金・有価証券売却益等の営業外利益を加算したもので，営業外費用は加えない。）を用い，それを平均総資産（分母）で除して得られる。どちらも，会社の収益性を判断する指標としては重要だが，ROAはどちらかと言えば，経営者が，自らがコントロールする資産がどの程度活用されて経営成績に繋がったのかを判断するうえで重要視する指標で，他方ROEは，株主や投資家たちがその会社の業績を判断するうえで重視する指標である。

4.2 資　源

経営分析の詳細は，経営戦略や計画の評価に密接に関連するので，第５章「評価システム」にて掘り下げていくことにして，最後に見えざる資産，すなわち資源について考えてみよう。

無形固定資産

その前に，少しだけややこしい話をしておくが，資産項目の中には，「無形固定資産」という項目があり，具体的には，ソフトウェア，のれん，営業権，特許権，借地権等である。ソフトウェアは，設備や機械と同じように扱うべきものだが，形がないということから無形固定資産に分類されている。「のれん」というのは古い用語だが，簡単に言えば，企業買収・吸収に際して，被買収・吸収企業の総資産簿価以上の値付けで買収・吸収した場合に生じる評価差額のことで，実際の簿価上資産額よりも高く買った差額（対価）を示す。それを「のれん（goodwill）」として資産計上する。

特許権というのは，特許出願と特許が認められた際に必要となる申請・登録・維持費用の総額で，営業権や借地権は，その場所で営業をするために支払わなければならない権利金である。のれんにしてもそうだが，これら特許権や営業権，借地権というものは，お金を支払うことから費用として，期間中に一括損金処理ができればよい，と考えられがちである。しかし，これらは将来何年間にわたって，企業の収益に貢献するであろうということから，定められた期間で償却（損金として計上）する決まりになっている。したがって，定期償却を行わなければならない無形資産であることから，無形固定資産と呼ばれる。

この無形固定資産と，本書でいうところの資源，すなわち見えざる資産，とは異なる。冒頭で述べた通り，資源を数値化することはできない。市場支配力，ブランド力，組織能力等々，近似的に数値化しようとする試みは多くあるが，その実態は把握不可能である。ただ，経営戦略などの分野では，この資源に根ざした理論を構築しようという動きも多くあり，これまた無視することはできない。これまで「コアコンピタンス（core competence）」や「組織能力（organizational capability）」といった概念をもとに，「資源基底枠組み（resource based view）」での戦略論がさまざまな形で展開されてきた。

コアコンピタンス

コアコンピタンスという概念は，1990年にプラハラード=ハメルが，ハーバードビジネスレビューに投稿したThe Core Competence of the Corporationという論文において初めて提唱された[3)]。その際，モデルになったのは，アメリカ市場で活躍していた日系企業であった。1980年代，日系企業の製品は，小型・軽量・安価であることから，アメリカ市場で人気を博し，競合するアメリカ製品の市場シェアを奪った。自動車市場では，貿易摩擦の原因となり，政治問題にさえなった。それくらい日本製品の人気が高かったのである。

日系企業は，「要素技術」を全社で共有し，それらを複合的に組み合わせることによって，他社が真似しにくい「コアプロダクト（core product）」を開発する。それらをこれまた組み合わせることによって，模倣困難な「エンドプロダクト（end product）」を開発し，市場シェアを獲得したというのが，プラハラードたちの論理である。

これに対してアメリカ企業では，事業部制経営の弊害が顕著に現れ，各事業部がばらばらに動き，それどころかむしろ熾烈な内部競争に勝ち残るために，情報共有はおろか，本社から見れば，研究開発の二重投資や，市場での共喰いが日常化していた。こうした事態に警鐘を鳴らすべく，プラハラード=ハメルが提唱したのが，コアコンピタンスという概念である。

彼らによれば，コアコンピタンスとは，「組織領域を超えた横断的コミュニケーション」によって成立可能な「組織への一体感，作業への深いかかわり」

3）　Prahalad & Hamel（1990）。

である。また，共有された要素技術の総体としてのコアコンピタンスは，それから生み出されるコアプロダクト，さらにそれらをもとにするエンドプロダクトによって，概念としての体系化が図られたのである。

組織能力

コアコンピタンス概念がどちらかといえば，技術を中心とする考え方であれば，「組織能力（organizational capability）」はより一般化された概念だ。サッカー等の球技解説でよく用いられている個の力に対するチームあるいは組織の力，というのがこの組織能力である。

組織能力は，突き詰めていけば，結局，危機対応力と学習力に集約することができる。会社として危機（異常）に直面した時に，それをどう打開するのか。この問題解決能力が組織能力の一方の軸である。個人が臨機応変に対応することも求められるが，それだけでは不十分で，部署間で連携してことに当たらなければならない。その際，部署間で問題に対する温度差があっては，連携はままならない。常日頃から，異常を見過ごさない風土と，連携して対処する風土を根付かせておかなければならない。

組織能力のもう一方の軸は，学習力である。一般に「組織学習（organizational learning）」と呼ばれる事象であるが，これに関しては，注意点が少なくとも２つある。１つは，学習プロセスで，もう１つは学習態度だ。第３章「生産と供給の管理」で取り上げるトヨタ生産システムは，非常に高度な学習プロセスを持ち合わせている。自動車という部品点数が非常に多い組立産業において確立されたこのシステムは，非常に高度な学習プロセスを持ち合わせている。ある問題が解決されたら次の問題が現れ，またそれが解決されたら次の問題が登場し，というように，常に「改善」が行われ続ける。この継続学習を生み出す学習プロセスこそが重要なのである。

次に，学習態度であるが，個人のみならず組織も成功体験を重視する。個人よりも組織のほうが成功体験をより重視する。そうした学習傾向は，「シングルループ学習」と呼ばれ，すでに備えている考え方や行動の枠組みに従って問題解決を図り，その枠組みを強化していく。しかしながら，この学習だけでは，異常や危機への対応は行えない。なぜなら，異常や危機を認識しようとしなくなるからだ。そこで求められるのが，「ダブルループ学習」である。

過去の成功体験における固定観念を自らアンラーニング（学習棄却）し，外部から新しい知識や枠組みを取り入れ，それをまたシングルループ学習によって反復・強化していく。こうしたアンラーニングとシングルループ学習との組み合わせをダブルループ学習と呼ぶ。これら，シングルループ学習及びダブルループ学習は，1978年，アメリカの組織心理学者クリス・アージリスとドナルド・ショーンが『組織学習（organizational learning）』において提唱した概念である[4)]。その後の経営戦略論にも大きな影響を与えた。すなわち，ダブルループ学習を保持できるように組織は維持されなければならない，という考え方である。

本書では組織学習理論について，アージリス=ショーンらの理論を，さらにそれを発展させたピーター・M. センゲの所説「学習する組織」を補論として取り上げる。コミュニケーションチャネルの進化に伴う多様化等の流れにおいて，組織としてどのように学習していけばよいのか。この問題は，法人の持続可能性の根源につながると思われるので，あえて補論として１章を設けることにした。

◆参考文献

1　Chris Argyris & Donald A. Schon（1978）, *Organizational Learning: A Theory of Action Perspective*（Addison-Wesley）

2　C.K. Prahalad & Gary Hamel（1990）, "The core competence of the corporation," *Harvard Business Review*, Vol. 68, No. 3, pp.79–91.

4）　Argyris & Schon（1978）。

第2章

経営戦略：事業の計画立案

第1節　理念・戦略・ポジション

1.1　理　念

第1章で述べたように，経営とは，法人が自らの資産・資源を用いて組織的に活動し，新たな資産・資源を獲得することによって，法人を持続可能にすることである。その際組織的に活動するために立てられるのが，事業計画である。そのため，事業計画は，法人としての社会的使命（ミッション）に大きく影響される。

ミッションという用語には，法人の定款以上の内容が含まれている。それは，経営理念と呼ばれるものだ。企業理念という呼び方をする会社もあれば，哲学（フィロソフィー）という用語を用いる場合もある。例えば，本田技研工業株式会社（ホンダ）は，自社の「企業理念」としてホームページ上で次のように紹介している。

> Hondaフィロソフィーは，「人間尊重」「三つの喜び」から成る"基本理念"と，"社是""運営方針"で構成されています。Hondaフィロソフィーは，Hondaグループで働く従業員一人ひとりの価値観として共有されているだけでなく，行動や判断の基準となっており，まさに企業活動の基礎を成すものといえます。Hondaは「夢」を原動力とし，この価値観をベースにすべての企業活動を通じて，世界中のお客様や社会と喜びと感動を分かちあうことで，「存在を期待される企業」をめざして，チャレンジを続けていきます（出所：ホンダHP[1]）。

1）　http://www.honda.co.jp/guide/philosophy/（最終閲覧日：2021年5月13日）

「自立」「平等」「信頼」に基づく「人間尊重」と，「買う喜び」「売る喜び」「作る喜び」の「三つの喜び」からなる“基本理念”，及び「わたしたちは，地球的視野に立ち，世界中の顧客の満足のために，質の高い商品を適正な価格で供給することに全力を尽くす」という“社是”，そして「常に夢と若さを保つこと。理論とアイディアと時間を尊重すること。仕事を愛しコミュニケーションを大切にすること。調和のとれた仕事の流れをつくり上げること。不断の研究と努力を忘れないこと。」といった“運営方針”で構成されている哲学を，ホンダは，Hondaフィロソフィーと称し，価値観として全社で共有されている，という。

このように，経営理念とは，会社としての哲学であり，価値観なのだ。なぜこのようなものが必要なのか，テクニカルに，技術的に法人を運営しているだけではだめなのか，と考える向きもあるかもしれない。結論から言えば，社会的存在である法人の持続可能性を考えた場合，経営判断において価値観は介入せざるを得ない。

ノーベル経済学賞を受賞したハーバート・A. サイモンは，その著書『経営行動（Administrative Behavior）』において，組織を意思決定システムとして捉え，個人の意思決定には，「価値前提（value premise）」と「事実前提（fact premise）」が関与しており，経営行動としては，事実前提に基づく個人の「限定合理性（bounded rationality）」を拡大できるように支援しつつ，価値前提については，「賞罰（sanction）」をもって「教化（indoctrination）」していく，としている。要するに，サイモン流には，特定の価値観，すなわち組織のミッションに基づく合理的意思決定領域の拡大が経営だということになる[2)]。

経営理念や定款をベースに，法人は，事業計画を策定する。その際，否が応でも戦略が必要となる。なぜなら法人を取り巻く社会，経済，市場等の外部環境に適応すべく事業計画を策定しなければ持続可能性を確保できないからだ。ひるがえって，経営戦略とは，法人の環境適応行動，ということになる。

1.2 戦　略

「戦略（strategy）」という用語が，そもそも軍事用語であることは，想像に難くないだろう。戦うための策略，それが戦略である。会社も市場経済におい

2）詳しくは，Simon（1947）を参照されたい。

て，競合と競い，闘わなければならない。とりわけ，グローバルに市場競争が激しくなった昨今においては，経営戦略の重要性は高まるばかりである。経営学の分野では，経営戦略と競争戦略は分けて考えるのが一般的で，大まかに言えば，会社全体の方針に関係するのが経営戦略で，市場ごとに競合と対峙するために策定するのが競争戦略である。

経営戦略

経営学で，経営戦略という用語が大々的に用いられるようになったのは，アルフレッド・D. チャンドラーJr. が第一次世界大戦後のアメリカ産業発展史を研究した結果，「組織は戦略に従う」という命題を提唱してからだと思われる。デュポンは多角化戦略のゆえに，組織を事業部制に再設計した。またGMは垂直的統合戦略の結果，同じく事業部制を採用した。これら以外にも，数多くの会社が事業部制を採用していくのだが，いずれもそれは経営戦略の帰趨だ，というのがチャンドラーの主張である。

こうした戦略論を受けて，その類型化を試みたのが，H.I. アンゾフ（1988）だ。会社の成長パターンを**表2-1**のように類型化し，それを成長戦略と呼んだ。要するに，経営戦略である。

［表2-1］　アンゾフの成長マトリックス

製品（技術）／ミッション（市場）	旧	新
旧	市場浸透 (market penetration)	製品開発 (product development)
新	市場開発 (market development)	多角化 (diversification)

市場浸透とは，既存製品の拡販と潜在的顧客の開拓である。より多くの人に，より多く使ってもらおうというのが戦略方針である。次に製品開発だが，新しい技術を導入し，既存製品の改良・改善を図り，市場ニーズを捉えようとする戦略である。

続いて，市場開発であるが，既存製品をもとに，新たな市場を開拓するということである。アンゾフが当時念頭に置いていたのは，国際化で，母国製品を諸外国に導入する，というものであった。こうしたことが可能になるのは，国の間で経済発展に格差があったからだが，昨今は，経済発展における格差は縮小し，さらにインターネット等を通じて，グローバルに製品情報がいきわたることから，こうした国際化だけでは，新たな市場開発は望めなくなってきた。製品機能を見つめ直し，外見や用途を変えて，新たな市場を開拓するマーケティング努力が求められている。

最後に多角化だが，文字通り，新たな技術と製品で，新市場を開拓する，ということである。大企業になるには，多角化は必要不可欠である。多角化には関連事業多角化と，非関連事業多角化の2つがあるが，ほとんどの会社は「範囲の経済（economy of scope）」[3)]を得ようとするので，関連事業多角化を選択する。

その場合注意しなければならないのは，会社全体としての方向性が曖昧になってしまうことだ。異なる市場で異なる製品を製造・販売していると，どうしてもそれぞれのビジネスモデルに縛られてしまうからだ。テクニカルに事業本部制を採用したとしても，それだけですむ話ではない。事業部門間でのシナージーが得られるようにするには，「経営ビジョン」と「成長シナリオ」が必要になってくる。

経営ビジョンとは，市場環境等を踏まえて，具体的にどのような会社にしていく，あるいは，なっていくかを示すものである。そして成長シナリオは，そのビジョンのもとで，各事業部門がどのような機能を果たしていくかを明確にする台本である。このビジョンとシナリオの策定こそが，経営戦略に他ならない。

競争戦略

経営戦略が会社としての方向性を示すビジョンとシナリオだとすれば，競争戦略は，市場において優位に競争を進めていくための方法である。「競争優位（competitive advantage）」という概念をもとに，競争戦略のオプションを明確に示したのが，M・ポーター（1980）である。経済学における産業組織論的

3）範囲の経済とは，資産・資源の利用の多様性を増やすことによって，利用効率が高まることを言う。

アプローチをもとに，産業における競合度を分析する枠組み「５つの諸力（five forces)」を提起したうえで，市場での競争オプションとして，「集中（focusing)」「差別化（differentiation)」「コストリーダーシップ（cost leadership)」の３つを示した。

産業競合度

図2-1に示されている通り，「新規参入の脅威（threats of new entrants)」「供給業者の交渉力（bargaining power of suppliers)」「顧客の交渉力（bargaining power of customers)」「代替品の脅威（threats of substitute products)」「同業者間の敵対関係（competitive rivalry within an industry)」が５つの諸力で，いずれによっても産業としての競合度合は高まる。

ただ，これら５つがすべて同時に作用するかと言えばそうではない。新規参入の脅威と代替品の脅威は，負の相関がある。すなわち一方の影響が強い場合，他方の影響はそれほどない。また，同業者間の敵対関係と代替品の脅威も，正の相関がある。むしろより正確に言えば，代替品の脅威が高まれば，同業者間の敵対関係はおのずと悪化する。

供給業者と顧客の交渉力は，産業によって異なり，中立的な（相互に影響しない）場合もあれば，正の相関，負の相関，いずれもあり得る。また，供給業者の交渉力と同業者間の敵対関係，そして顧客の交渉力と同業者間の敵対関係は，いずれも正の相関関係にある。

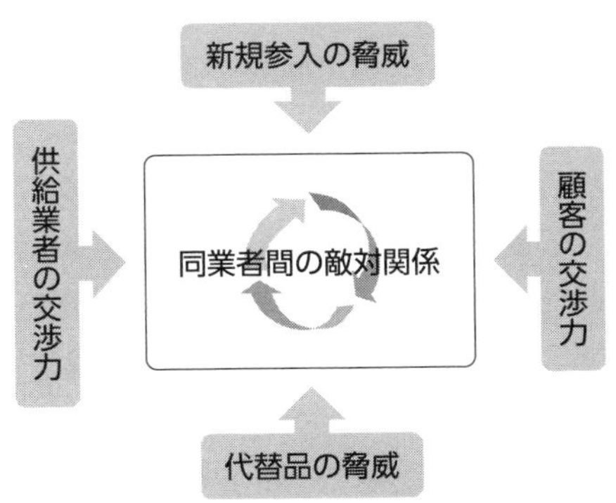

[図2-1]　産業における競合度分析（５つの諸力）

戦略オプション

産業における競合状況のもとで，市場競争のための戦略オプションは，ポーターによれば**図2-2**のようになる。集中は，経営資源を特定の市場セグメントに投下し，そのセグメントでの市場支配を可能にしようとする戦略である。また差別化は，市場セグメント全体に対して，技術上，サービス上の違いから製品としての特長を訴えかける製品開発戦略である。そして，コストリーダーシップは，製品価格の下落状況に備え，製品あるいは組織としての無駄な要素を切り捨て，コスト競争力を高める戦略である。

特定 セグメント	集　　中	
セグメント 全体	差　別　化	コストリーダーシップ

［図2-2］　戦略オプション

差別化については，マーケティングの観点からもう少し詳しく説明しよう。マーケティング（marketing）とは，文字通り，「市場化する」という経営上の重要なアクションである。市場に受け入れられやすくするということから，新製品開発とその宣伝広告が中心的な役割になる。とりわけ，新製品開発の場合，顧客にこれまでにない新たな「価値（value）」を提供しなければならない。

この新たな価値の提供こそが差別化なのだ。差別化によって提供された新たな価値が加わることによって，市場のセグメント化，すなわち細分化は進む。したがって，多元的な価値からなる市場のセグメント化は，差別化の結果であるといっても良い。新たな価値を提供するということからすれば，集中は差別化のスペシャルケースである。競合他社が気づいていない価値＝セグメントを見つけ出し，そこに資源を集中するからだ。

1.3　ポジショニング

競争的地位

戦略論の分野では，ポジショニングスクール（位置取り学派）という立場をとる論者たちがいる。産業あるいは市場における位置取りを分析したうえで，会社にとっての戦略シナリオを考案するという立場の人たちだ。

例えば，マーケティング学者のフィリップ・コトラーは，市場における「マーケット・リーダー」「マーケット・チャレンジャー」「マーケット・ニッチャー」「マーケット・フォロワー」の４類型を導出し，それぞれの戦略パターンを提唱した[4)]。リーダーは，市場全体のほとんどのセグメントをカバーするフルラインナップ戦略をとり，チャレンジャーは，差別化戦略を，ニッチャーは，ニッチ市場に焦点を定めたニッチ戦略を，そしてフォロワーは，模倣的低価格戦略をとる，というものである。

例えば，トヨタ自動車は，ボディタイプで，SUV（スポーツ・ユーティリティ・ビークル）から軽自動車までの８種，エンジンタイプで５つあり，さらに，同一車種においても複数の排気量のエンジンを揃えているので，車種数は，100を優に超えるのではないかと思われる。さらに，レクサスというブランドを立てて，販売展開も行っているので，自動車市場のどのセグメントにおいても，トヨタ車は存在するといっても過言ではない。文字通りのフルラインナップ戦略である。

他方，日産，ホンダ，マツダは，それぞれの立場からチャレンジャーとして頑張っている。市場セグメントのカバレッジ（網羅）率からすると，２位が日産，ほぼ同率３位でホンダとマツダ，という感じではないだろうか。また，三菱自動車やスバルは，電気自動車やSUV領域においてニッチャーとして歩んでいると見なしても良いのではないだろうか。日本の自動車市場は，寡占化が進んでいるので，いわゆるフォロワーは存在しない。

ではなぜ，フォロワーが存在しないのか。それは，１つには，寡占市場の特性が大きく関係している。寡占市場とは，経済学の用語で，数少ない会社の製品によって，市場がほぼ占有されている状況のことを言う。こういう状況では，資産も資源も乏しいフォロワーでは，生き残っていけない。したがって，フォロワーは存在しないということになる。

ニッチャーは，差別化を極めて，その市場セグメントでの雄になろうとする。フェラーリ等はその典型例だろう。徹底した集中戦略をとることができなければ，リーダーのフルラインナップ戦略に追随（フォロー）しつつ，常に差別化を行おうとするのが，チャレンジャーという立場だと思われる。

4） 詳しくは，Kotler（1980）を参照されたい。

余談ながら，経済学の分野で，市場における競合度を数値化する指標として，ハーフィンダール・ハーシュマン・インデックス（Herfindahl-Hirschman Index：HHI）というものがある。ある産業に属する会社製品の市場におけるマーケットシェアの２乗和から求められる。HHIは独占状態においては１（数値に％表示して用いるときは，10,000）となり，競争が広く行われている状態では，その値は０に近づく。このため，寡占度指数とも呼ばれる。公正取引委員会が，会社間の合併を認める際の指針として採用していることでも知られている。

例えば，市場が２社による寡占状態にあり，市場占有率がともに50％である場合，HHIは $2\times0.5^2=0.5$ となる。100社の市場占有率がすべて１％ずつの場合，HHIは$100\times0.01^2=0.01$になる。一般に市場に n 社あり，そのマーケットシェアがすべて同一であれば，HHIは $1/n$ になる（$n\times(1/n)^2$）。この指標は，市場が寡占状態か競争状態かを見分けるのに効果的だが，地理的独占や特定商品における独占などは数字に表れないので，このことについては要注意である。

SWOT分析

産業あるいは市場における位置取りから，戦略シナリオを策定するために用いられる手法の代表的なものとして，SWOT分析がある。SWOTは，「強み（strengths）」「弱み（weaknesses）」「チャンス（opportunities）」「脅威（threats）」といった４項目を分析することから，それらの頭文字をもって名付けられた戦略策定ツールである。**図2-3**は，いわゆるクロスSWOTと呼ばれるもので，横

		産業に共通する外部環境	
		チャンス	脅　威
産業における自社の競争的地位	強み	積極的攻勢	差別化，縮小
	弱み	段階的施策	専守防衛，撤退

［図2-3］　SWOT分析

軸に「チャンス」と「脅威」を，縦軸に「強み」と「弱み」を配置することによって，戦略立案における可視性を高めようとしている。

この図における要点は，２つある。１つは，外部環境というのは，あくまで「産業に共通する」ものではならない，ということだ。外部環境が「産業に共通する」ということを無視して，ある会社にとってのチャンスと脅威が列挙されがちになるが，産業全体がどういう状況になっているのか，ということが企業にとってのまさに外部環境なのだ。

そして，次に重要な点は，自社の競争的地位に関して，必ず「仮想競合」を想定すべきだ，ということである。このことについては，SWOT分析の解説書などではほとんど記載されていない。仮想競合を想定して初めて，自社の強み弱みが明確になるからだ。

この仮想競合を想定することによって，「戦わずして勝つ」戦略を導き出せるようになる。なぜか。仮想競合を想定したのち，その競合の「専守防衛，撤退」する市場を見極める。競合が弱いところは，自社が強いところである。自社が強いから競合が弱いのである。そうした市場を特定することができたならば，その市場に資源を集中投下すれば，おのずと海路は拓ける，という論理である。その集中戦略を基本として（この場合，自社にとっての「差別化」戦略になると思われるが），「積極的攻勢」や「段階的施策」は検討されるべきなのだ。

積極的攻勢とは，文字通り，積極的に攻めていくことだが，こうしたことが許されるのは，実は，マーケット・リーダーやチャレンジャーの一部であることを認識しておかなければならない。マーケットシェアで優位に立っている会社が，産業におけるチャンスの恩恵を最も受けることができるからだ。それゆえ，その他の会社は，たいていの場合，段階的施策によって，すなわち，リーダーが取りこぼしたセグメントはないだろうかということを探りながら徐々に対応していくことになる。それゆえ，段階的施策は，段階的差別化戦略，と称したほうが良いかもしれない。

第2節　法人と構造

2.1　統　合

垂直的統合戦略

20世紀，モノづくりを中心とする産業における戦略で王道とされた戦略がある。それは「垂直的統合（vertical integration）」と呼ばれるものだ。製品は，原材料をもとに部品が作られ，それらを組み立てて完成品ができ，流通業者を通じて，エンドユーザーに製品が届く。完成品メーカーが主として，部品供給会社，さらにはその上流にいる原材料メーカー，あるいは流通業者を買収して行く戦略が，垂直的統合戦略である。

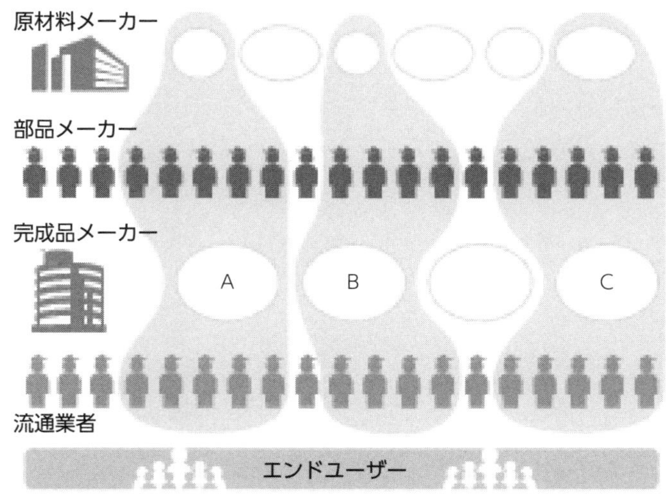

［図2-4］　垂直的統合戦略のイメージ[5)]

なぜこの戦略が選択されたのかと言えば，**図2-4**を見れば分かる通り，A，B，C以外のメーカーは，部品供給がままならないため完成品を作ることはほぼ不

5）　出所：小林敏男（2014），p.5。

可能になる。作れてもそれを販売してくれる流通業者も皆無である。こうなってしまえば，もう会社は存続不可能である。それだけではない。既存企業の多くがこのような状態に追い込まれるということは，産業への新規参入もほぼシャットアウトされるということだ。経済学的に言えば，市場が寡占化されてしまうのだ。

20世紀アメリカの自動車市場は，GM，フォード，クライスラーの3社による寡占状況であった。1980年代以降，日本車の進出が著しくなるまで，この状況が続いた。それまでの期間，アメリカ自動車市場における成長からの利益は，すべてこの3社によってほぼ独占されていた。垂直的統合戦略は，市場の成長期において選択され，成長による利益を少数の企業間で占有するための戦略なのだ。

水平的統合

これに対して，「水平的統合（horizontal integration）」という戦略もある。多くは市場規模の成長があまり望めなくなる成熟期以降に選択される戦略だ。寡占とまではいえない市場環境において，競合することのデメリットよりも，合併することのメリットを享受することを目指した同業者間での戦略選択である。

市場の成長が見込めない状況で，相互に競合を継続していても，利益はあまり得られない。それならば，販売及び一般管理費等の間接経費を合併によって圧縮し，利益率を高め，それを共有しようとする考えがあっても不思議ではない。日本における大型の水平的統合としては，最近では，新日本製鉄と住友金属とのそれがあったし，またバブル崩壊後の銀行業における再編統合もこの動きだ。

市場の成長期待があるときも，水平的統合が行われることがある。例えば，製薬産業においては，特定疾患に関連する分野で売上げが好調なパイプライン（創薬群）を有している会社を，フルラインナップ戦略を採っている会社が買収するといったことがよく行われている。後者の販売ネットワークとブランドを活用すれば，前者の製品をより多く販売することが可能になり，相互にとって利益になるからだ。

こうした動きはインターネット産業においてもよく行われている。SNSの大看板，フェイスブック（現社名，メタ）は，メッセンジャーやインスタグラムといったSPS（special purpose site：特定目的サイト）をどんどん買収している。そうすることによって，SNSとしての利用者数が増えるのみならず，機能面での充実が図られるからだ。要するに，市場成長期においては，製品・サービス提供において相互補完関係が確認される場合，水平的統合戦略が行われることがあるのだ。

会社としての統合

統合とは，会社が別の会社を子会社化する，あるいは筆頭株主になるなどして関係会社化することを指す。そうするには，別の会社の株価を評価し，発行株式総数のどの程度を取得するのか，すなわち取得株式数を決めなければならない。加えて，どのような方法で取得するのかも定める必要がある。方法とは，敵対的に買収するのか，あるいは友好的に合意のもとで買収するのかだ。

上場会社レベルの買収に関して，日本では金融商品取引法によって規制されており，同法第27条の２では，有価証券報告書の提出が義務付けられている株式会社等（証券取引所に上場する株式会社等）の株券やそれに準ずる債権を発行者以外の者が「市場外」で一定数以上の買付けを行う場合には，原則として公開買付けによらねばならないと定められている。この「公開買付け」のことを日本では，TOB（take-over bit）と呼ぶ。

TOBは，買付期間・株数・価格を公告し，不特定多数の株主から株式市場外で株式を買い集める制度のことだ。第三者が，企業買収や子会社化など，対象企業の経営権の取得を目的に実施し敵対的であることがしばしばだ。しかしながら，時には市場に流通する自己株式を取得するために行われることもある。公開買付けの量によっては，対象となった企業が上場廃止になる場合があるからだ。例えば，東京証券取引所の場合，少数特定株主持分比率が90％を超えないことが，上場基準なので，この基準に抵触する量が買い付けられると，対象企業は上場廃止になる。

こうしたことから，意図的に上場廃止に持ち込む場合がある。成長力のある会社を完全子会社化することによって親会社としての企業価値を高めようとする場合や，あるいは市場で拡散してしまった株式を回収するために，現経営陣が株式を買い付ける仕組み，すなわちマネジメント・バイ・アウト（MBO）の場合には，上場廃止に向けた公開買付けが行われる。

このようなTOBとは別に友好的に買収が行われる場合，一般的には，被買収企業の株価をもとに，どの程度のプレミアム（株価の割増し）を支払えば被買収企業の株主は納得するかを検討して，買収額が検討される。

買収の方法には，キャッシュによるものと，株式交換によるものとがある。株式交換とは，買収企業が，自社の株価をもとに買収額相当分の自社株を新規発行し，自社株の市場価格と被買収企業のプレミアム株価（市場価格＋株価プレミアム）との比率に応じて，被買収企業の株主と自社株とを交換する買収方法のことだ。この買収方式のメリットは何といっても，買収企業がキャッシュ負担をしなくて済むことだが，既存株主からすれば，経営権が希釈化されることになり，すなわち新株が発行された分だけ，持分が縮小することになるので，既存株主からの反発がないとは言えない。と同時に経営者側にしてみれば，株式が拡散することによって，安定経営を行えなくなるリスクもあるので，さまざまな角度からの検討が必要となる。

2.2　会社分割

株式に基づく経営権にからめて会社全体を売り買いするのが，合併・買収（M&A）であるとすれば，一部の事業を切り離し独立させたりあるいは他社に譲渡したりする際に用いられるのが，会社分割という手法である。会社法上の規定では，「会社分割とは，事業の全部又は一部を他の会社に承継させる制度」だが，事業全部を譲渡するのであれば株式譲渡によるM&Aのほうがはるかに簡単に行えるので，事実上の会社分割は，事業の一部譲渡といっても過言ではない。

会社分割の手続きには，新設分割と吸収分割の２つがある。前者は，分割会社の一部事業を切り出し完全子会社とし，その子会社を事業承継の相手とする。他方，吸収分割は，切り離す事業を既存の会社に買収・吸収してもらう。例えば，鉄道部門とホテル部門を有するＡ社（分割会社）が，ホテル部門を分離して新設するＢ会社（設立会社）に承継させる場合が新設分割だ。他方，吸収分割は，分割会社であるＡ社が，ホテル部門を分離して既に存在するＣ社（承継会社）に承継させる場合である。

違いは，分割事業の法人化（株式会社化）にあるように思われるが，分割のために必要となる手続き，すなわち株主承認及び債権者・被雇用者保護，については同じである。分割する事業の資産（債権）・負債（債務）及びその事業に従事している従業員が切り分けられ，それらをもとに株式会社化されるか，あるいはそのまま承継されるか，の違いである。

ただし，株式会社化せずにそのまま営業譲渡する場合，「事業譲渡」という方法もある。事業に関連する債権・債務，労働契約等の権利義務を「個別に」移転するのが，事業譲渡と呼ばれる手法である。事業譲渡に伴い，債権者・債務者・被雇用者との契約関係がすべて譲渡先に変更されることから，債務者や債権者，被雇用者と「個別に合意」を取り付けなければならず，手間がかかる。

むしろこうした手間を少なくするために，法制化されたのが「会社分割」である。会社を複数の会社に「見なし分割」したうえで，完全子会社として独立させたり，他社に譲渡したりする。分割会社の債権者や被雇用者からの承諾を取り付けなければならないが，一部の者たちとの間で確認契約書を交わす程度で，契約書すべてを書き換えることに比べれば，圧倒的に簡便化される。

蛇足ながら，事業譲渡と会社分割との法学上の違いを説明すれば，事業譲渡は，債権債務関係が認められる事物に関する所有権の移転である。これに対し会社分割は，経営権における持分法的な発想のもとで行われる事業承継である。ここでいう「事業」とは，一定の事業活動の目的のために組織化された有機的一体として機能する資産（債務を含む）のことを指す。

先の例でいえば，A社はホテル事業も営んでいたが，規模面でホテル専業者に委ねたほうが，将来性があるように考えるようになった。そこでホテル事業を別会社に売却しようとする場合，ホテル事業として有していた土地，建物，設備等々の有形・無形の資産・負債を明確に切り分けて，所有権を移転したうえで，さらに被雇用者との労働契約をもすべて締結し直すのが，事業譲渡である。

しかしながら，そうした所有権移転は，手間がかかるだけではなく，事業間で設備やシステムさらには顧客に及ぶまで共有部分が多くなればなるほど，権利移転が難しくなる。例えば，鉄道利用者とホテル利用者との相互乗り入れを推進しようとして，この会社がポイントシステムのような制度を導入していたとしよう。ホテル利用によって蓄積されたポイントを鉄道で利用できる，あるいはその逆，のような販売促進システムをとっていたとする。

鉄道利用者のうちどれくらいの人がどの程度ホテルにおいてポイント利用するかの正確な数値はなかなか把握できない。こうした帳簿上に現れてこない負債のことを「簿外債務」というが，この簿外債務の明確化を巡って，事業資産（負債）の売手と買手のとの間で，さまざまな駆け引きが展開され，そう簡単にはことは進まない。

これに対して，会社分割は簿外債務のあることをほぼ前提として（事業承継前に，可能な限り債権・債務を譲渡可能な状態に切り分け，簿外債務の対応についてまで検討しておく），経営権を一部譲渡するような考え方で，「包括的」に事業を別会社に承継させる。ここで「包括的」という用語を用いているのは，経営権との関係からである。

会社は，株主たちの出資によって成り立ち，株主の持分比率に応じた形で運営される。株主は，法人の資産（負債）に対して直接所有権が及ぶのではなく，法人としての組織的改編に関連して間接的に，すなわち意思決定の結果として，資産（負債）にアクセスすることが可能となる。したがって，分割事業の資産（負債）についても，持分比率的に，分割事業は，資産（負債）のどれくらいを占めるのか，という観点から算定されることになり，事業に占有されている部分については切り分けながらも，共有部分について，大括りで，すなわち包括的に，取り扱われることになるのだ。

こうした流れから，将来に生じるであろう，不測の債務については，分割会社も事業承継会社も相互に協力して返済に努力する，ということになる。それゆえ，事業売却の多くは，会社分割が選択されるのだ。

会社分割上の法的手続き

会社分割を行う際には，まず，新設分割の場合，分割会社が単独で「分割計画書」を，吸収分割の場合，分割会社と承継会社とが共同で「分割契約書」を作成する。これらを事前に株主や債権者などに開示したのち，原則として，会社法上の組織再編行為に該当することから株主総会の特別決議による会社分割承認を得なければならない。次に，債権者及び被雇用者保護手続きをとり，最後に分割の登記を行うという過程をたどる。

分割計画書等とともに事前開示すべき書類項目のなかには，各会社の負担すべき「債務の履行の見込み」という事項が含まれる。これは，債権者保護の表れである。分割会社，新設承継会社，あるいは吸収承継会社のいずれについても，分割によって債務超過等からの債務不履行が生ずるようなおそれがある場合には，会社分割を行うことは許されない。会社分割によって，不採算部門のリストラ，それに伴う債務不履行は，債権者保護の観点から許されないのだ。

会社分割に関する株主総会特別決議可決後，分割会社は債権者に対し分割に異議があれば申し出るように官報で公告する。事前に判明している債権者には個別にその旨を催告する。異議ある債権者に対しては，弁済や担保提供等の措置を採る。

この債権者保護の観点から，被雇用者に未払賃金や退職金債権など現実に発生している債権があれば，債権保護手続きの対象となる。しかしながら，会社法上の会社分割制度では，被雇用者の将来の賃金債権等に関しては，弁済や担保提供は難しく，労働契約が引き継がれるかどうかも，分割計画書や契約書で基本的に自由に定められる。そこで，労働者保護の観点から，別途，労働契約承継法が施行され，会社分割制度を導入した商法等改正法の附則においても，労働契約の承継に関して，分割会社は労働者と事前に協議を行わなければならない，としている。

最後に会社分割による事業承継の対価であるが，それが誰に支払われるかについて，２つの区分がある。一方は，物的分割と呼ばれ，他方は人的分割と言われる。物的分割とは，分割会社に対して，承継会社や吸収会社から対価が交付される会社分割のことをいう。

図2-5は，会社分割に伴う譲渡に関する構図を示したものだが，「ステップ１」では，分割された事業をもとに新設会社Ａが設立され，それが「ステップ２」で別会社Ｙに吸収され，Ｘのところにあった A 会社に係る事業資産はＹに最終的に承継されることになる。ＸはＹから，現金あるいはＹの株式等の対価を得る。会社Ｘの事業資産がＹに渡り，その対価が会社に支払われる，というのが物的分割である。

これに対して，人的分割とは，分割会社の株主や社員に対し承継会社や設立会社からの対価が直接交付される会社分割のことを指す。平成17（2005）年改正前の商法では，物的分割も人的分割も認められていたが，平成18（2006）年５月１日施行の会社法では物的分割のみを規定している。しかしながら，物的分割の後，会社を清算すれば，結局同じ効果が得られるので，またそういう場合は，会社分割時にほぼすべての事業を拠出し承継会社に事業を託し，本体としては清算会社としての使命を全うするだけの状況になるので，物的分割も人的分割も税法上の違いは生じるものの，実態としては大差ないように思われる。

6） 詳しくは，石田宗弘（2016）「会社分割とはどのような手法か，またどのような場面で用いられるか」『BUSINESS LAWYERS（ビジネスロイヤーズ）―実務に役立つ企業法務ポータル』（https://business.bengo4.com/category1/practice387）（最終閲覧日：2021年５月13日）を参照されたい。

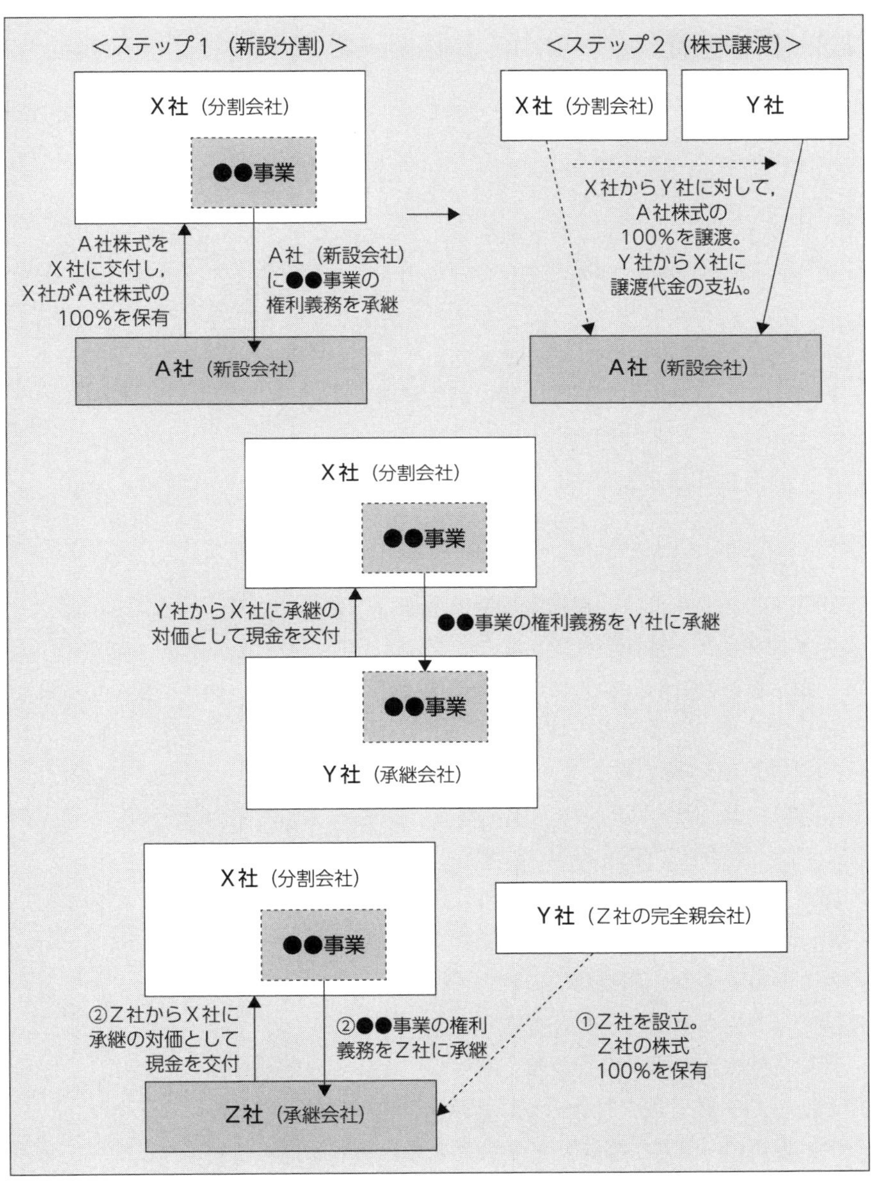

［図2-5］　会社分割の基本形[6)]

2.3 持株会社

持株会社とは，株式投資が目的ではなく，事業支配（コントロール）を目的として，他の会社の株式を保有する会社のことをいう。持株会社には，自らは事業を行わず傘下にある企業の活動を支配する「純粋持株会社」と，自社で事業を行うとともに傘下企業の活動をもコントロールする「事業持株会社」がある。

第2次世界大戦後，財閥解体に伴う措置として，長らく，とりわけ純粋持株会社及び金融持株会社の成立は，独占禁止法において禁止されてきた。しかし，1997年規制緩和の一環として法改正され，原則，両持株会社ともに設置することが自由になった。財閥は，家族・同族が所有する「本社」が純粋持株会社として存在し，この本社株式については非公開株式として，その傘下にある企業群で，公開株及び非公開株を相互に持ち合うことにより，本社の下で一大コンツェルンが形成され，産業支配を展開していた。こうした財閥と軍部との結びつきが日本の右傾化を招いたとして，GHQは，財閥解体を命じたのであった。

1997年の法改正後は，持株会社数は増加の一途をたどり，社名にも○○ホールディングスと，持株会社であることを示す会社が多く見られる。通常の事業会社から持株会社へ，さらには純粋持株会社への移行は，株式交換や株式移転，会社分割等々，さまざまな方法によって可能となる。ただし問題となるのは，その組織再編効果である。持株会社化は，M&Aやグループ会社の再編など，資本面での整理統合は行いやすくなるが，分社化され，子会社化された事業間でのシナジーがどの程度実現されるかについては，未知数である。

同じ会社の中で，事業部門間で時に競合しながら切磋琢磨していくのが良いのか，法人格上も別会社となり，それぞれ独自の権限と責任の下で事業を営んだほうが良いのか，事業間での技術・技能，顧客との関連性によって，こうした問題は判断されるべきだと考える。

純粋持株会社の下に，子会社を配置し，それらの業績評価をもとに，会社全体としての組織管理を行うのが，PPM（プロダクトポートフォリオマネジメント）分析の「究極」である。子会社をあたかも金融資産のように扱い，業績が良ければ追加投資し，悪ければ撤退するというマネジメント手法である。なぜ「究極」か，といえば，文字通り，収益性と成長率の2軸だけで事業会社そのものを評価しようとするからだ。

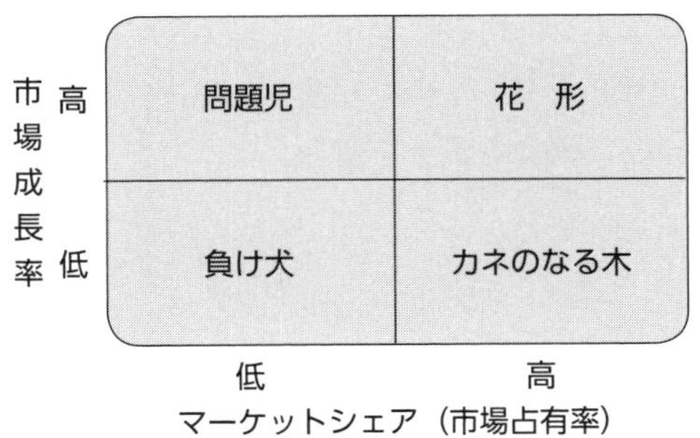

［図2-6］　PPM分析

PPM分析の評価軸としては，市場成長率と占有率（マーケットシェア）の2軸だが，この2軸から収益性はほぼ間違いなく判断可能となる。マーケットシェアが低く，かつその市場の成長率が低いような事業会社は，相当苦しい状況に追い込まれているはずだからだ。問題児も収益的には厳しい現状だろうが，将来に対する期待も持てる。

花形については，目下好調だが，将来に逆転されないとも限らないので，引き続き研究開発や宣伝広告を継続的に行っていかなければならない。そのため，花形では，売上規模は望めるが，費用支出も多く，収益的には，まだまだ不安定である。

これに対して，カネのなる木は，成熟市場における勝ち組だ。勝ち組だから，ブランドイメージも形成されている。売上規模に対して，研究開発投資も宣伝広告費もそれほど多く支出する必要がない。それゆえ，高収益率が期待できるのである。

第3節　知識ベースの戦略構築

戦略論の枠組みは，大きく分けて3つある。1つは，第1節で示したような市場でのポジショニング（位置取り）を考察していく学派（SWOT分析，マーケット・リーダー他），2つには，コアコンピタンスや組織能力といった資源に着目する学派（「資源基底枠組み（resource based view）」），そして第3は，資源の中でも知識に焦点をあて戦略枠組みを模索する学派である。第１及び第２については，既に紹介してきたので割愛し，以下では，知識を中心に，知識創造及び知的財産戦略に関わる議論を紹介しよう。

3.1 知識創造

経営資源について，ヒト・モノ・カネといった勘定資産から，情報・知識といった非勘定資産へと，経営資源論における注目が移行して久しいが，それは単に情報化社会といった時代背景だけからではなく，情報あるいは知識そのもののもつ性質に依存しているからのように思われる。

まず，情報と知識の違いだが，情報とは，その真偽，善悪等のさまざまな事実や価値が混入された伝聞である。これに対して知識は，インプットをアウトプットに変換するプロセスのことを指す。最も安定したプロセスは，数学等の公理や法則，あるいは万人に通用する技術ということになる。あるいは個人ごとの技能や処世術なども一種の知識ということになろう。

他のヒト・モノ・カネといった資産と違って，この情報や知識は，使用しても減少することはなく，とりわけ知識は，使用すればするほど，その内容が充実していく（インプットからアウトプットへの変換効率が良くなる）という特性がある。それが組織にとってのシングルループ学習となる。行き過ぎた場合のアンラーニング（学習棄却）やダブルループ学習も必要となるが，シングルループ学習によって，プロセスが精緻化され，問題処理の効率化が図られるのも確かである。

そこで組織における知識量をどのようにすれば上昇させることができるのか，むしろ組織における知識量の増加こそが現代社会において求められる戦略経営ではないのか，という立場が登場してくることになる。野中=竹内（1996）の『知識創造企業』である。

彼らの発想はユニークで，組織に属する人たちはみんな各人各様にさまざまな知識を有している，と考える。ただ，それが組織において共有され，蓄積され，組織として利用されているかといえばそうではない。なぜそうならないのか。それは知識の持つある特性からだと彼らは考える。暗黙知，あるいは，身体知，という概念を導入し，形式知あるいは科学知と対峙させて議論を進めた。

個人の有する知識の多くは，主に身体に宿る身体知であり，例えば自転車の乗り方を人に伝えようとしてもなかなかうまく説明できない。そのことからも分かるように，身体知はその人にとって固有のそして伝達・共有が難しい知識なのだ。それを野中=竹内は，マイケル・ポラニーに倣って「暗黙知（tacit knowledge)」と呼んだ。これに対して，数式や定理に象徴される形式化された，他人に伝達可能な知識（究極は科学）のことを「形式知（explicit knowledge)」と呼んだ。

彼らの発想は，組織に埋もれている暗黙知を可能な限り共有するようにし(そのためには形式知化が必要となるが)，そこにこれまでの形式知を組み合わせることによって，新しい知識の創造を組織において活性化させる，というものである。そのためのマネジメントとはどのようなものか，という議論を深めたのであった。

(1)　知識変換モード

野中=竹内によれば，知識は次の4つのモードで変換され，共有・蓄積される。

①　個人の暗黙知からグループの暗黙知へ（共同化）

個人の暗黙知を共体験することによって，他人が習得し自身の暗黙知として習得する，というものである。例えば，鉄棒の逆上がりができる児童が1人いて，その子と一緒になって，その子にサポートしてもらって，みんなで逆上がりを練習しているうちに，そのグループ全員が逆上がりをできるようになる，というようなものだ。

②　暗黙知から形式知へ（表出化）

そうした渦中において，賢明に伝達可能な知識に仕立てようとする人が出てきて，グループとして共有された暗黙知を可能な限り形式（言語）化し，伝達可能・共有可能なものに仕立て上げるプロセスが表出化である。

③　個別の形式知から体系的な形式知へ（連結化）

次に，新たに登場した形式知を既存体系の中に組み込もうとするのが，連結化のプロセスである。とある工場でQCサークルの新たな方法が開発され，それを他の工場にも適用可能なものにしようとするのが連結化のプロセスだ。

④　形式知から暗黙知を創造（内面化）

そうして出来上がった形式知体系の中で日々の組織行動が展開され，そのなかからまた新たな暗黙知の発生（形式知の内面化）し，その共有と形式化，さらには連結化へと進んでいく。

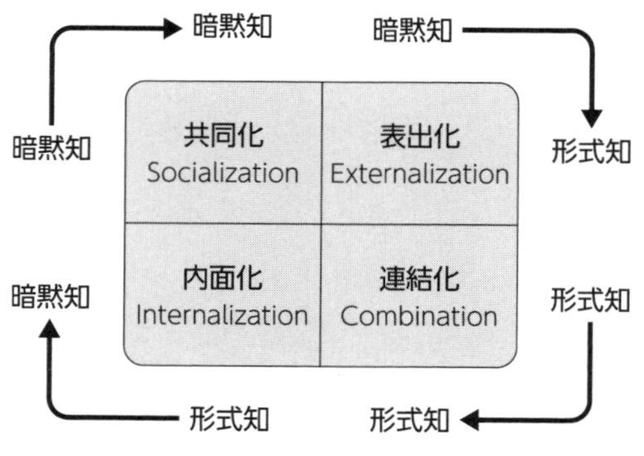

[図2-7]　4つの知識変換モード

⑵　**マネジメントプロセス**

こうした知識共有の仕組みを充実させていくには，ミドルアップ&ダウン型のマネジメントプロセスが必要となる，と野中=竹内は主張する。**表2-2**に示されている通り，トップダウンでもボトムアップでもそれぞれ限界がある。トップダウンの場合，結局現場での暗黙知が吸い上げられることがない。他方，ボトムアップの場合，形式化に時間がかかりすぎる懸念がある。

組織全体での知識共有と創造を展開していくには，ミドルアップダウン型の指示命令系統が重要で，その際，トップはミドルの役割を重々理解のうえ，組織全体のコミュニケーションを活性化させるための「触媒者」となり，「対話とメタファー／アナロジーの使用」を進めなければならない。ミドルは，トップのみならずボトムとも積極的コミュニケーションを図るために，通常の階層組織のみならず，状況に応じてタスクフォースをリードしなければならない。

3.2　RAPモデル

こうした野中=竹内の主張と呼応するかのように，資源配分のあり方と意思決定過程とをリンクさせて議論しているのが，J.L. バウワー（1970）である。彼によれば，意思決定レベルとそのプロセスは，**表2-3**（p.50）に示されているように，それぞれ3層と3プロセスから成り立っている。コーポレート（トップ）層，ミドル層，オペレーション（ボトム）層の3層と，内容定義，組織と

［表2-2］　知識創造と指示命令スタイル

	指示命令／項目	トップダウン	ボトムアップ	ミドルアップ&ダウン
だれが	知識創造主体	トップマネジメント	企業家精神旺盛な個人	ミドルマネージャーグループ
	トップの役割	司令官	後援者／庇護者	触媒者
	ミドルの役割	情報処理者	自律的な個人	チームリーダー
どんな	蓄積される知識	形式知	暗黙知	形式知と暗黙知
	知識変換モード	部分的	部分的	全体的
どこに	知識の貯蔵	コンピュータ・データベースとマニュアル	個人に封じ込められている	組織の知識ベース
どのように	組織	階層組織（ヒエラルキー）	プロジェクトチームと非公式なネットワーク	階層組織とタスクフォース（ハイパーテキスト）
	コミュニケーション	命令／指令	自己組織化	対話とメタファー／アナロジーの使用
	カオスとゆらぎの許容度	カオスとゆらぎは許されない	カオスとゆらぎを前提とする	カオスとゆらぎを創造し増幅する
	弱点	トップへの過度の依存	調整に時間とコストがかかる	冗長性のコストと人的疲弊

しての推進力，構造的脈絡といった3つのプロセスである。このマトリックスを，バウワーは「RAPモデル（model of resource allocation process）」と呼ぶ。

各層の意思決定において最も重要な箇所が，網かけされており，左下から右上に上がり意思決定が進むプロセスのことを，ボトムアップ型と呼び，他方，右上から左下に進むプロセスのことを，トップダウン型と呼ぶ。この枠組みか

［表2-3］　オリジナルRAPモデル

	内容定義	組織としての推進力	構造的脈絡
コーポレート（トップ）層	企業ミッション，財務目的・目標，全体政策	資金と他の資源の確保	公式組織の設計，事業及び管理パフォーマンス，インセンティブならびに職場環境の測定
ミドル層	全社と事業部との意思統一	適合するプロジェクトとプランを推奨し，合わないものは棄却。競争的資源配分	事業部ニーズの理解と採用
オペレーション（ボトム）層	事業部としての役割と方針，事業戦略の提案，新規投資	新事業，新競争力，新能力に対する提案の裏付け	ゲームのルール策定

らすれば，野中=竹内流のミドルアップ&ダウン型の解釈も可能で，すなわちミドルが主導して，ボトム層への事業戦略提案を推進するとともに，片やトップ層に対しては，新規投資及び全社的構造改革を積極的に促す，というモデルになる。

このミドルアップ&ダウンを強調すべく，さらに社内ベンチャー研究等で著名なR.A. バーゲルマン（1983）の新規事業創出プロセスを考慮に入れ，**図2-8**とし，修正RAPモデルを構成するに至った[7]。

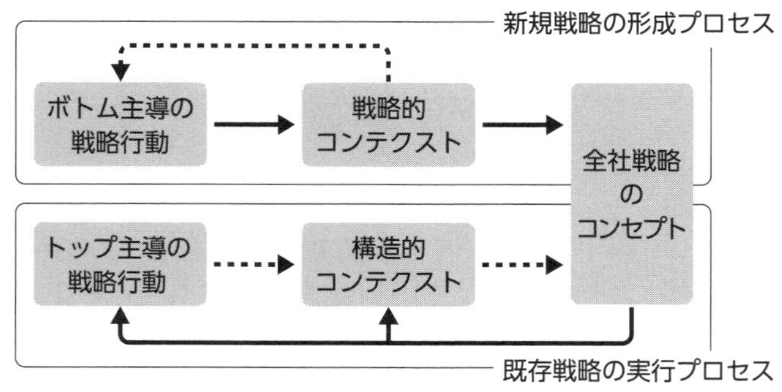

［図2-8］　修正RAPモデル

7）詳しくは，Bower & Gilbert（2005），Ch.20，及び塩次喜代明・高橋伸夫・小林敏男（2009）第5

要するに，ボトム主導の戦略行動は，ミドルにおける戦略的コンテクストの観点から精査され，やがてトップへと上申されることになる。そうした上申がトップにおいてひとたび受け入れられたならば，今後はトップダウン型で，既存の戦略実行プロセスに組み込まれて，構造的コンテクストも状況次第で修正されながら，戦略は進められていくことになる。

このモデルが含意するところは，資本に基づく支配権は確かに経営トップにあるが，カネ以外の技術動向，市場情報に関する情報資源はボトムにあり，またボトムを組織化する組織能力といった資源はミドルにある，という経営の現実をうまく反映することによって，資源ベースでの戦略策定の理念型を描き出そうとしているところだ。

3.3　プラットフォームリーダーシップ戦略（PLS）

組織において知識を創造し共有する，そのための意思決定プロセスはどうあるべきか，というのが知識創造とRAPモデルであった。これらに加えて，以下では，プラットフォームリーダーシップ戦略（platform leadership strategy：PLS）という，知識ベースの組織間連携の枠組みを紹介する。

プラットフォームとは，複数の企業間での戦略的提携を行うための土台であり，もともとは知的財産権戦略の一種としてスタートした。ところが，戦略的提携のあり方そのものを定めることになり，さらには，IT産業以外にも広がり始めたことから，近年の戦略論を語る上ではなくてはならない戦略手法になった。GAFA（グーグル，アップル，フェイスブック（メタ），アマゾン）と呼ばれる世界的なIT企業は，みなPLSで動いている。

知的財産権（知財）戦略

商標，意匠，著作権，特許等々，知財と呼ばれるものの種類は複数あるが，以下では特許権を中心に議論する。前著『事業創成―イノベーション戦略の彼岸』(2014)[8]において紹介した枠組みだが，特許権の範囲と利用技術領域は，たいていの場合，**図2-9**（次頁）のように異なる。

章を参照されたい。

8）　本文中，図2-9～図2-12は，いずれも小林（2014）第４章所収。

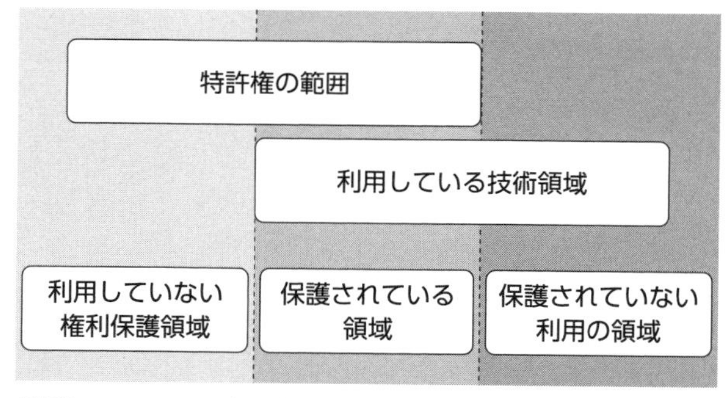

（出所：Chesbrough（2006）ch.4をもとに，一部用語修正）

［図2-9］ 特許の範囲と利用技術領域

すなわち，特許権で保護されていない利用領域が存在するのだ。そのため，**図2-10**のような事態の場合，特許侵害によって，損害賠償請求され，最悪の場合，販売停止にまで追い込まれてしまう。

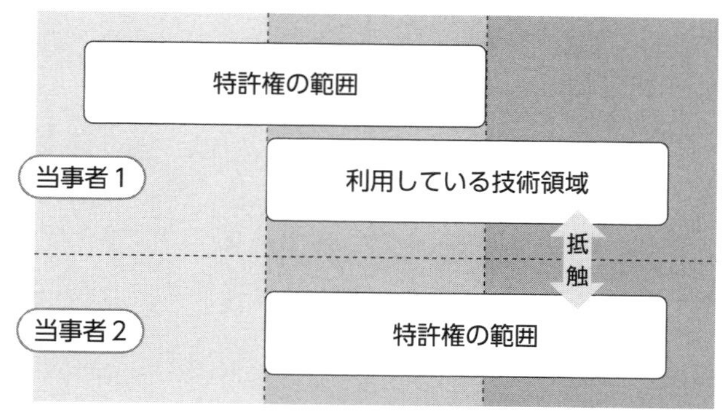

［図2-10］ 一方的な特許侵害

ところが，**図2-11**の場合，双方が特許侵害を犯しているので，クロスライセンシング（相互にライセンス承認）ということが可能になる。すなわち，相互に抵触している技術領域が存在するので，相互に特許権の使用許諾を行おう，という枠組みである。

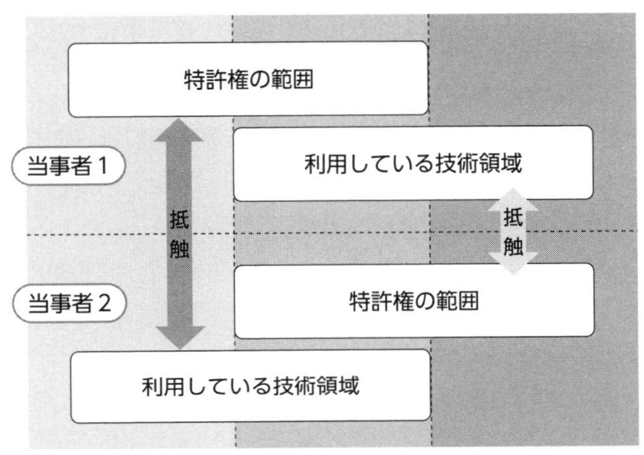

［図2-11］　相互抵触の場合

こうしたことから特許権の利用をめぐって，戦略的な動きがあった。その草分け的存在が，インテルだ。インテルといえば，MPU（マイクロプロセッサー）分野での世界企業だし，インテルのMPUの販売伸び率が，世界の景気指標になっているくらいの会社である。このインテルが，PC産業が成長を始めた頃に，非常に危機感を募らせ，そこからの脱却を目指して描いた戦略が，PLSなのだ。

インテル

インテルの危機感は，次のようなものだった。次頁**図2-12**から分かるように，インテルの部品の良しあしは，エンドユーザーには，ほとんど認識されない。コンテンツやアプリの良しあしが俎上に上がっても，インテルのMPUが意識されるようなことはほとんどなかった。ところが，インテルの創業者の１人，ゴードン・ムーアは，「ムーアの法則」と呼ばれる半導体産業の特性を誰よりも熟知していた人物であった。

ムーアの法則とは，18カ月ないし24カ月の間で，同一コストのもとでなら，設計と製造工程の改善によって，半導体の性能は倍増する，というものだ。要するに，１年半から２年の間に，同一コストのもとでMPUの性能を倍にすることができる，ということを知っていた。

しかしながら，PC自体の処理速度は一向に向上していない。このままでは，インテル自体の投資回収が見込めないばかりか，産業自体が衰退しかねない，

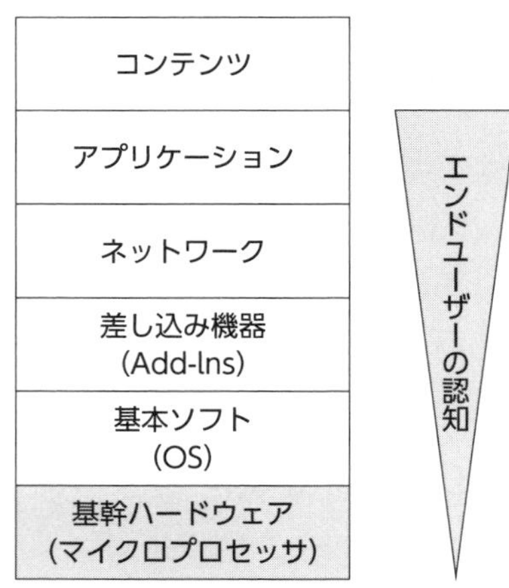

［図2-12］ PCのスタック図

という危機感を経営幹部は持つようになった。なぜ処理速度が速くならないのか。それは，当時のPCメーカー各社が採用していたバスアーキテクチャ（MPUへのデータ転送の仕組み）が，8ビットのISA（industrial standard architecture）バスだったからであった。

そこで，インテルは，アプリを中心としたPCの新たな利用形態を探るべく，IAL（Intel Architecture Lab.：インテルアーキテクチャラボ）を創設し，PCの処理速度のボトルネックになっているISAバスを刷新する新たなバス開発を目指した。新バスは，PCI（peripheral components interconnect）バスと名付けられ，このバスが産業における標準バスとして採用されるようになる仕組みづくりをインテルは，「PCIバスイニシアチブ」と呼び推進した。

このPCIバスイニシアチブは，最終的には成功するのだが，その間にいろいろなことがあった。第1に，チップセットベンダーたちを中心にマザーボード生産に関与するベンダーたちからの反発があった[9)]。バスというものは，そもそもPCメーカーが構築するのが当時のPC産業の常識だった。IBMがPCを発売したことにより，マイクロソフトとインテルは，PCの主要部品メーカーという地位は得ていたが，PCメーカーではないだろう，というのがチップセッ

9） チップセットは，コンピュータ内部の主基板（マザーボード）などに実装されるICチップの一種で，CPUを補佐し装置や機器の間でデータ伝送の制御などを行うもののこと。

トベンダーたちの意識だった。要するに，チップセットベンダーにとっては，PCメーカーであれば，自社製品を納める顧客になるが，インテルは，所詮，同業のライバル部品メーカーだ，という意識だったのであった。

さらに言えば，バスアーキテクチャというものは，データ転送・処理の根幹に相当するため，PCを新規開発するのと同程度の投資が必要になる。そのうえで，インテルが目指していたのは，PC産業における標準バスの導入ということなので，それまでのレガシーを引き継がなければならなかった。例えば，IBMが開発していたMCAやコンパックのEISA，さらにはVLといったバスの互換性確保のみならず，NECの漢字ROM（リードオンリーメモリー）対応等々も行わなければならなかったのだ。

そこでインテルは，IBM，コンパック，DEC，NCRといった当時の代表的なPCメーカー4社を巻き込み，それらとSIG（strategic interest group）を形成する。そこでは，インテルはPCIに関する知財を開示し，これらのグループ間でのPCIバス利用については，知財実施料は無料，という方針を定め，インテルとの間では，相互のバスに関する技術情報を開示するという戦略に出た。

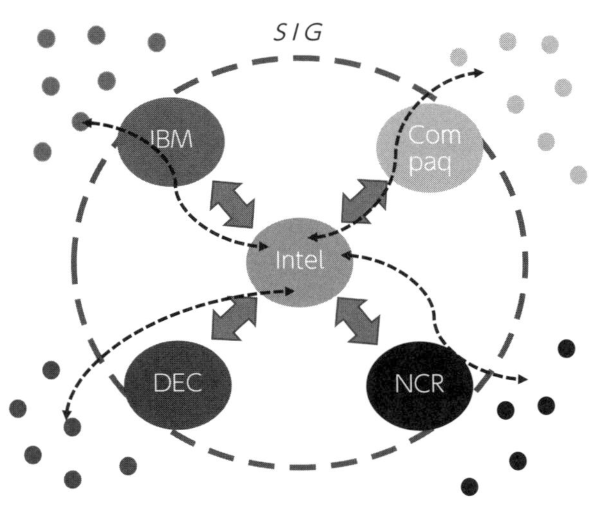

［図2-13］　インテルの戦略的利害関係グループ（SIG）

さらに，コンピュータメーカーの背後にいるプリンターやマウス，モニター，グラフィックカード等のベンダーに対しても，積極的に支援し，PCIバスのプラットフォームに参画するように仕向けていった。知財戦略としては，次のように要約できる。

① **仕様知財と実装知財の切り分け**

PCIは，コンピュータにおけるデータ転送に関する仕組み・設計図であり，知的財産権（特許権）として，インテルは所有している。その概要（仕様）については，特許公開されているので，誰でも参照することができる。さらに，PCIバスイニシアチブの取組みに賛同し，PCI-SIGに会員登録さえすれば，より詳細な仕様情報を入手することが可能になる。

これに対して実装知財は，マウスやモニター等々，機器ごとにPCIバス方式を実装していかなければならない。どのように実装するかは，結局のところ，特許物質の製造特許のような側面があるので，インテルは，PCIバスに関する仕様知財と実装知財を切り分けて，協働の枠組みを整えた。

② **仕様知財は，原則オープン＆フリー**

仕様知財については，上述したように，会員登録さえすれば，誰でも詳細情報を参照することができる。会員登録料として，多少の費用は必要だが，サーバー等のシステムを維持するための費用程度で，PCI-SIGが設立された当初は，どのような企業も参加することができ，費用もほとんどかからなかったようだ。現在では，年間4,000USドルの会費が必要になっているが，企業が負担する額としては，非常に安価なものだと思われる[10)]。

③ **実装知財は，相互に技術情報開示**

マウスやモニター，カメラ，プロジェクター等々にPCIを実装する際には，インテルが提供しているAPI（application development kit），SDK（software development kit），DDK（device development kit）を各ベンダーは参照することができ，さらに，コンプライアンスワークショップ（通称：プラグフェスト）への参加資格のもとインテルからの技術サポートを受けることができる。とりわけPCIを導入しようとしている企業に

10）詳しくは次のサイトを参照されたい。PCI-SIG HP（https://pcisig.com/membership/become-member）（最終閲覧日：2021年5月17日）

とっては，自社技術をインテルに開示しなければならないものの，NDA（non-disclosure agreement）を締結することによって，インテルとの技術協力関係がより強固なものになる。

PCIバスイニシアチブは，結果としては，コンパックが自社モデルにPCIバスを採用したことによって，やがてIBMもPCIバスを採用せざるを得なくなり，PCにおける標準バスになった。この結果，インテルは，MPUという部品ベンダーでありながらも，PCの規格をリードできる企業となった。インテルは，その後，アップルをも巻き込んでUSB（universal serial bus）規格も立ち上げ，順調にPC産業を牽引している。

PCIやUSBという知財をプラットフォームに，PC産業にかかわるほとんどのプレーヤーを巻き込み，そのうえで，さまざまなイノベーションが創発され，プラットフォームとしての価値が高まっていく。その価値の高まりは，文字通り，「ネットワーク外部性（network externalities）」によるものだ。

ネットワーク外部性とは，あるネットワークの加入者数が多くなればなるほど，加入者にとっての効用（満足）が高まり，その高まり自体は，測定不能である，という経済学概念である。PCIやUSBといったプラットフォームには，どんどん加入する企業が増え，その社会的価値は高まり続けている。

◆参考文献

1　小林敏男（2014）『事業創成―イノベーション戦略の彼岸』（有斐閣）

2　塩次喜代明・高橋伸夫・小林敏男（2009）『経営管理〔新版〕』（有斐閣）

3　野中郁次郎・竹内弘高著／梅本勝博訳（2020）『知識創造企業』（新装版）（東洋経済新報社）

4　H. Igor Ansoff（1988），*The New Corporate Strategy, revised edition*（Wiley）<H.I. アンゾフ（著）／中村元一・黒田哲彦（訳）（1990）『最新・戦略経営―戦略作成・実行の展開とプロセス』（産能大学出版部）>

5　Joseph L. Bower（1970），*Managing the Resource Allocation Process: A Study of Corporate Planning and Investment*（Division of Research, Graduate School of Business Administration, Harvard University）

6　Joseph L. Bower & Clark G. Gilbert, eds.（2005），*From Resource Allocation to Strategy*（Oxford University Press）

7　Robert A. Burgelman（1983），“A Process Model of Internal Corporate

Venturing in the Diversified Major Firm," *Administrative Science Quarterly*, Vol. 28, No. 2, pp.223-244.

8　Henry W. Chesbrough（2006）, *Open Business Models: How to Thrive in the New Innovation Landscape*（Harvard Business School Press）＜H. チェスブロウ（著）／栗原潔（訳）／諏訪暁彦（解説）（2007）『オープンビジネスモデル―知財競争時代のイノベーション』（翔泳社）＞

9　Philip Kotler（1980）, *Marketing Management: Analysis, Planning, Implementation, and Control, 4th edition*（Prentice-Hall）＜フィリップ・コトラー（著）／小坂恕・疋田聰・三村優美子（訳）／村田昭治（監修）（1983）『マーケティング・マネジメント［第４版］―競争的戦略時代の発想と展開』（プレジデント社）＞

10　Michael E. Porter（1980）, *Competitive Strategy*（The Free Press）＜M.E. ポーター（著）／土岐坤・服部照夫・中辻万治（訳）（1995）『新訂　競争の戦略』（ダイヤモンド社）＞

11　Herbert A. Simon（1947）, *Administrative Behavior: A Study of Decision-Making Processes in Administrative Organization*（Macmillan）＜H.A. サイモン（著）／松田武彦・高柳暁・二村敏子（訳）（2009）『新版　経営行動―経営組織における意思決定過程の研究』（ダイヤモンド社）＞

第3章

生産と供給の管理

かつて，Plan Do See（PDS）サイクルという経営学用語があった。それが今では，Plan Do Check Actionというように変化し，PDCAサイクルというように呼ばれるようになっている。計画（Plan）を立て，それを実行（Do）に移し，評価（Check）したうえで，改善（Action）する，という流れである。

製造や営業等における現場意識が強くなってくると，小さな改善を積み重ね，時機を見て大きな計画を立てる，という流れになるようにも思える。すなわち，評価・改善を小刻みに行わなければならないとすると，Check & Actionのほうが See だけよりも望ましいのかもしれない。

第1節で取り上げる生産管理はその典型例である。生産管理のもとで行われる品質管理は，日々改良改善が現場で行われている。そうした状況を「計画」と言ってしまうと，それこそ現場の肌感覚に合わないかもしれない。

ところが，第2節で取り上げる供給管理は，日々改善というわけにはいかない。供給者側の生産計画がからんでくるからだ。それを日々の生産管理レベルにまで高めた供給システムがある。JIT（just in time）生産システムだ。第2節では，供給管理の難しさを説明するとともに，JITの合理性を紹介する。そして第3節では，一転して，脱炭素社会における日本企業の国際市場における優位性が失われかねない事態について，自動車及び電池産業を中心にそのケーススタディを行う。

第1節　生産管理

18世紀半ばからイギリスで起きた産業革命（エネルギー革命）は，やがてアメリカにおいて大量生産システムを生み出し，社会が大量消費を行えるようにした。大量生産という体制は今でこそ当たり前だが，19世紀当時，注文を受けてから作り始めていた生産体制（受注生産）しかなかった時代において，大量生産システムの開発は，エネルギー革命に匹敵する，あるいはそれ以上の大革命であった。それを可能にしたのが，フレデリック・W. テーラーの「科学的管理法（scientific management）」である。

この大発明は，品質管理（quality control：QC）や原価計算を生み出し，次にそれらを全社的に推進する全社品質管理（total quality control：TQC）へと，さらにはモノだけに限らずサービスをも含めた総合品質管理（total quality management：TQM）へと発展した。品質管理に加えて生産管理において求められるのが，原材料，部品，仕掛品，完成品の供給管理，すなわちサプライチェーンマネジメント（supply chain management：SCM）である。

SCMは，工程（プロセス）間での歩留まり（仕掛品在庫）を極力削減し，効率的な生産体制を構築するだけでなく，部品業者を巻き込んだトータルな部品供給管理体制を構築することを通じて，顧客への安定した完成品供給を可能にする技術である。どの産業にも当てはまることだが，組立型産業においては，自社内だけに留まらず，部品供給業者をも巻き込んだ形で，SCMは構築していかなければならない。

デルやザラといったSCM先進企業に限らず，昨今のｅコマース（ネット通販）全盛の経済状況に鑑みると，製品やサービスの開発力に勝るとも劣らない重要性をこのSCMは有している。理由は，コストリーダーシップのポジションを確立するには，可能な限り少ない量の適正在庫を抱えておくことが重要だからだ。

1.1　テーラーの科学的管理法

テーラーによる大発明，「科学的管理法（scientific management）」は，19世紀末のアメリカにおいて誕生した。南北戦争が終結し，西海岸で金を採掘できること等から，ヨーロッパからの移民が急増し，鉄道の敷設と相まって，巨大な市場が誕生する。大きな潜在需要が現れたのだが，工場では，労働者たちが「組織的怠業」を繰り広げていた。組織的怠業とは，働こうとする者に対して労働者間でプレッシャーをかけ，働かないようにすることをいう。こうした事態を目の当たりにしたテーラーは，なぜこうなるのか，と考えた。

彼の出した答は，賃金に関する合意が，労働者と経営者の間で得られていないためではないか，というものであった。労働者は，労働のために自らが拘束されている時間をベースに賃金について，すなわち時給ベースで労働を考えようとする。これに対して，当時の経営者は，利益をベースに賃金を考えていた。いわゆる成功報酬だ。なぜなら，ヨーロッパからの移民の国アメリカにおいては，熟練労働力が希少で，未熟練労働者たちによる作業によってモノづくりが行われていたので，不良品率は相当なものであったからだ。

不良品はいくら生産されても販売できない。それどころか，コストだけがかかってしまう。それゆえ，経営者は，販売できた成果（実績）に応じて，賃金を支払おうとした。労働者にしてみれば，こんなに働いているのに僅かな賃金しかもらえない，不良品率が高ければ結局のところ賃金は上がらない，であれば職場として働かないようにして，経営者から有利な条件を引き出そう，という条件闘争的な状況に陥っていたのであった。

そこでテーラーは，労使双方が納得のいく労働環境と賃金体系が必要だと考えた。彼が着目したのが，どのようにすれば，未熟練労働者たちに，一部でもいいから熟練労働者たちと同じように作業をさせることができるのか，ということであった。

1.1.1　動作研究・時間研究

話が前後するが，ヨーロッパでの受注生産体制について少しふれておく。企業は顧客からの注文を受けると，熟練工である親方（master）たちに発注する。彼らは分業して完成品にまで仕立て上げ，それを企業は顧客に納品する。親方は企業内で労働者として働くのではなく，企業の外注先だ。親方は，弟子や見習いたちを抱え，いわば小企業を組織している。十数年あるいはそれ以上の時間をかけて後継者（熟練者）を育成していたのであった。

テーラーにはそのような育成時間はなかった。すぐにでも市場に製品を出荷しなければ，需要に供給が追いつかなかったからだ。現状の未熟練者たちの作業をどのようにすれば，熟練者たちの作業に近づけることができるのか。テーラーが導き出した答えは，熟練者たちの作業を徹底的に分解し，分解したその「単位動作（unit motion）」に，どの程度の作業時間が必要なのかを計測することであった。作業分解を「動作研究（motion study）」といい，各動作に要する時間測定を「時間研究（time study）」と呼んだ。

その発想は次の通りである。誰でもが行える「単位動作」にまで熟練作業を分解し，その動作に必要な時間を計測し，作業におけるばらつきを考慮して「標準時間（standard time）」を設定する。1日の作業時間をその標準時間で除す（割る）ことによって，1日の「標準課業（standard task）」が設定可能になる。各単位動作の反復が労働者の1日の標準的な課業内容ということになる。

1.1.2 格差賃率出来高給

各単位作業には，1日の標準課業（反復回数）が規定される。人によっては標準課業を上回る作業を行える者もいれば，そうでない者もいる。そこでテーラーが信賞必罰の意味を込めて考え出したのが，「格差賃率出来高給」である。賃率とは，労働者の作業結果（出来高）に掛け合わされる給与基準のことで，時給も実は賃率である。作業回数（出来高）に掛け合わせられる賃率に格差を設けるのが，格差賃率出来高給である。

こうすれば，誰でも行える作業で，その能力（巧拙）によって，出来高に違いが出て，それによって格差のある賃率が適用されても，労働者間では不満は出なくなるだろう，とテーラーは考えた。さらに不満を解消するために，テーラーは，作業工具（冶具，取付具等）の標準化も推し進めた。作業と工具の徹底した標準化こそが，テーラーの科学的管理法のエッセンスにほかならない。

1.1.3 機能別職長制

次にテーラーが手を付けたのが，管理の標準化だ。テーラー以前の受注生産体制のもとでの管理者は，労働者（作業者）でもある親方だった。弟子たちは親方と寝食を共にすることによって，作業を学び，管理の方法も学んだ。熟練労働者を育成することは，管理者育成でもあった。

しかしながら，テーラーは管理者育成にも時間をかけようとはしなかった。管理も標準化したのだ。作業現場に必要な管理機能者を，「準備長」「速度長」「検査長」「修理長」とし，オフサイトでは「作業順序長」「指図表長」「時間原価長」「工場規律長」が必要になると考え，管理の機能分化も図った。

こうすることによって，職長たちは特定の管理機能に特化できることから，

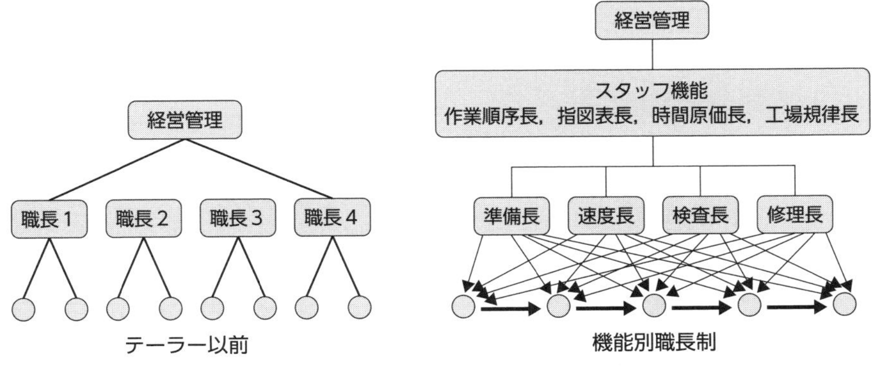

［図3-1］　機能別職長制

学習効果が高まり，管理者育成の時間短縮につながった。問題があるとすれば，複合的な問題，例えば作業速度が回復しないのは，準備の問題なのか速度管理の問題なのか，あるいは不良品率が高いのは，検査の問題なのか修理の問題なのか，こうした場合，誰がどう責任をとればよいのか，というような問題は残った。そのことよりも，管理者養成をテーラーは急いだものと思われる。

1.1.4　機能別要素還元主義

ある現象を説明する際に，ブラックボックスの中身を解明していくのが科学（理学）だ。科学はどのような要素が機能的に関係しているのかを分析・分解し，個別要素からの影響と要素間の相互作用，及びそれらが全体に与える影響等を調べて構造解析する。こうした研究をもとに，個別要素とその関係性を特定し，現象の再現性を担保するのが，工学であり，技術である。

テーラーの科学的管理法は，文字通り，近代科学的手法に則り，熟練者たちの作業を要素還元主義的に分析・分解し，それを再現するシステムを構成する。そこに，大量に存在する単純労働力を投入することによって，熟練工を必要とせずに大量生産することを可能にしたのだ。

その際重要になるのが，標準化への取組みである。標準化とは，品質管理においては可能な限り，物事のばらつきをなくそうとする。ISOやJIS等の各種規格団体が「標準（standard）」を決め，その基準に従おうと努力するのも標準化ではあるが，その意味は違う。

図3-2は，正規分布におけるばらつき（分散σ^2）の違いを示している。品質管理の基本は，②の分布を①の分布へと近づけるようにし，もう少し正確に記せば，σを極小化することから始まり，次に品質の平均（μ）の向上を目指す。後者を目指すことによって，またばらつきが増えるのであれば，またそれを削減する，というように，プロセスを循環させていくことが，品質管理の基本である。

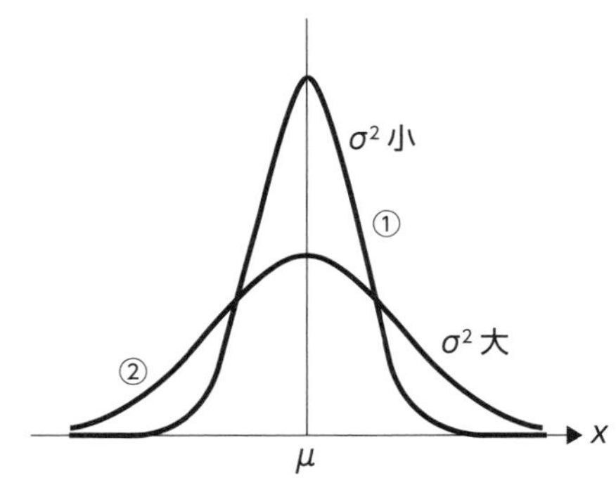

［図3-2］　正規分布におけるばらつき（σ^2）

1.2　フォードによる部品の標準化

こうした品質管理の上に大量生産は成り立っているのだが，糸や布といった紡績における大量生産を，自動車といった部品点数の多い組立型産業にまで展開したのが，ヘンリー・フォード，すなわちフォード自動車の創始者だ[1)]。フォードの夢は，大衆（といっても中産階級のことだが）にも自家用車を，というものだった。自動車は，馬車の動力を馬からエンジンへと代替することによって誕生したが，馬車がそうであった以上に，自動車は奢侈品（しゃしひん）の極みだった。一説では，初期の自動車は現在の価値に直せば，１台約２億円したと言われている。

自動車の生産は，馬車と同様に，完全な受注生産で，購入者の好みを聞いて，

1）　フォードについては，Ford（1922）及びFord（1926）がある。

大きさや内装，形などを決める。現在世の中にはオーダーメード製品が少なくなったのでイメージしにくいかもしれないが，完全注文住宅を建てるようなものだ。これでは，製造に時間がかかるし高くなりすぎることになる。

フォードは，潜在顧客の95％は自らの好みをあまり持たないと考え，これら人たちに対して最高の総合的奉仕を提供するようなものを発見し，ついで最高の品質で製造しうる体制を作り上げ，最低の価格で販売すれば，普遍的と呼べるほどの大きな需要に行き当たるだろう，と考えた。1908年にフォードＴ型，通称「ティン・リジー（Tin Lizzie：ブリキのリジー）」を市場に投入する。その際フォードは，「黒色でさえあれば，お客様がどんな色を注文しても応じます」という意味深長な広告宣伝を出すのであった。

要するに，黒色を標準色としその色に特化した「標準車としてのＴ型」を売り出したのだ。このＴ型１車種に絞り込むことによって，部品も標準部品になり，量産効果のみならず，顧客にとっては維持管理費用の削減にもつながった。量産効果は絶大で，Ｔ型の販売価格，1909年の発売当初825～1,000ドルだったものが，生産終了の1925年には260～660ドルにまで引き下げられたそうだ[2)]。

フォードにとっての本当の標準化とは，最良の商品が十分の数量で，かつ最低のコストで，消費者のために生産されることを目標に，商品のもつすべての最良の点を生産のもつすべての最良の点と結合することであった。「十分な数量で，かつ最低のコスト」を実現するには，１品種の量産しかありえないのだ。

1.2.1　移動組立てラインの導入

価格低減効果もあって，フォードＴ型は爆発的に売れた。需要（注文）に供給（生産）が追いつかない。その原因はどこにあるのか。テーラーと同じような観点に立った時に，フォードが気付いたのは，工員たちの作業そのものではなく，工程間での材料や部品の運搬に問題がある，ということだった。このことは，次節で述べる供給管理（SCM）の始まりに相当する気付きである。

作業そのものよりも部材の運搬に時間を要しているので，ベルトコンベアを

2）　詳しくは，「第14回　アメリカ車：序章(2)フォード　モデルＴ（1908年～1927年）」『M-ベース』（三樹書房）（2012）（http://www.mikipress.com/m-base/2012/12/14.html）（最終閲覧日：2021年５月13日）を参照されたい。

用いて，そこに乗せられた車体が，取り付けられる部品の間を流れていくという生産方式を採用した。「移動組立ライン（assembly line）」と呼ばれ，1913年ハイランドパークに新設された工場に初めて導入され，翌14年１月から操業が開始された[3)]。フォードによれば，組立てには３つの原則があり，まさに工場内における供給管理の基本であった[4)]。

⑴　各構成部品が可能な限り最短距離をたどって完成工程を進行するように工具や工員を作業順序に配置せよ。
⑵　工員が作業を終えたあとで部品をいつでも同じ場所（それはいつでも手の届くいちばん便利な場所でなければならない）に置けるような移動作業台または運搬装置を何らかの形で使用し，できれば重力によって部品が次の工員の作業場所へ運ばれるようにせよ。
⑶　これらから組み立てられる部品が移動組立ラインによって適当な間隔を置いて届けられるようにせよ。

ベルトコンベアによる部品移動は，ただ単に移動のための労力を節約するだけでなく，各工程における作業時間の「同期化」の効果を持つ。同期化は，工程間在庫をなくし，生産効率を高めていくことになるのだ。

1.3　TQC（TQM）

上記から分かるとおり，大量生産は標準化を基本とする。とすれば，主に統計学を基礎に発達してきたTQC及びTQMに的を絞って，以下，管理技法について論じることにする。TQCとは，製品の品質を管理するために，製造部門だけに任せていたのでは効果が限定されるため，営業・設計・技術・製造・資材・財務・人事等全部門にわたり，さらに経営者をはじめ管理職や担当者まで全員が密接な連携のもとに行う品質管理活動のことをいう。

最近では品質のとらえ方が広がり，単に製品だけに限らず，サービス等その幅が広がったので，TQM（Total Quality Management）と呼ばれるようになってきている。TQCはアメリカのファイゲムバウム（A.V. Feigenbaum）が提唱

３）　井原久光（2008），p.99。
４）　詳しくは，前田淳（2008），pp.24-25を参照されたい。

した概念だが，日本の企業が「QC７つ道具」と「小集団活動」を組み合わせて，最も盛んに推進してきたのも事実である。TQCを推進するポイントとしては，(1)教育・訓練を行う，(2)PDCAサイクルを回す，(3)全社的推進組織を設置する，(4)QCサークルを導入し，全員参加でQC活動を進める，(5)方針管理を実施する，(6)トップが診断を行う，(7)品質保証システムを充実させる，ことである。

1.3.1　QC７つ道具

TQCは，以下の７つの項目に従って行われるのが一般的である。そして現在では，さらに進化を遂げ，「新QC７つ道具」というものまで登場している。しかし，本書ではそこまで深掘りする必要はないので，初期の７つ道具の説明に留め置く。

QC７つ道具の発想は，要因の影響度合いを揃えるために，まず「層（グループ）別」に分け，影響の大きさを「パレート図」によって判断し，「特性要因図」を描写する。その際，「ヒストグラム」や「散布図（相関図）」を用いて，因果構造を計量的に明らかにする。そうして出来上がった因果関係をもとに，「チェックシート」で日々，時間ごとのデータを収集し，各項目の平均とばらつきを管理図によって確認し，因果構造図式の精緻化を図っていくのである。

(1)　層別（stratification）

機械別，原材料別，作業者別などのようにデータの共通点や特徴に着目して同じ共通点や特徴をもついくつかのグループ（層）に分けることをいう。層別の目的は，層による何らかの違いを見つけることにある。この違いを見つけることで，ばらつきの原因を突き止めることができるようになる。

(2)　パレート図（Pareto diagram）

項目別に，出現度数の大きさに並べるとともに，累積和を示した図である。この図を描くことによって，改善すべきvital few（数は少ないが影響の大きい項目）が明確になるので，問題解決の初期において重点指向すべき改善テーマを決めるために用いる。当初はイタリアの経済学者パレート（V. Pareto）が富の偏在を分析するために活用した図であるためにパレート図と呼ばれている。

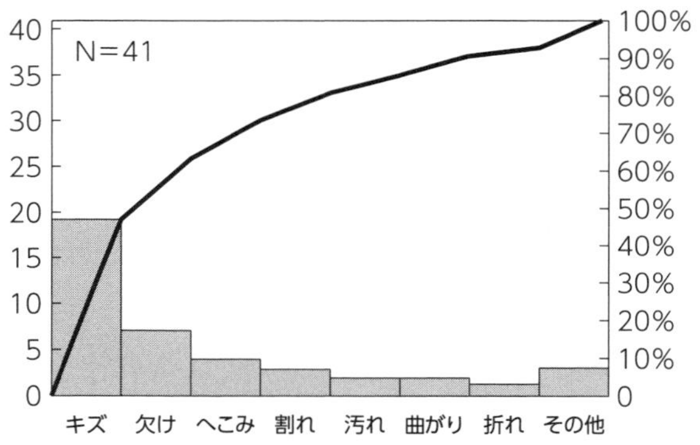

[図3-3]　パレート図[5)]

⑶　特性要因図（cause and effect diagram）

ある結果とそれに影響を及ぼす多数の要因（原因）との間に成り立つ定性的な因果関係を樹木図で表記したものである。木の根の部分に結果を，根に近い枝の部分には結果に直接的に影響する1次要因を，さらに枝に繋がる小枝に1次要因に影響を与える2次要因を配置するというように，要因間の因果関係を含め，階層構造で表現する。図の形が魚の骨に似ていることから，「フィッシュボーンチャート」「フィッシュボーン図」とも呼ばれる。

例えば，**図3-4**にあるように，売上が低下してきている原因を探る場合に，

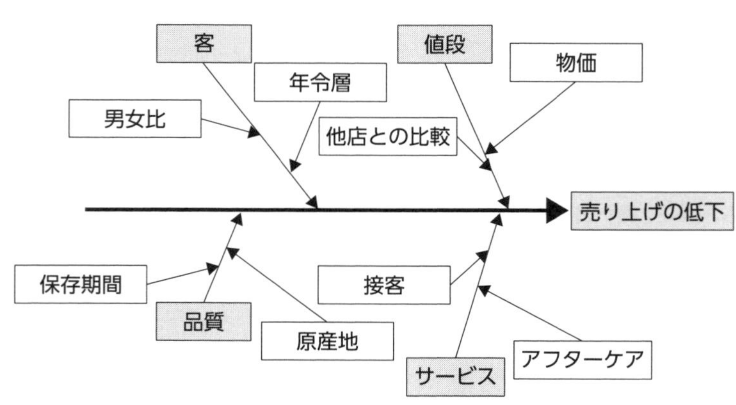

[図3-4]　特性要因図[6)]

主要因（「品質」「客」「値段」「サービス」）を取り出し，それらが「売上低下」に与える影響が強いものから順に左にならべ，さらにそれぞれの要因に影響を与えている付加的要因（「物価」「アフターケア」等々）を加えることによって，諸要因を可視化し，結果の改善を図ろうとする。科学的管理法における要素還元主義がこういう形で活かされているのである。

⑷　ヒストグラム

図3-5のように，測定値の存在する範囲をいくつかの等区間に分け，各区間を底辺とする柱（長方形）の高さが，その区間に属する測定値の出現度数に比例する面積になるように並べた図のことである。区間の幅が一定ならば，柱の高さは各区間に属する値の出現度数に比例することになるので，高さに対して度数の目盛りを与えることになる。データの分布状況や不良品の発生状況を把握するために用いられる。

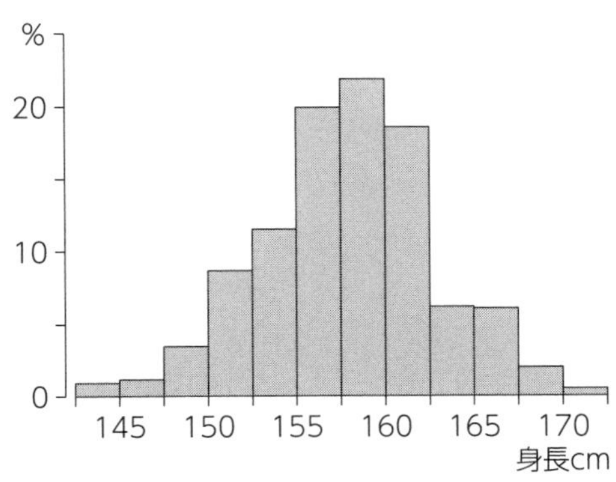

［図3-5］　ヒストグラム[7)]

5）　出典：アイアール技術者教育研究所「QC７つ道具の基本①パレート図とは？」（https://engineer-education.com/paretochart/）（最終閲覧日：2021年８月27日）

6）　出典：IT用語辞典バイナリー（https://www.sophia-it.com/content/特性要因図）（最終閲覧日：2021年５月18日）

7）　出典：統計学用語辞典（https://www.weblio.jp/content/ヒストグラム?dictCode=TKGYG）（最終閲覧日：2021年５月19日）

⑸　散布図

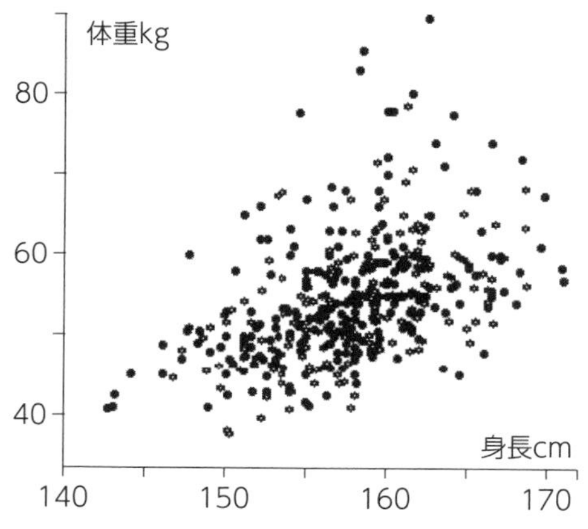

［図3-6］　散布図（相関図）[8]

２変数を縦軸・横軸にとり観察されたデータをカテゴリー化しないでプロットしたものは，散布図または相関図と呼ばれる。統計学でよく用いられる図である。例えば，**図3-6**のように，個人の身長と体重をプロットしていくと，身長と体重に関する関連性，相関を統計学的に推定することが可能になる。そしてその推定の精度も求めることが可能になる。

⑹　チェックシート

今では日常用語にさえなっているが，データが簡単にとれ，そのデータが整理しやすい形で集められるように，あらかじめデータを記入する枠や項目名を書き込んだ用紙のことをいう。分布の状態や欠点・不良項目が，どこでどのくらい発生しているかを調査するために用いたり，点検すべき項目をあらかじめ決めたり，点検作業を容易に確実に行うために用いる一覧表のことである。

⑺　管理図

工程が安定な状態にあるかどうかを調べるため，または工程を安定な状態に保持するために用いる図のことを管理図という。管理限界を示す上下一対の線

8） 出典：統計学用語辞典（https://www.weblio.jp/content/散布図）（最終閲覧日：2021年５月19日）

を引いておき，これに品質または工程の条件などを表す点を打ち，点が管理限界線の中にあり，点の並び方にクセがなければ工程は安定的な状態にあると判断する。また，管理限界線の外に出る，あるいは点の並び方にクセが現れれば見逃せない原因があったことを示す，と考える。

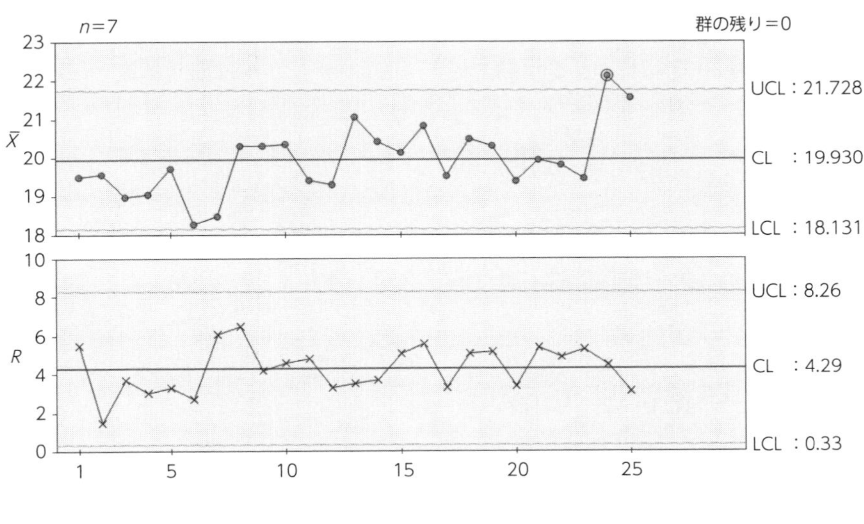

［図3-7］　管理図[9]

1.3.2　小集団活動

効率化，品質向上，安全性向上などのために，数人で１つのグループを作り，そのグループ単位で改善活動をしていくのが，小集団活動だ。QC７つ道具を活用し，実際現場でQCサークルを推進しているのが，日本ではお馴染みの小集団活動である。なぜ，これほどまでに日本で定着したのか，ということについては，さまざまな意見や考えがあるが，私見では，「連帯制」に基づく評価と褒賞のシステムが存在していたからだと考えている[10]。

詳しくは，次節のSCMのところで取り上げるトヨタのジャストインタイム

9）　出典：日科技研HP（https://www.i-juse.co.jp/statistics/product/func/qc7/control-chart.html）（最終閲覧日：2021年５月19日）

10）　詳しくは，Kobayashi（1995）を参照されたい。

(just in time：JIT）で説明するが，トヨタにおける工員に対する評価の基本は，個人ではなく，チーム（グループ）評価である。その評価にチーム内における個人評価が加味されて，個人評価ということになる。

チームに属する個人の作業ミスは，工場全体のライン停止に繋がりかねない。そのミスに対する暗黙の批判は，その個人が属するチームにも及ぶ。いわゆる連帯責任（連帯制）である。ひるがえって，チームとして，文字通り，学校で時間外に行われる「サークル活動」のようなQCサークルに取り組み，「改善提案」を積極的に推し進めていけば，チームとして高く評価されるようになる。チームとしてのQCサークル活動とそれに伴う成果が，コンペ形式で工場内のみならず，日本全国の工場間で，さらには世界各国における工場間でのコンペへと発展し，世界一を競い褒賞される。小集団活動は，提案の活性化や自己啓発・相互啓発，職場の活性化を狙っているのである。

第2節　供給管理（SCM）

SCMは，生産管理の１つであるが，工場内での供給管理だけに留まらず，複数の工場や多数の供給業者間に，それも国境を越えてその対象が広がる。情報化の進展によって，最も恩恵を受けたのがSCM領域で，その巧拙が競争優位の差になって現れるようになってきている。ところが，リーン（贅肉を削ぎ落とした）なSCMが仇（あだ）となるケースもなくはない。

例えば，トヨタが世界に誇る「ジャストインタイム（just in time)」生産方式だが，この方式のゆえに，もしイギリスがEUから「合意なき離脱」をした場合，ドーバー海峡のトンネルを通って，EUから送り込まれてくる200万点以上，工場の操業時間あたりにして数時間相当分しかない部品が検閲で停滞してしまい，そうなれば，工場が生産停止に追い込まれてしまうことになった。情報化が高度に進めば進むほど，リーンなSCMが構築されるようになってきているので，トヨタのような事態が発生しかねないのである。

2.1　SCMの定義

D. スミチ-レビ他（2000）によれば[11)]，「サプライチェーンマネジメントとは，供給，生産，倉庫，在庫，店舗を効果的に統合するための一連の方法であり，適正な量を適正な場所へ，適正な時期に生産・配送し，要求されるサービスレベルを満足させつつ，システム全体の費用を最小化することを目的」（邦訳，p.2）としている。

この定義からも分かる通り，SCMはものすごい数の変数とそれぞれの関係式から成り立っており，一意的な解を導出できるとはとても思えない。それゆえ，SCMを制する者が市場を制する，とまで言われたりする[12)]。

読者が日頃利用しているコンビニを思い浮かべて欲しい。コンビニは，消費者に最も近いところにある小売店だ。そこには2，3千にも及ぶ商品が所狭しと陳列され，弁当やおにぎり等の生鮮食料品は賞味期限とともに，1日のうちにでも並べ変えられる。この便利さを支えているのが，SCMなのである。

コンビニ業界の最大手，セブン-イレブン・ジャパンの国内店舗数は，2021年10月末時点で21,215店舗となり[13)]，これらの店舗にそれぞれ異なる多品種少量の商品が1日に少なくとも2回は届けられる。また，商品を各メーカーに適正量発注し，セブン-イレブンとしての適正在庫を保持しておかなければならない。こうした発注に対してメーカーも応答しなければならない。いわゆる日持ちのする商品であればまだしも，生鮮食品は，生産から消費までのリードタイムが短いので，しっかりとした需要予測に基づく生産管理，在庫管理，配送管理が必要となる。

店舗で売る商品をすべて固定化したとしても，生産，在庫，輸送に関して，全体コストとしてどうすれば削減することができるのかを計算しなければならない。単に在庫を削減するということだけでは無理で，在庫の削減は，逆に生産や輸送のコスト増に繋がることもありえるからだ。

店舗で売る商品は生き物だと，よく言われる。常に同じ商品を置いている店などはない。シーズンごとのトレンドやときどきのニーズに合わせて，品揃えを変えていかなければならない。品揃えを変えれば，それに伴う生産，在庫，輸送に関するシステムを変更しなければならない。それをこまめにやるのがSCMである。

11）Simchi-Levi *et al.*（2000）。スミチ-レビ他（2017）。

12）Fine（1999）。

13）出所：セブン-イレブン・ジャパンHP（http://www.sej.co.jp/company/tenpo.html）（最終閲覧日：2021年11月3日）

以下では，SCMにおいて最も重要な情報のやり取りの観点から，「鞭効果（bullwhip effect）」についてまず説明したのち，ロジスティクスネットワークへと進み，究極のSCMと言われるトヨタ生産方式についてケース分析を行うことにしよう。

2.2 鞭効果（bullwhip effect）

鞭効果は，受発注伝票のような単純化された情報伝達と，そのバッチ処理（まとめて一度に処理すること）によるタイムラグ，工場における生産性変動の難しさ等が相まって，顧客から離れれば離れる程，多めに在庫を抱えようとする傾向を示すもので，一般に次のように定式化されている。

$$V = \mu + \sigma \cdot cs$$

V：発注点（量）
μ：発注してから商品が届くまでの時間（リード時間）における需要の平均
σ：リード時間における需要の標準偏差（ばらつき）
cs：安全在庫係数

この式を見れば明らかなように，リード時間における需要の平均に上乗せするのが，$\sigma \cdot cs$ として表示されている箇所である。マイナスされるのではなく，プラスされるので，要するに「余裕在庫」ということになるが，裏を返せば在庫リスクということにもなる。また，安全在庫係数（cs）であるが，サービスレベル（α）を維持するために，リード時間内に在庫切れを起こす確率が（1－α）になるように選択される係数のことで，正規分布表から導出できる。そして，次のように表にまとめることができる。

［表3-1］ サービスレベルと

サービスレベル	90%	91%	92%	93%	94%
安全在庫係数	1.29	1.34	1.41	1.48	1.56

14） 同上，p.61。

標準的に用いられるサービスレベル95％を維持するための安全在庫係数は，表から1.65というに読み取れる。需要の標準偏差の1.65倍であるから，そこそこ大きな量の在庫が上乗せされることになる。そして，小売店舗・卸売業・メーカーでは，扱う数量が大きくなっていく（小売 ＜ 卸売 ＜ メーカー）ので，標準偏差の値もこの順に一般的には大きくなる。したがって，同じサービスレベルを維持しようとしても，安全在庫として保有する量は，顧客から遠ざかれば遠ざかるほど多くなる，ということが上記からも窺える。そして，現実には消費者から遠ざかるほど，安全在庫係数も自然と高い値が採用されるようになる。

ただ，どの程度そうなるのか。1960年代にMITスローンスクール（ビジネススクール）で開発された「ビールゲーム」というシミュレーションゲームがある。これは，鞭効果がどのようなものなのかを理解することを通じてSCMの重要性を学習するものだ。プレーヤー間における在庫の違いをつかんでほしい。

2.2.1　ビールゲーム[15]のキックオフ

プレーヤーは3者である。小売業者，卸業者，そしてビールメーカーだ。プレーヤーがチームであっても個人であっても構わない。相互に発注伝票とビールの受取伝票だけのやり取りを週単位で行う。

＜小売業者＞

小売業者は，ケース単位で販売する。ケースの中身は，6本入りなのか，12本入りなのか，あるいは10本入りなのか。そのことはこのゲームには関係しない。小売業者は，複数のビールを取り扱うが，ゲームでは，ラバーズという架空のブランドのビールだけを対象とする。若者向けのブランドで，毎週必ず4ケース，きちんと売れるというのが初期条件だ。

安全在庫係数[14]

95%	96%	97%	98%	99%	99.9%
1.65	1.75	1.88	2.05	2.33	3.08

15）　ビールゲームの記述については，補論で取り上げるSenge（2006）Ch.3の記述を参考にした。

卸業者からの配達トラックが，毎週はじめに4ケースを，受取伝票と併せて配送してくる。その時に，小売業者は4と書かれた発注伝票をトラックの運転手に渡す。そして発注伝票は，4週間後，受取伝票となって，トラックの運転手によってビールとともに届けられる。

このゲームが始まる直前を便宜的に第0週としょう。0週では在庫が12ケースあった。第1週では，これまでと同じように，4ケースが配送されてきて，同数の4ケースが売れた。在庫は変わらず，12ケースだ。したがって，小売業者は，発注伝票に4と書き込み，トラックの運転手に発注伝票をまた手渡しするのであった。

<卸業者>

卸業者は，規模が同じ小売店を数十店舗，顧客として抱えている。この店舗数は今回のゲームには影響しない。但し，顧客である小売業者からの発注を束ねると，ゲームが始まる直前の第0週では，トラック4台分の納品と受注があり，在庫としては12台分であった。要するに，在庫の単位が，「ケース」から「台」に変わるだけで数値としては同じだ。

ゲームが始まった第1週においても，同じように，4台分の受注があり，メーカーから4台分納品され，4台分配送し，結果在庫は12台分であった。ビールメーカーには，これまでと同様に，4台分だけの発注を行った。大型トレーラーの運転手に納品伝票と引き換えに，発注伝票を手渡すことは，小売との間のやり取りと同じである。そして，4週間前の発注伝票分がビールメーカーから納品されてくるというも，小売業への納品と同じである。

<ビールメーカー>

このビールメーカーは，設立当初は別にして，今では広告宣伝も行っていない。4週間前に受注した分のビールを生産し，それを卸業者に配送するだけだ。販売代理契約をしている卸業者も相当数抱えていて，その業者たちへの受発注数は，第0週以前においては同数で，生産規模にしてちょうど4ロットであった。

メーカーにおいては，単位がロットになっただけである。在庫数としては，12ロット有しており，これで不慮の災害等で工場停止に追い込まれても，3週間かけて復旧すれば何とか商品を顧客に提供し続けられる，と考えていた。第1週においても，やはり同じく，受注量は4ロットで，生産量も4ロット，搬出数も4ロット，したがって在庫量も12ロットのままだった。

2.2.2　ゲームが動いた第2週

＜小売業者＞

第2週，販売数は突然倍の8ケースに増えた。理由は分からない。というよりも，なぜ突然倍の数が売れるようになったのか，その原因がつかめない。一時的なことだろうと思いながらも，4週間前の発注量は，4ケースだったので，第2週の納品数は，4ケースだ。そうすると，在庫数は8ケースとなる。

安全係数レベルのことを考えると，このまま放置することはあり得ない。販売量が第3週以降，元の4ケースに戻った場合は，在庫数を8ケースで維持できるが，8ケース売れ続けた場合，第4週で在庫切れになり，第5週以降は，ラバーズビールを販売できなくなってしまう。この販売ができなくなる状況のことを専門用語では「機会損失」という。

ほとんどの商品がそうだが，在庫コストよりも販売利益のほうが大きいような商品の場合，機会損失が発生する。さらに言えば，損失はもう少し大きいものと予想される。なぜなら，「せっかく買いに来たのに，ないのか⁉　じゃぁ，別の店に行こう。」といったような感じになるからだ。したがって，「合理的に」考えると，その週と前週との在庫量を比較して，その差分だけを補うように発注しよう，ということになる。具体的に記述しょう。

[表3-2]　小売発注量の計算

週	搬入	販売	在庫	発注量
0	4	4	12 (rs^0)	4 (ro^0)
1	4	4	12 (rs^1)	4 (ro^1)
2	4	8	8 (rs^2)	8 (ro^2)

（ro^i：第 i 期発注量，rs^i：第 i 期在庫量）

第1週の在庫量は，第0週と同じく12だ。したがって，在庫量に変化がないので，発注量も変化させない。ところが，第2週になると，在庫が12から8へと減少した。この減少分だけを発注量に加算するということだ。表の記号を使って式を書けば，次頁①式は，第1週の発注量を求める式である。具体的に数字を入力すれば，第1週の発注量は，4＋12－12で，4となる。同様に②式に数字を入力すると，4＋12－8で，8となる。

$$ro^1 = ro^0 + rs^0 - rs^1 \quad \cdots\cdots\cdots\cdots ①$$

$$ro^2 = ro^1 + rs^1 - rs^2 \quad \cdots\cdots\cdots\cdots ②$$

<卸業者>

小売で起きた発注量の変化は，そのまま卸業にも影響する。**表3-3**のとおりである。搬入と搬出量に変化はないので，小売から受けた発注量だけ同じように増やし，８台分だけ発注するようにした。

[表3-3]　卸発注量の計算

週	搬入	搬出	受注	在庫	発注
0	4	4	4	12（ws^0）	4（wo^0）
1	4	4	4	12（ws^1）	4（wo^1）
2	4	4	8	12（ws^2）	8（wo^2）

（ws^i：第 i 期卸在庫量，wo^i：第 i 期卸発注量）

<メーカー>

メーカーにいたっては，きわめてシンプルで，８ロット受注し，４週間前の受注が４ロットだったので，４ロット生産して，４ロット搬出する，というものである。

[表3-4]　メーカー在庫量

週	受注	生産	搬出	在庫
0	4	4	4	12（ms^0）
1	4	4	4	12（ms^1）
2	8	4	4	12（ms^2）

（ms^i：第 i 期メーカー在庫量）

2.2.3 第３週以降のゲームのルール

第３週になっても，販売数に変化はない。ずっと，８ケースの状態が続くことにする。８ケースの売上が変わらないのに，発注量とそれに応じた在庫量，さらには生産量の変化を知ることが，ビールゲームのエッセンスである。

＜小売業者＞

小売業者は，前記①及び②式のルールに従って，在庫が減少するため，どんどん発注量を増やしていく。**表3-5**で，在庫の数値がマイナス表記されているのは，受注残である。注文だけ受けて，実物はいまだ販売されていない状態である。ビールのような商品でこのような事態になることは少し現実的ではないが，例えば，人気ミュージシャンが，歌詞の中に「ラバーズビールを飲んで」みたいなことを唄い，それが話題になり始めているというよう解釈を挿入して頂いても構わない。いずれにせよ，静かなブームの到来という状況なのだ。

第3週から6週

＜小売業＞

4週前の発注が，4ケースだったので，卸業者からの搬入量は，4ケース以上は期待できない。相変わらず，これまでの倍の量，すなわち8ケースが売れている。そうなると，第4週で在庫は底をつき，第5週から受注残だけが積み上がり始めた。要するに注文だけして現物を購入できない顧客が第5週から現れ始めたのである。

＜卸業とメーカー＞

この期間，卸は小売りからの受注量が増えるだけで，搬入・搬出・在庫においても全く変化しない。なぜなら，4週間前の小売りの発注量が継続しているからだ。**表3-5**のように，小売における受注残（マイナス在庫）と，小売から卸へ，そして卸からメーカーへの発注量，それにメーカーの受注量が増加しているだけで，それ以外に変化はない。

[表3-5]　第3週から6週にかけての変化量

週	小売				卸業					メーカー			
	搬入	販売	在庫	発注	受注	搬入	搬出	在庫	発注	受注	生産	搬出	在庫
3	4	8	4	12	12	4	4	12	12	12	4	4	12
4	4	8	0	16	16	4	4	12	16	16	4	4	12
5	4	8	−4	20	20	4	4	12	20	20	4	4	12
6	4	8	−8	24	24	4	4	12	24	24	4	4	12

第7週から18週

受発注の鞭効果を体感して頂くために，第7週以降も小売での販売量（注文量）には，変化がないものとしょう。第7週に小売の搬入が増加したのは，卸業が自主的に自身の在庫を減少させて，小売からの要望に応えようとしたもの，と考えて頂きたい。それに遅れること2週間後，メーカーも自身の在庫を切り崩し始めた。この措置のために，**表3-6**にある通り，メーカーは第14週には，在庫が0になり，卸業も第17週で在庫が0になってしまった。小売における受注残（マイナス在庫）は積み上がるばかりである。

［表3-6］　第7週から18週にかけての変化量

週	小売				卸業					メーカー			
	搬入	販売	在庫	発注	受注	搬入	搬出	在庫	発注	受注	生産	搬出	在庫
7	6	8	−10	26	26	4	6	10	28	28	4	4	12
8	6	8	−12	28	28	4	6	8	32	32	4	4	12
9	6	8	−14	30	30	6	6	8	34	34	4	6	10
10	6	8	−16	32	32	6	6	8	36	36	4	6	8
11	6	8	−18	34	34	6	6	8	38	38	4	6	6
12	6	8	−20	36	36	6	6	8	40	40	4	6	4
13	6	8	−22	38	38	6	6	8	42	42	4	6	2
14	8	8	−22	38	38	6	8	6	44	44	4	6	0
15	6	8	−24	40	40	4	6	4	48	48	4	4	0
16	6	8	−26	42	42	4	6	2	52	52	4	4	0
17	6	8	−28	44	44	4	6	0	56	56	4	4	0
18	4	8	−32	48	48	4	4	0	60	60	4	4	0

この表で，鞭効果が，小売と卸業との発注量において確認できる（小売の発注量より卸業の発注量が増えているのである)。小売の発注は，前記①式及び②式の通りなので，受注残が積み上がれば上がるほど，発注量は増えていく。これに対して，卸業も同様の兆候が窺えるが，卸の場合は，今週と前週との在庫の変化量だけ埋める，というスタンスではなく，適正在庫は抱えておかなければならない，というスタンスになる。そこで，このゲームでは，適正在庫を初期水準，すなわち在庫が12台になるように発注するということにする[16)]。

したがって，卸業のメーカーへの第 n 週の発注量（wo^n）は，次のように表せる。

$$wo^n = wr^n + 12 - ws^n \quad \cdots\cdots\cdots\cdots③$$

［wr^n：第 n 週における小売りからの受注量
　ws^n：第 n 週における卸業の在庫量

この適正在庫の考え方のために，端的に卸業の発注量が小売よりも大きくなっていることが窺え，鞭効果を確認できるのである。

第19週以降

第19週には大きな変化が訪れた。それは，ビールメーカーが大規模生産を行える設備投資を行い，生産量を初期の4.5倍，すなわち18ロットにまで増やすことが可能になったのだ。メーカーにとっては溜まりに溜まった受注残を解消するための措置である。

以前からのルールである，その週の小売及び卸業への搬入量は，その４週間前の発注量，というルールに変更はない。ただし，より現実的にするために，メーカーは，緊急事態対応のために，在庫が底をついた時点以降は，生産できた分は，その４週間前の受注量と比較して，受注量のほうが多ければ，すべて搬出するというようにしている。

結果，**表3-7**（次頁）を見れば分かる通り，小売は，第22週目に一変して在庫を持つようになり，それが第29週まで続き，通常販売量８ケースの６週超分の在庫を抱えるまでになった。その後は，徐々に在庫が減少していった。

他方，卸業は，小売に遅れること４週間後，第26週から徐々に在庫が増えはじめ，第30週以降はこのゲームが始まる以前の在庫量12台の４倍にも及ぶ48台の在庫を抱え続けることになった。最も悲惨なのは，メーカーで，第30週以降は，在庫が増え続けて止まらない。操業停止にでもしなければ，この在庫増は，解消できないであろう。

16）安全係数の観点からは，本来もっと適正在庫が積まれてもしかるべきであるが，恣意的な操作の印象を避けたいので，あえて影響が出にくい水準に留めることにした。

[表3-7]　顕著な鞭効果（第19週以降）

週	小売				卸業					メーカー			
	搬入	販売	在庫	発注	受注	搬入	搬出	在庫	発注	受注	生産	搬出	在庫
19	18	8	−22	38	38	18	18	0	50	50	18	18	0
20	18	8	−12	28	28	18	18	0	40	40	18	18	0
21	18	8	−2	18	18	18	18	0	30	30	18	18	0
22	18	8	8	8	8	18	18	0	20	20	18	18	0
23	18	8	18	0	0	18	18	0	12	12	18	18	0
24	18	8	28	0	0	18	18	0	12	12	18	18	0
25	18	8	38	0	0	18	18	0	12	12	18	18	0
26	18	8	48	0	0	18	8	10	2	2	18	18	0
27	12	8	52	0	0	12	0	22	0	0	18	12	6
28	12	8	56	0	0	12	0	34	0	0	18	12	12
29	12	8	60	0	0	12	0	46	0	0	18	12	18
30	2	8	54	6	6	2	0	48	0	0	18	2	34
31	0	8	46	14	14	0	0	48	0	0	18	0	52
32	0	8	38	22	22	0	0	48	0	0	18	0	70
33	0	8	30	30	30	0	0	48	0	0	18	0	88
34	0	8	22	38	38	0	0	48	2	2	18	0	106
35	0	8	14	46	46	0	0	48	10	10	18	0	124
36	0	8	6	54	54	0	0	48	18	18	18	0	142

以上が，鞭効果のシミュレーションである。各プレーヤーの異なる立場と思惑，単純な受発注伝票の受け渡しだけの情報交換，受注してから配送されるまでのタイムラグ，そして新たな設備投資が稼働するまでのタイムラグ，これらが相まって，結局，小売，卸業，メーカーの三者三様の在庫を抱える状況が発生してしまったのである。そして，顧客から遠くなればなるほど，時間が遅れて，被害が大きくなってしまうのだ。それは一種の情報劣位と保守主義のせいかもしれない。

ではどうすればよいのか。簡単に言ってしまえば，プレーヤー間で情報を共有する情報ネットワークを構築するとともに，配送システム（いわゆるロジスティックス・ネットワーク）を併せ持つことだ。そのためには，プレーヤー間での戦略提携に基づく積極的な情報技術が必要になる。以下，項目を追って見ていこう。

2.3 ロジスティックス・ネットワーク

前節の鞭効果でのプレーヤーは，小売，卸業，メーカーの3者だった。現実はもっとたくさんのプレーヤーたちが参加する。モノづくりの場合，原材料メーカー，部品メーカー（これら2者は，一般に「供給業者」といわれる），それに製品を販売する流通業者（卸業，小売等々），加えて物流企業や倉庫業者たち（これらは，物流情報と物流に関係するプレーヤーたちだ）である（**図3-8**）。

ロジスティックスとは，もともとは軍事用語で，前線における戦闘能力を維持するために，最低限必要となる兵站（武器・弾薬・食糧等）を，その輸送時間と保管能力の観点から勘案することである。このロジスティックスをもとに，戦略構成（戦い方）が決まるので，ロジスティックスは，戦略上，非常に重要な要素である。それらにかかわるアイテム数，プレーヤー数が多くなればなるほど，解を導出するのが幾何級数的に難しくなる。

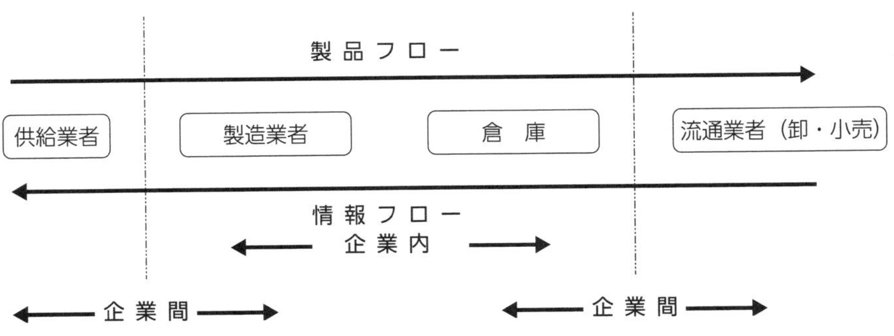

［図3-8］　ロジスティックス・ネットワークにおける製品と情報のフロー[17]

ロジスティックス・ネットワークのイメージを図示すると，**図3-9**（次頁）のようになる。データセンターを中心に，販売店，工場，原材料・部品業者（供

17）　出典：スミチ-レビ他著（2017），p.268。

給業者)，倉庫・配送業者（物流業者）によって構成される情報ネットワークだ。販売店から上がってくる販売情報，すなわちPOS（point of sales）データが，データセンターに集められ，短い周期で需要予測が行われる。これに応じて，工場の稼働率が決まり，必要原材料・部品量が把握され，倉庫にある在庫量に照らして，供給業者が生産を行う。

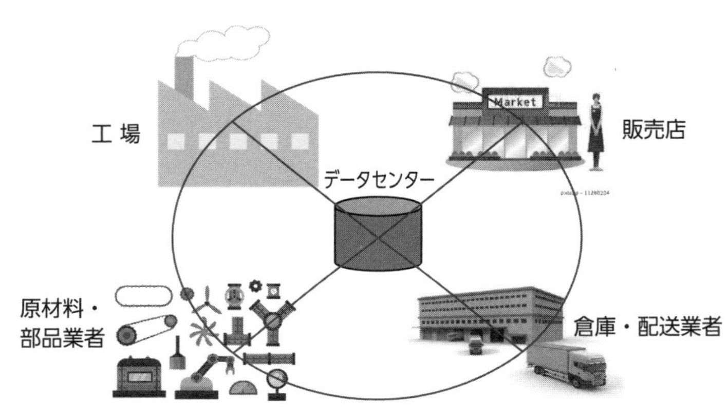

［図3-9］ ロジスティックス・ネットワークのイメージ図

もちろん，デジタル化されたロジスティックス・ネットワークにおいても，軽度な鞭効果は現れる。しかしながら，ネットワークに属しているプレーヤー間での正確な情報共有が短期間で行われれば，理論的には，機会損失も不要在庫も極小化される。それこそ「リーン」な効率的な生産供給システムが構築されるはずである。ところがこうした情報システムの構築は，導入当初「言うは易し，行うは難し」だったのである。

そうなった理由の１つとして，データ通信のためのシステム，通称EDI（electric data interchange）が導入され始めた1970年代後半から90年代にかけて，アメリカの食品業界のように，業界を挙げてEDIに取り組んだようなところを除いて，自動車や産業用機械などの業界では，納品先に出入りしているシステムベンダーたちのEDI仕様が各社各様であったため，供給業者にしてみれば，納品先ごとにEDIを導入しなければならなかった。導入費用のみならず，習熟にも時間がかかり，またある納品先とだけEDIで繋がる，ということになると，他の納品先からの発注には応じられなくなる，ということにもなったので，なかなかEDIの導入は進まなかった。

こうした状況を踏まえて，まず，EDIの先駆者，アメリカ食品雑貨業界におけるPOSシステム導入について解説しよう。大量生産・大量消費の国アメリカにおいては，大規模スーパーマーケットの展開も早く，1960年代，70年代になると，食品雑貨の4分の3はスーパーマーケットで販売されていた。しかしながら，それらの利益率は非常に悪く，1％程度というありさまだった。利益率を悪化させていたのは，過剰在庫，そのために生じる廃品，そして管理コストだった。

同じような商品であっても，メーカーによっては帳合（ちょうあい：受発注伝票）が異なっていたので，まずは帳合を業界として揃える，というところからスタートした（管理コストの削減）。1969年，全米食品チェーン協会は統一商品コードの策定に乗り出し，1970年には食品雑貨産業特別委員会を組織し，そして1973年には，現在でも使われているバーコードとその上の統一商品コード（UPCコード）を採用した。

こうした流れもあって，日本でも食品雑貨については，POSレジシステムをベースにしたEDIの導入は比較的早く，1978年の共通商品コード（JANコード，バーコード）の制定があり，1980年代にはコンビニでの導入が進んだ。これにより商品を単品ごとに管理することが可能になり，POSレジシステムはただの電磁的な端末ではなく，データ集積ということから，商品政策，在庫管理，発注管理等，小売業での利益に直結するネットワークシステムと認識されるようになった。

ところが機械工具などのB2B（企業間取引）商品の場合，食品雑貨のようにバーコードを印刷するような包装やシールが用いられることはほとんどなく，また販売箇所が多地域に分散するということもなかったばかりか，先ほど述べたように，EDIシステム自体が各社各様であったため，一部の系列取引においてだけ採用されるという状況であった。さらに組織の機能ごとに用いられていたアプリケーション自体がばらばらで，全く統合されていないということも，EDIをベースにしたSCMへの展開を遅らせていた理由の1つだった。

会計システム，受注管理システム，資材在庫管理システム等々，それぞれの部署で個別に異なるシステムが導入されていたこともあって，全体統合がなかなか進まない，という状態に陥っていた。こうした状況下で，全体システムに向けての統合化が進むきっかけになったのは，やはりWindowsベースのネットワーク構成が主流になり始めてからであった。さまざまなアプリがWindowsプラットフォームの上で，統合されるようになり，XML（extensible markup language）が開発され[18]，データ統合が容易に行えるようになり，一挙にEDIは，電子化されたSCMへと進化を遂げることになった。

アプリケーションを構築するためのコンピュータ言語，加えてOSや通信規格の問題などによって分断されていたEDIは，Windows OSとXML言語，さらにはインターネットによって，クラウドコンピューティングにサポートされるようになった。そして，世界中に点在するデータセンターを利用することで，全産業に利用可能なSCMへと大躍進を遂げることになったのである。

とはいえ，クラウドコンピューティングの場合，他社との協業（コラボレーション）が容易になる代わりに，セキュリティ面でのリスクも負わなければならなくなった。協業他社のコンピュータシステムがハッキングされたなら，顧客情報や生産データ等の重要情報が漏洩するリスクも考慮しておかなければならない。生産管理の枠組みを超えて，企業としての社会的責任問題への配慮にまでSCMは発展し始めていている。

2.4 究極のSCM，ジャストインタイム（JIT）システム

最近のSCMは，アプリケーション，端末，通信における互換性が高まったため，企業のSCMネットワークへの参入・退出が以前に比べると格段に容易になった。ICTの進展がそれを可能にしたのだが，こうした技術革新が起きる以前に，すでに完成されたSCMが存在した。トヨタ自動車が開発したジャストインタイム（JIT）システムである。

JITはトヨタ生産システム（TPS）の根幹をなすシステムで，生産管理とい

18） XML支援ツールには，①XMLエディタ／生成ツール，②XMLパーサ，③XSLTプロセッサ，④データ連携（EAI）ツールの４種類あり，①はいわゆるエディタで，②は処理エンジンで，XML文書からテキストデータを抜き出し，アプリケーションが利用しやすい形に変換する。③は，HTMLファイルやほかのスタイルのXMLに変換するときに使用する実行エンジンのことで，Internet Explorerなどのブラウザに標準搭載されている。そして④はデータ連携ツールで，EAIは「Enterprise Application Integration」の略である。異なるシステムやアプリケーション間でデータ間を連携させ，統合するための仕組みである。詳しくは，次を参照されたい。発注ナビHP（https://hnavi.co.jp/knowledge/blog/xml/）（最終閲覧日：2021年５月20日）

う面から注目されるが，部材を供給する系列会社にまで浸透していることから，れっきとした供給システムでもある。JITをモデルにして，「リーン生産体制」というものが提唱されるまでになった[19]。それゆえ，以下では，JITについて詳述していこう。

2.4.1　自働化から受け継いだ精神

JITは，トヨタ生産方式（TPS：Toyota Production System）の2本柱のうちの1本で，他方は，「自働化」というトヨタ独特の生産方式である。この自働化の思想を推し進めた結果，JITは誕生したとTPSの生みの親，大野耐一（1978）は言う[20]。

> トヨタ生産方式にあっては，あくまでニンベンのついた「自働化」でなければならない。「自働化」とは機械に人間の知恵を付与することである。「自働化」の発想はトヨタの社祖である豊田佐吉の自働織機から生まれた。豊田式自働織機は，経（たて）糸が切れたり緯（よこ）糸がなくなったりすると，機械は直ちに停止する仕組になっている。すなわち機械に良し悪しの判断をさせる装置がビルト・インされているのである。トヨタではこの考えを機械だけでなく作業者のいるラインにも拡大している。すなわち異常が発生したら，作業者がラインをストップさせることを徹底している。「自働化」によって，不良品の発生を防止し，作りすぎを押さえることができ，また生産現場の異常を自動的にチェックできるメリットがある。（括弧内，筆者付加）

この異常への自働停止は，生産現場における「ムダ・ムラ・ムリ」の排除へと発展していく。「ムダ・ムラ・ムリ」が排除されるようになれば，やがては「必要な品物を，必要なときに，必要な量だけ手に入れること」につながる。ではどうすれば，生産現場において，自働化が可能になるのか。それを突き詰めていった結果が，文字通り「ジャストインタイム」生産方式なのである。

生産ラインにおける自働化は，「バカヨケ」（最近では，「ポカヨケ」と呼ば

19）例えば，Nandakumar（2018）等がある。
20）大野耐一（1978），p.217。

れる)[21]，あるいは「アンドン」に象徴される。ポカヨケには，「①作業ミスがあれば，品物が治具に取り付かない仕組み。②品物に不具合があれば，機械が加工を始めない仕組み。③作業ミスがあれば，機械が加工を始めない仕組み。④作業ミス，動作ミスを自然に修正して，加工を進める仕組み。⑤前工程の不良品を後工程で調べて，不良を停める仕組み。⑥作業忘れがあれば，つぎの工程が始まらない仕組み」（大野，同pp.221-222）などのことをいう。

そして「アンドン」とは，「ライン・ストップ表示板」のことで，ラインが正常稼働している状態では，緑色のランプが点灯し，ラインの遅れを調整すべく助けを呼んでいるときは，黄色のランプが，異常を直すためにライン・ストップが必要な場合は，赤色のランプを点灯させる仕組みのことである。なぜ，これらの仕組みが「自働化」であるのか。それは，トヨタ自動車の産みの親である豊田佐吉の発明，G型自動織機にまでさかのぼることになる。

トヨタ産業技術記念館（2017）によれば，G型自動織機には，不良品を作らないために，「たて糸切断自働停止装置」「よこ糸切断自働停止装置」が組み込まれていただけではなく，織機を休止せず安定的に稼働させるために，「自働杼換（ひかん）装置」「よこ糸探り装置」「たて糸送出装置」や「たて糸切れ防止装置（遊動筬（おさ））」もあり，また保全性を高めるべく，異常状態のポカヨケ「不正杼（ひ）投入防止装置」や「遊動マガジンボックス」等も用意されていた。

布は，周知のように，上下のたて糸の間によこ糸を通し，それを筬打（おさうち）することによって，よこ糸間の隙間が詰め込まれて，織られていくが，人力で行っている場合は，たて糸・よこ糸の一部が切れればすぐさま織人が手を止めて修復する。しかしながら，自動織機という機械では，そうはいかず，たて糸あるいはよこ糸が切れたまま織り続けられることになってしまう。そうなれば，工場としては多くの不良品を生産することになる。

こうした大量の不良品生産を行わない（ムダをなくす）ための仕組みが，織機の「自働停止装置」で，それは機械自らが，あたかも人間が判断しているかのような「働き」をすることから，こうしたネーミングになったようだ。他方，連続生産（長時間稼働）を可能にしていたのが，「自働杼換装置」「よこ糸探り装置」「たて糸送出装置」と「たて糸切れ防止装置（遊動筬）」といった装置で

21）井上治樹（1995）。

ある。

各装置の機能の詳細は割愛するが，自働化の取り組みによって，織機の生産性は格段に向上することになった。織機は１台で布の生産を行える完結した装置である。いうなれば，１工程を多数台によって生産することができる。ところが，自動車は，多工程・多数台による移動組立生産方式である。その生産方式における究極のムダとは何なのか。この問いこそが，大野にJITを発明させたのではないか，と筆者は考える。

2.4.2　逆転の発想

自動車生産における最大のムダとは，工程間における仕掛品在庫である。こう考えた大野は，「１台の自動車を流れ作業で組み上げてゆく過程で，組付けに必要な部品が，必要なときにそのつど，必要なだけ，生産ラインの脇に到着する」（大野，1978，p.9）ように生産できないか，と考えた。それがジャストインタイム（JIT）生産方式である。そうなれば，工程間在庫は，少なくともゼロにすることが可能になる。しかしながら，自動車における部品点数は，約３万点あり，生産工程には，プレス，溶接，塗装，組立，といった工程があり，うち組立工程の工程数だけでも２百数十ある。

生産現場での計画は，需要予測の狂いや，事務管理上のミス，不良や手直し，設備故障，欠勤状況などによって，変更されるためにあるようなもので，このような現状を無視して各工程に生産計画を示すと，工程間に不要不急の在庫が蓄積され，その調整のために，生産計画を変更し，その変更によって新たな工程間で在庫が蓄積され，というように，いわゆるもぐら叩きのような状況に陥り，決して工程間在庫は解消されないばかりか，生産計画を練り直すたびに生産停止に追い込まれてしまう。そこで大野は，JIT生産方式の原アイデアを次のように語っている（同，p.11.）。

> 従来の考え方は「前工程が後工程へ物を供給する」ことであった。自動車の生産ラインの上では，材料が加工され，部品となり，部品が組み合わさってユニット部品となり，最後の組立ラインへ流れていくなかで，すなわち，前工程から後工程へ進むにつれて，自動車の体（てい）を成しているのである。
>
> この生産の流れを逆にみてみた。いま「**後工程が前工程に，必要なものを，必**

要なときに，必要なだけ引き取りに行く」と考えたらどうか。そうすれば，「**前工程は引き取られた分だけつくればよい**」ではないか。たくさんの工程を繋ぐ手段としては，「何を，どれだけ」欲しいのかをはっきりと表示しておけばよいのではないか。

それを「**かんばん**」と称して，各工程間を回すことによって生産量を，すなわち必要量をコントロールしたらどうか，という発想となった。

試行錯誤の結果，導入初期は，1工場の最終の組立ラインだけに，まず「かんばん」方式は適用された。ラインアウト直前の工程にだけ1カ月分の生産計画が示され，1日に何を何台作ればよいのかが操業時間数から割り出された。その数字を見ながら，最終工程は生産速度を定め，予定（区切り）の時間内でラインアウト品（検査前完成品）を必要数作る。それに合わせて，前工程に仕掛品を取りにいき，併せて最終工程で取り付ける部品をその製造工程にまで出向き，現物を引き取りにいくことにした。

そうすると，「必要な車種を必要なときに必要なだけ欲しい」という指示は，理論的には，「粗形材準備部門まで連鎖的に同期化」して繋がり，JIT生産が可能になる，というに大野は考えた。もちろん現在ではその理想形は，下請企業，さらには孫請け企業にまで広がり，SCMを内包した究極の生産方式といわれるまでに発展しているが，当時は，1工場の最終組立ラインから始まり，その流れが，徐々に塗装，溶接，プレスへと前に進み，トヨタの全工場に浸透していったのだった。

かんばん

大野によれば，このかんばん方式は，氏がアメリカへ視察に出向いた際に，スーパーマーケットの隆盛に驚き，そこでは商品が売れるたびに，販売棚に補填されるという陳列方式が採用されていたことをヒントに思いついた，とのことである。販売員がバックヤードに商品を売れた分だけ取りにいくという状況を氏が見ていて，売れた分だけ，すなわち必要とする量だけ，後工程が前工程に取りにいけば，工程間には在庫は溜まらないのではないか，そして取っていかれた分だけ前工程は作ればよいのではないのか，ということから「かんばん方式」は誕生した。

レジに商品の売上が入力されたのち，しかるべき時間ののち，どの商品がどれだけ売れたかの情報が記載されたカード（これが「かんばん」に相当する）がフロアにいる作業員に手渡され，作業員はバックヤード（前工程）に向かい，陳列棚に商品を補填するようにする。バックヤードでは，これもしかるべき時間をおいて，陳列棚にもっていかれた分だけの商品をメーカーに発注するようにする。

実際のかんばんの運用は，**図3-10**のように動く。かんばんには２種類あって，「引取りかんばん」と「仕掛けかんばん」である。後工程は，引取りかんばんを持って，前工程に向かう（次頁，**表3-8**の①）。前工程からは，「仕掛けかんばん」がついた現物が渡され，それを外して，引取りかんばんを取り付け，後工程でその現物を用いて作業するときに引取りかんばんを外す。

他方前工程は，仕掛けかんばんが外され，後工程が持っていった現物分だけ，仕掛品を製造するようにする（**表3-8**の②）。引き取られていく数が増えると，それに合わせて，仕掛けかんばんの数も増やしていかなければならないが，ど

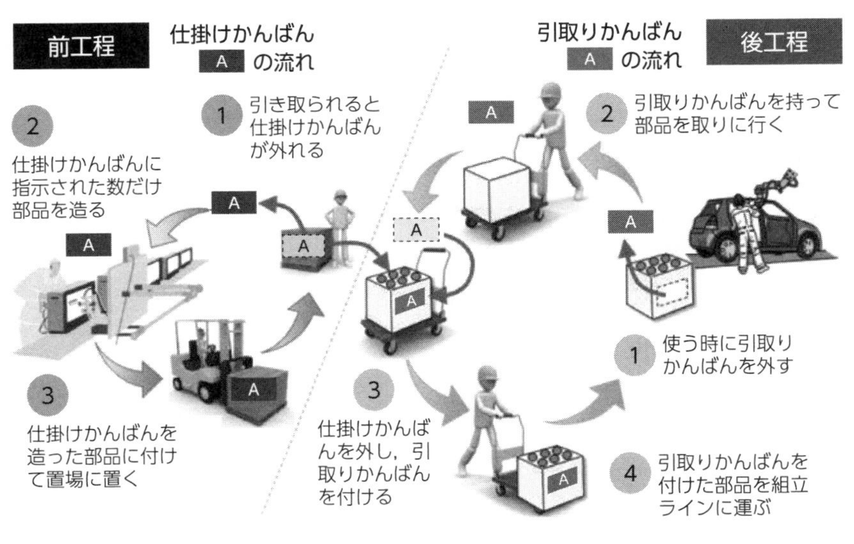

［図3-10］「かんばん」の運用イメージ[22)]

22）カイゼンベース運営事務局「第５章　かんばんの基本について」『トヨタ生産方式（TPS）基礎講座～初級編～』（公開日：2016年７月13日），p.21。（https://www.kaizen-base.com/service/all/#PDF）（最終閲覧日：2018年５月31日）

こかの工程でトラブルがあって製造を停止していると，引取りかんばんは，なかなか外されず，それに応じて，仕掛けかんばんも外されないので，作る必要も運搬する必要もなくなる（**表3-8**の③）。

[表3-8]　かんばんの役割とルール[23)]

	役　割	使い方のルール
①	「引き取り情報」または「運搬指示情報」	「かんばん」が外れただけ後工程が前工程へ引き取りに行く
②	「生産指示情報」	前工程は「かんばん」の外れたものを外れただけ，外れた順につくる
③	「つくり過ぎ」及び「運び過ぎ」の防止	「かんばん」のないときは運ばない，作らない
④	「現物票」として必要な作業であることの証明書	「かんばん」は現物に必ずつけておく
⑤	「不良品防止」のため，不良品を出した工程が痛さを感じるシステム	100パーセントの良品でなければならない
⑥	「問題点顕在化」の道具であり，「在庫管理」の道具	「かんばん」の枚数を減らしていく

表3-8の④ないし⑥は，かんばん運用のエッセンスを物語るもので，④の「現物につけておく」というのは，それが工程間在庫である，ということを顕在化させて，このかんばんの枚数を減らすことが，その工程で求められていること（⑥）ということを意味することになる。そして，不良品を出したり，ラインを停止させるような作業を行ったりした場合は，「アンドン」によって，どこでそうした不具合が起きているかを工場全体に示し，社会的に「制裁」されるようになっている。

平準化

自働化（ポカヨケ）は，不良品の発生率を下げるために，いざとなればラインを停止させるため，加工機そのものの自動停止機能に加えて，「①作業ミスがあれば，品物に冶具が取り付かない仕組み。②品物に不具合があれば，機械

23）大野耐一（1978），pp.55-56。

が加工を始めない仕組み。③作業ミスがあれば，機械が加工を始めない仕組み。④作業ミス，動作ミスを自動的に修正して，加工を進める仕組み。⑤前工程の不具合を後工程で調べて，不良を止める仕組み。⑥作業忘れがあれば，次の工程が始まらない仕組み」[24]等のことだ。この仕組みによって，例えば，機械加工の工程において存在する，旋盤，フライス盤，ボール盤といった工程を1人の作業員が複数の工程を受け持つことが可能になる。

同一工程で1人が同一機種を複数台担当する「多数台持ち」を行うことも可能だが，生産の平準化のために，すなわち工程間の生産速度を平準化するために，トヨタ生産システムでは，「多工程持ち」が採用された。もし多数台持ちで行えば，工程間での生産速度の違いから工程間在庫が発生してしまう。そのことについて，大野は次のように説明する[25]。

> 生産の現場において，製品の流れ方がバラツクほどムダは多くなる。設備，人，在庫その他，生産に必要な諸要素が，必ずピークに合わせて準備しなければならないからである。後工程が時期と量についてばらついた形で引き取ると，そのバラつきの大きさは前工程にさかのぼるほど広がっていく。外部の協力企業も含めて，すべての生産ラインのバラツキを防止するためには最終の組立ライン上のバラツキをゼロにする努力をしなければならない。
>
> ……
>
> 生産の「平準化」のために，ロットはできるだけ小さくする。旧来の計画生産ではロットは「多多ますます弁ず」であった。最終組立工程でいえば，できるだけ同じ種類の車を流さないようにする。最終の組立工程がロットを小さくしていくと，とうぜん，前工程のプレス部門もそれに応じなければならない。プレスの型を変える，つまり「段取り替え」をひんぱんに行わなければならない。そのほか，すべての工程も同様である。プレスは一つの型でできるだけたくさん打ち続けることがこれまでの常識であったが，トヨタ生産方式では，その常識が通用しない。段取り替えをすみやかに行わなければならない。段取り替えのスピードは訓練によって速まり，昭和20年代，2～3時間であったのが，30年代に1時間を割って15分となり現在（昭和53年）では3分にまで圧縮されている。

24）　同上，pp.221-222。
25）　同上，pp.224-225。

トヨタ生産システムでは，生産速度を平準化するために，小ロット化を推し進め，究極では「1個流し」といった状況にまで至ることがあるようだ。例えば，「1カ月20日稼働で1万台のコロナを作るとする。その内訳をセダン5,000台，ハードトップ2,500台，ワゴン2,500台とすると，1日にセダン250台，ハードトップ125台，ワゴン125台を作ることになる。生産ライン上にどのように流すかというと，セダン（S）1台おきに，ハードトップ（H）とワゴン（W）をそれぞれ3台おきに流す」[26]ようである。

「S－H－S－W－S－H－S－W」というのを1生産ユニットにすることによって，「S－S－S－S」ののち，「H－H」，「W－W」とするよりは，生産速度のバラツキはなくなる。要するに，車種の違いによって生じる作業時間のバラツキを，各車種の連続組立（ロット）数は減少し，段取り替え時間を要することになるが，組み合わせ生産によって，生産速度としてのバラつきをなくそうとしているのだ。それゆえ，1個流しのようなことができるのである。

こうしたことが可能になるのは，各工程における標準作業，すなわち(1)サイクルタイム[27]，(2)作業順序，及び(3)標準手持ち（何工数を担当するのか）が現場において熟知され，さらにはチームワークによって，各人の作業速度の違いが解消されるような作業環境が整っているためだと思われる。それにもまして驚きなのは，こうした1個流し的な生産方法をプレス工程にまで広げたところだ。そのエッセンスについて，大野は次のように語る[28]。

> ロットを小さくするという面で一番難しいのは鍛造だね。…一般的には，まず大雑把に型を上，下へ取り付けて1個打ってみる。寸法を計って型のずれを直したり高さを調節する。これが2，3個やっておるうちに大体型が決まるということで，鍛造の段取り時間というのが一番かかるんだね。型を変えてから，ものが出るまでにも，また相当な時間がかかる。だからどうしても鍛造というのは，大きなロットでやらんと損だという計算になるわけだね。

こうした状況下で鍛造工程の多品種化をトヨタ・ド・ブラジルで試験的に

26）同上，p.70。

27）タクトタイムともいう。1個あるいは1台をどのくらいの時間で仕上げないといけないかの時間を意味する。

28）大野耐一（2014），pp.110-112。

行った。その理由は，1960年代初頭，トヨタ・ド・ブラジルの生産台数は，月産40台程度に過ぎず，鍛造の「常識」からすると，少なくとも千個以上注文しないと現地の業者は応じてくれないので，鍛造品をすべて内製化しなければならなかったからだ。日本から搬入した鍛造機は1台で，それで60数点の鍛造品をすべてつくらなければならなかった。大野からの現地への指示は，「1回に10個以上打っては駄目で，そして1時間かかって段取り替えをしていても駄目」というものだった。

段取り替えが15分で終了すれば，1時間に2個の鍛造品ができ，そうなれば，1日に8個の鍛造品を生産することが可能になる。1週間では，40数個が生産できるようになり，そうなれば，月産40台の完成品生産に，1台のプレス機で対応が可能になるのであった。この段取り替えの短縮化こそが，JITシステムの肝に相当する。「ムダ・ムラ・ムリ」を工程チームによって排除する姿勢が最も現れるのが，この段取り替えだからだ。

トヨタ・ド・ブラジルで試験運用された，最前工程のプレス工程における多品種生産は，やがて国内に逆輸入され，国内全ての工場で展開されるようになった。最終組立ラインから最前のプレス工程までが，かんばんによって同期化され，極小ロット多品種生産が実現したのである。

2.4.3 協力企業（下請）への要請

大野自身認めているように，かんばんによるJIT生産方式は，自身の権限が拡大していくにつれて，範囲が広がっていったようだ。すなわち，本社工場の第二製造部長時代においては，機械加工と組立の間だけで始められ，新設の元町工場で工場長になったものの，粗形材は本社工場から来ていたので，元町工場では工場全体では行えず，本社の工場長になって初めて，粗形材の鍛造と鋳造を行う粗形材準備工程にまで範囲が広がり，全社的なかんばん方式になった。その間10年超の年数を費やしたそうだ。

この10年の歳月も大野にしてみれば，良かったと考えている向きさえ窺える。前工程から後工程への仕掛品が流れていく生産方式に慣れ親しんでいた職長や工長にとって，後工程が前工程に指示票（かんばん）をもって仕掛品を取りに行き，前工程は引き取られた分だけ生産するだけで，全体の生産計画は知らされない，という状況は耐えがたかったようだからだ。そのため，10年の歳月をかけてじっくりと説明し，その良さを分かってもらうことができた，と考えたのであろう。

JITの社内における普及と敷衍があったからこそ，協力企業をも巻き込んだ巨大JITシステムの構築が可能になったと思われる。そのことについて，大野は次のように述べている[29)]。

> 昭和37年ごろに，やっと全社的に「かんばん」をやれるようになった。それができ上がってから，協力企業を呼んで，実地に見てもらいながら勉強してもらったのである。
>
> 「かんばん」にまったく知識のない人たちを呼んで教えるのであるから，お手本がないことにはとても理解できない。
>
> 近所の協力企業を数社ずつ呼んでは勉強してもらった。たとえばプレス屋さんなら，うちのプレスを見てもらう，機械屋さんなら機械工場を見てもらうといった具合にやっていったのである。…
>
> 近くの協力企業から始めて，しだいに名古屋地区では広がっていったが，関東地区のほうがどうしても遅れがちになった。それは，距離的な理由にもよるが，関東の部品メーカーは，供給先がトヨタ自工ばかりではない。各社に製品を供給しているために，トヨタ自工だけに「かんばん」でやることはできない，という態度であった。
>
> これには時間をかけて理解してもらうよりはほかはないと考え，忍耐強くフォローすることを考えたのである。…
>
> しかも，初めはわからずについてきた企業が多かったのではないかと思う。とにかく「かんばん」を理解してほしい。わからなければトヨタ自工のほうからも手伝いに行くからといった具合である。

このような地道な努力が実って，究極のSCM体制を内包したJIT生産方式は，ワールドワイドに広がっていった。ただ，それが仇（あだ）となるケースが起きてしまいかねないのが，Brexit（イギリスのEU離脱）だが，イギリスも合意なき離脱だけは避けたいようなので，杞憂に終わることを願うばかりである。なにせ，関税手続きという工程間在庫だけは，トヨタは持ちたくないはずだからだ。

29） 同注23，pp.63-64。

第３節　補綴：脱炭素社会における生産と供給

菅義偉首相（当時）は2020年10月26日に召集された臨時国会で所信表明演説を行い，その中で温室効果ガス排出量を2050年までに実質ゼロとする目標を宣言した。さらに2021年４月22日，閣僚が参加する地球温暖化対策推進本部で，50年にゼロにするには，30年には，2013年度比で46％削減しなければならない，とした。

こうした発言の背景には，中国を中心とした地政学上のリスクのみならず，第７章で紹介する「国連責任投資原則（Principles for Responsible Investment：PRI)」のもとでの機関投資家の投資運用残高が，2020年度では110兆USドルを優に超え急伸している状況がある。すなわち，環境配慮型の技術開発を行うことは，日本の国富を高めるうえで必要不可欠なことなのだ。技術でリードすることができれば，経済競争においても優位に立てるし，いきおい軍事リスクの低減効果も期待できるようになる。

とりわけ，2019年12月に「グリーンディール」を掲げた欧州は，脱炭素に向けて，日本と同様に（むしろ日本が欧州の真似をした），2050年カーボン・ニュートラルを謳っている[30)]。石炭・石油といった化石燃料に依存しない自然エネルギーでの電源確保に加え，電気自動車の普及を目指している。そうなると，動力源としての電池，さらには電池生産の素材にも注目が集まる。したがって，以下では，電気自動車（EV）及び電池に関する開発・生産・供給について紹介したうえで，それらにかかわる日本企業の問題点を指摘することにしよう。

3.1　電気自動車（EV）

最先端の技術を用いて自動車レースを行う最高峰のF1の動力源は，現在，内燃機関のエンジンと，バッテリー及びモーターで動くいわゆるハイブリッド

30)　公益財団法人自然エネルギー財団「脱炭素で先頭を走る欧州　2050年ゼロエミッションの戦略と技術」(2020年12月)（https://www.renewable-ei.org/pdfdownload/activities/REI_EuropeDecarbonization_JP.pdf)（最終閲覧日2021年４月28日）

だ。ハイブリッドカーは，そのコンセプトから開発・量産に至るまで日本車，とりわけトヨタ車が世界をリードしてきた。もちろん，ドイツ自動車メーカーも燃費の良さや経済性からクリーンディーゼル車を展開してきたが，フォルクスワーゲンのNOx排出量不正申告や，排気量が少ないと馬力が出ないこともあって，脱炭素という観点から，クリーンディーゼル車の欧州での販売台数は下降傾向にある。

では，ハイブリッド車が自動車業界におけるデファクトスタンダード（事実上の市場標準）か，といえばそうではない。むしろ，そのことを積極的に避けようとしているのが，ヨーロッパの自動車メーカーだ。ドイツ自動車メーカーの雄，メルセデス・ベンツは，2016年に「CASE」というコンセプトを発表した。

「Connected（コネクテッド）」「Autonomous（自動運転）」「Shared & Services（シェアリングとサービス）」「Electric（電動化）」の頭文字をつなげたもので，ネットワーク下の一端末として自動車を捉える。「自動運転」を基本とする乗り物と再定義することで，さまざまな付加価値を提供し，収益拡大に繋げようというのがその狙いだ。しかし，エンジンやシャシー（あるいはシャーシ），さらにはトータルデザインで，行き詰まったための迂回戦略，と言えなくもない。CASEのコンセプトは，さらに進化すると「MaaS」（「Mobility as a Service」の略）となり，突き詰めていくと，トヨタ等が提唱する「Smart City」へと進む。

さて，このCASEというコンセプトで色めき立ったのが，じつはAppleやGoogle等のITC企業群だ。そしてテスラも脱自動車メーカーを進めていて，CASE状況におけるコンストラクター[31)]を目指している。コンピュータやスマートフォンといった端末とそれらを繋ぐネットワークのプラットフォーマーの立場にあって，とりわけ，アップルは端末メーカーから出発しながらも今では，iTunesやApp Store，Apple TV等々のネットワークを通じて無数のコンテンツを提供するコンテンツプロバイダーである。Mac，iPad，iPhone，Ap-

31）この「コンストラクター」という用語は，F1におけるボディ及びシャシー（あるいはシャーシ）を中心とする全体設計と，エンジンを含む部品の組み上げを行う役割のことをいい，エンジンに代表されるパワーユニットを供給するチームとは区別される。フェラーリや今のメルセデスは，コンストラクター兼パワーユニット・サプライヤーを担っているが，かつて常勝軍団であったマクラーレン／ホンダやウイリアムズ／ルノー，2021年現在も参戦しているレッドブル／ホンダ等はコンストラクターとパワーユニット・サプライヤーとが併記される。

左側　従来型の自動車産業　　　　　　　　右側　モビリティ産業

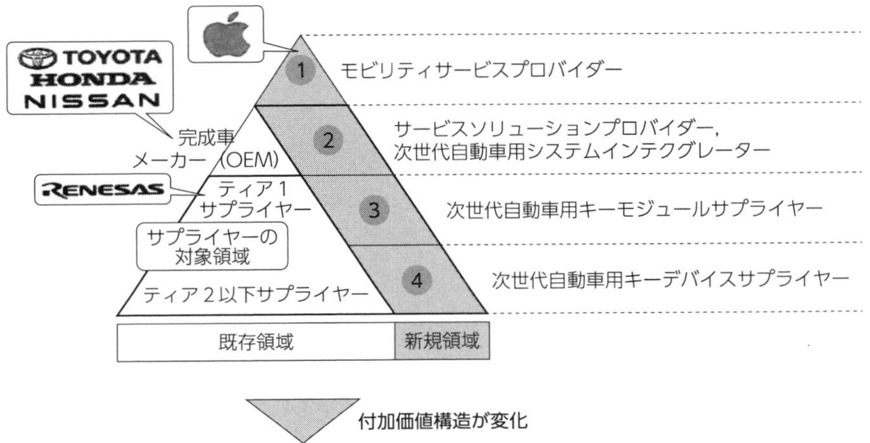

1　OEM（完成車製造販売ビジネス）の上位概念として「モビリティサービスプロバイダー」が出現

自動車の「所有」から「利用」へのシフトの中で，自動車関連市場における最大の付加価値（収益）創造領域となる可能性あり
【企業例】Apple，Uber，DiDi，Grab，電鉄系プレーヤー

2　車（ハードウェア）からソリューション，システムへの付加価値シフト

完成車・構成部品から，ソリューションやシステムが交通サービスおよび次世代自動車の価値の決定要因に
【企業例】IBM，Google，百度，日立製作所，三菱電機，モネ・テクノロジーズ

3　ソリューション，システム構成キーモジュール事業者の台頭

サービス，ソリューション，システムの性能を左右するキーモジュール（ハードウェア+ソフトウェア，付加価値情報サービス）の重要性が増加
【企業例】Mobileye，NVIDIA，HERE，デンソー

4　キーデバイスメーカーのプレゼンス向上

EV用バッテリー，センサーデバイスなど，新時代のキーデバイスメーカーによる技術力，供給力が次世代自動車の開発，生産の鍵に
【企業例】CATL，Velodyne，村田製作所，ソニー

［図3-11］　自動車（モビリティ）産業における階層構造（Tier）の変化[32)]

ple Watch等の端末間の接続性・相互補完性が非常に高いため，アップルから自動車が提供されるようになると，いささかショッキングなことだが，完成車メーカーが自動車産業の頂点から陥落する，という事態も起こりかねない（前頁，**図3-11の❶**）。

そうならないために，既存の完成車メーカーは，ICT企業と連携し，ネットワークと自動運転をはじめとする各種アプリを開発・提供することによって，Apple等のモビリティサービスプロバイダー（MSP）に対抗できるプラットフォームづくりを目指している（**図3-11の❷**）。現時点では，既存自動車メーカーが，易々とMSPの下請けになるとは考えにくく，その理由としては，仮にガソリンエンジンに代わる動力としてモーターが中心になったとしても，車体・シャシーの開発技術やSCM技術をMSPが簡単に取得することは難しいと考えられるからだ。

MSPが自動車メーカーを買収するということもあり得る話だが，MSPが完成車メーカーを下請け化すること（❶）と，完成車メーカーがICTメーカーとの協業によって準MSPになろうとすること（❷）とは，当分の間均衡すると思われる。どういうふうに展開していくことになるのかは，車単体とネットワークの問題だけでは片付かないように思われる。車単体でいえば，ハイブリッド車を超えて，電気自動車（EV）という流れは確かなものの，バッテリーに充電していくバッテリー自動車なのか，あるいは燃料電池自動車（FCV）なのかによって，❶と❷の関係は変化する。

現在ハイブリッド車に代わる第１候補は，EVだが，何といってもその普及上の問題点は，バッテリーステーション（充電所）の少なさと，充電にかかる時間である。さらに言えば，EVの台数が増えてくれば，充電所のための大量の電力生産が求められるようになることも問題だ。

バッテリーステーションは，EVsmartによれば[33)]，2021年５月時点で国内に17,977箇所の充電器スタンドがあり，急速7,596件／普通12,900件の充電器が設置されているとのことである。スタンド数を増やし，さらに急速充電器を増やしていくことは，それほど難しいことではないように思われる。

32）　週刊ダイヤモンド「EV・電池・半導体」第109号第14号（2021年４月３日），p.37 所収。

33）　EVsmartは，電気自動車（EV）またはプラグインハイブリッド自動車（PHV）ユーザー向けの普通・急速充電器検索サイトである。（https://evsmart.net/）（最終閲覧日：2021年５月６日）

しかし，目下，EVとPHVを併せても登録台数は30万台にも及ばず，国内全登録車台数の0.5%未満なので，通常の電力生産・供給で全く問題ないが，これが１千万台規模になってくると，電力会社は相当な設備投資を求められることになる。そのことは，原子力発電にでも頼らない限り，脱炭素（ゼロエミッション）の目標からは遠ざかることになってしまいかねない。

[表3-9]　EV等保有台数統計[34)]

年度末		2014	2015	2016	2017	2018	2019
EV	乗用車	52,639	62,134	73,378	91,357	105,919	117,315
	その他	456	1,346	1,640	1,514	1,512	1,563
	軽自動車	17,611	17,031	14,826	10,698	6,323	4,839
PHV	乗用車	44,012	57,130	70,323	103,211	122,008	136,208
FCV	乗用車	150	630	1,807	2,440	3,009	3,695
EV・PHV・FCV合計		114,868	138,271	161,974	209,220	238,771	263,620
HEV	乗用車	4,640,743	5,501,595	6,473,943	7,409,635	8,331,443	9,145,172
	その他	21,670	22,844	24,687	26,244	31,493	45,190
	軽自動車	54,931	239,962	472,405	771,579	1,102,481	1,494,319
HEV 合計		4,717,344	5,764,401	6,971,035	8,207,458	9,465,417	10,684,681

＊EV：電気自動車・PHV：プラグインハイブリッド自動車・FCV：燃料電池自動車・HEV：ハイブリッド自動車

そこで求められるのがFCV（燃料電池車）となるのだが，課題はないのだろうか。燃料を水素ということに限定しても，簡単にいってしまえば，２つの課題を抱えている。１つは，水素ステーションの整備費の問題で，他方はクリーン水素の確保の問題だ。前者は，既存のガソリン給油所を再利用するにしても，整備費，運営費，水素原価自体が相当な高コストになってしまう。

経済産業省資源エネルギー庁の報告書「FCV・水素ステーション事業の現状について」（2021年３月）によれば[35)]，2019年実績で，ステーションの整備

34)　出所：一般社団法人次世代自動車振興センター「調査・統計」（http://www.cev-pc.or.jp/tokei/hanbai.html）（最終閲覧日：2021年５月６日）

35)　経済産業省資源エネルギー庁新エネルギーシステム課／水素・燃料電池戦略室「FCV・水素ステーション事業の現状について」（2021年３月18日）（https://www.meti.go.jp/shingikai/energy_environment/suiso_nenryo/pdf/024_01_00.pdf）（最終閲覧日2021年５月６日）

費としては，４億５千万円，運営費は，年間４千３百万円程度かかり，水素原価に占める輸送費については，液化水素を運搬するタンクローリーの場合が最も安く約80円/kgで，高圧ガスとして運搬するカードルあるいはトレーラーでは割高となり，平均としては約610円/kgとのことである。こうした状況からか，FCVは2021年１月時点で，国内累計4,600台が普及しているものの，2020年度４万台を目標としたことからすると大きく乖離している。

もう１つの問題はさらに厄介で，水素は現状では，化石燃料に含まれる炭化水素から精製するのが一般的だが，当然のことながら温室効果ガスを排出することになる。したがって，理想的には，風力や太陽光等の自然エネルギー由来の電力を用いて，水を電気分解し，CO_2を排出しないいわゆる「グリーン水素」が求められる。そうなると当然のことながら自然エネルギーをどういうふうに確保していけばよいのか，という問題に直面する。理論的には，自然エネルギーによる水素精製，そして燃料電池を通じた電気供給，という流れに導ければよいのだが，コスト面から考えてそのハードルはかなり高いように思われる。

EVにせよFCVにせよ，そう簡単には，化石燃料（ガソリン・ディーゼル）車やハイブリッド車を凌駕できるとは思えない。とはいえ，電池を動力源とし電気モーターで動く自動車は，その生産方法自体を変えてしまう可能性を秘めている。

かつてのPCのように，車体やシャシーが規格化されたバス（データ転送の設計図）になり，モーターがCPU（中央演算装置）で，バッテリーがメモリ・HDD（記憶装置）というようにモジュール化された場合，自動車といえどもコモディティ化していくに違いない。その時は，コモディティ化競争を勝ち抜いてきたモビリティサービスプロバイダー（MSP）のほうが既存の自動車メーカーよりも市場競争上，優位な立場にいると思われる。

3.2 電　池

EVやFCVに搭載される電動モーターは，自動車メーカーにとっての専売特許であったエンジンという技術を不要にすることになる。車体及びシャシー[36)]

36）「車の足回り機構」を指す用語で，「アクセル」「サスペンション」「ステアリング」などを含み，エンジンなどの駆動装置は除く。

については，自動車メーカー各社独自の仕様というものを持ち合わせているが，汎用化は進んでいる。とすると，EVの場合，現状ではリチウムイオン電池（LIB）及びその先にある固体電池の供給が重要になってくるのだが，車載用LIBの世界市場シェアは，現状，**図3-12**のようになっている。

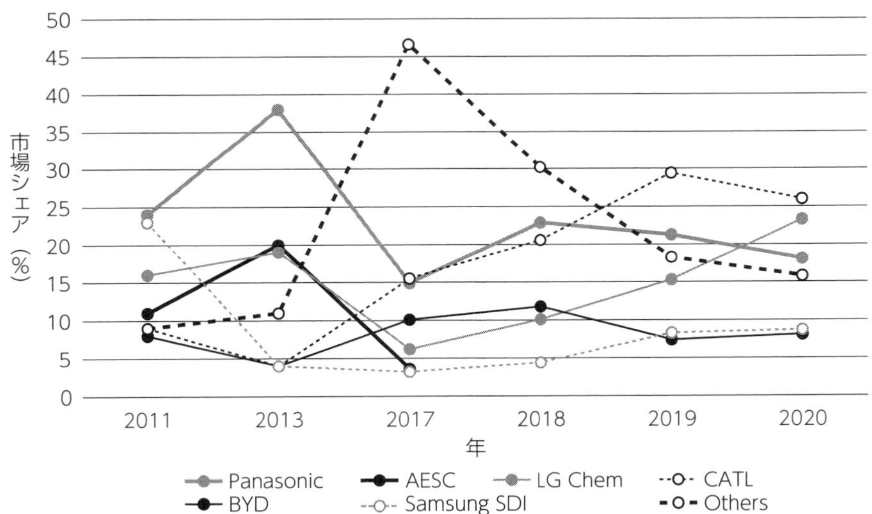

［図3-12］　LIB世界市場推移[37)]

図中のAESCとは，オートモーティブエナジーサプライ株式会社のことで，2007年に日産自動車，日本電気株式会社（NEC），NECトーキンによって設立された会社（持株比率は，日産51%：NEC47%：NECトーキン２%）だが，2018年８月に中国の再生可能エネルギーグループであるエンビジョングループに過半の株式が売却され，現状日産が25%の株式を保有するに留まっている。結果，社名も現在はエンビジョンAESCになっている。また，CATLとBYDは中国企業で，LG Chem（LG化学）及びSamsung SDI（サムスン電子系列）は韓国企業だ。

37）株式会社テクノシステムズリサーチ等のデータをもとに筆者作成。
（http://www.t-s-r.co.jp/list/list.php?cate=lib）（最終閲覧日：2021年５月６日）

前頁，**図3-12**から窺えるように，日本のパナソニックは2018年以降徐々にシェアを落とし始め，これに代わり，中韓のCATL及びLG化学がシェアを伸ばし始めている。2017年にその他（Others）が伸びているのは，市場としての規模拡大とともに，新規参入者が増え群雄割拠状態になったためである。2020年時点では，CATL，LG化学，Panasonicが世界市場における３強である。

こうした状況からつい連想されるのが，日本企業の液晶パネルにおける世界市場での盛衰である（**図3-13**）。今から約30年前の1991年，液晶パネル市場が立ち上がった当時，全量が日本企業によって生産・供給されていた。それが，数年後の1995年あたりから，韓国企業のキャッチアップがはじまり，台湾企業のキャッチアップへと続くのだが，2009年時点では日本企業のシェアは20％を

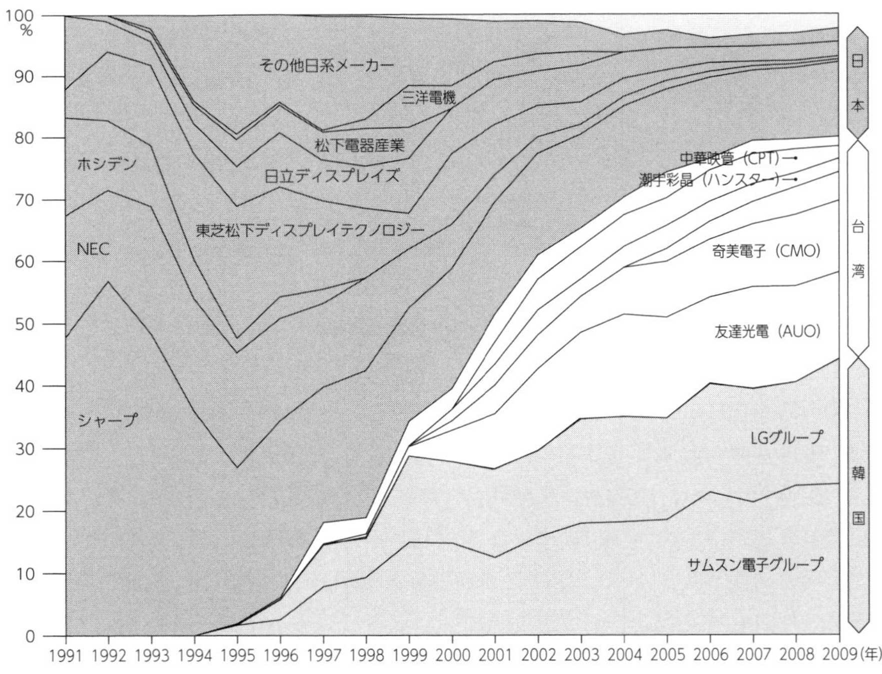

［図3-13］　液晶パネルの世界市場シェア[38)]

38）　伊神満（2021），p.56。

切り，台湾企業と併せても，ようやく市場シェアの半分を維持できているかどうかの状態であった[39]。

なぜ，「台湾企業と併せて」というような表現を用いるかといえば，液晶パネルを製造していた日本企業は，韓国が国を挙げて液晶パネルメーカー（サムスン電子やLGグループ）の支援に乗り出したことで，日本企業はコスト競争力で劣位に立たされ，親日で韓国よりも人件費が安く，これまでにも深い交流があった台湾企業と資本・技術提携を結ぶようになったからだ。もともと，日本の電子部材系企業の大型投資は，台湾において行われていたという歴史がある[40]ので，首肯できよう。

続いて，シャープ（及び日本勢）が韓国勢になぜ負けたのかという本題に戻らなければならない。韓国企業からの追い上げを受け始めた頃であっても，「世界に誇る」亀山テレビ工場は，製造工程を前工程と後工程とに分け，前後工程の作業員の交流は一切行わさず，工程の全体像を知る人間は，非常に限定されていた。そうすることによって，技術漏洩を防いでいたつもりだった。また，PC向けよりも大型で画質・視野角・表示速度において高性能・高品質が求められるテレビ市場にシフトし，技術優位性をシャープとしては誇示していくつもりだった。

しかし，あっという間に，いわゆるイノベーションのジレンマが起きたのであった。鳩山・菅による当時の民主党政権（2009～2012年）の経済政策無策とも相まって，2011年３月東日本大震災発生直後には，１ドル76.46円という円高になり，日本の液晶パネル産業は壊滅的な打撃を被った。ドルベースで換算すれば，日本の液晶パネル価格は韓国製品の倍以上になってしまったからだ。

---

39)　詳しくは，赤羽淳（2014）を参照されたい。

40)　詳しくは，杉本洋（2012）「部材メーカーにとっての台湾企業との新たなアライアンスの機会」『交流』（公益財団法人日本台湾交流協会刊）No. 851，pp.1-5. を参照されたい。（https://www.koryu.or.jp/publications/magazine/?itemid=76&dispmid=4257）（最終閲覧日2021年５月11日）。その中には，「日本の電子部材系企業の大型投資の中心は台湾の電子部品産業の歴史に連動しているともいえる。これらの企業が大挙して投資を進めてきたのは主に1990年代後半から2000年代中盤にかけてである。いわゆるPC産業→半導体産業→LCD産業が台湾で勃興していく中で日本企業の投資が集中していた。代表的な事例を挙げていくと，半導体産業であれば1995年の半導体用シリコンウェハーの拠点として信越半導体台湾（信越化学）や台湾小松電子（現・台塑勝高科技：SUMCO 子会社）の設立がある。また，液晶産業であれば液晶材料で1999年台湾チッソ（チッソ），2000年の液晶パネルのガラス基板の旭硝子發般科技（旭硝子），カラーフィルターの拠点として2001年の台湾凸版国際彩光（凸版印刷），カラーレジスト分野で2005年の台湾捷時雅邁科（JSR）等の投資が進んできた」（pp.4-5）という記述がある。

筆者は，2005年頃，１ドル115円程度であったものが，その３分の２の価値にドルが下落し円が高騰する状況では，経営努力だけでは対応不可能であった，

リチウムイオン電池の主要「4部材」

正極材	
	4部材の中でも最も重要な部材。リチウムイオン電池の性能を大きく左右する。電池コストの約6割が正極材ともいわれるが，原料はニッケルなどの資源であり，価格が市況で決まるためコストコントロールが難しい。特にコバルトの不足懸念は大きく，原料の獲得競争が勃発している。
主なメーカー	住友金属鉱山（日），日亜化学工業（日），田中化学研究所（日），サムスンSDI（韓），LG化学（韓），BYD（中），湖南杉杉新材料（中），ユミコア（ベルギー），BASF（独）

負極材	
	リチウムイオン電池とは，正極と負極の間をリチウムイオンが行ったり来たりすることで充放電を繰り返す電池のこと。充電時に正極材から飛び出てくるリチウムイオンを，負極材がきちんとキャッチしなければ電池の容量は大きくならないため，負極材は正極材の次に重要な部材といわれる。
主なメーカー	昭和電工マテリアルズ（日），三菱ケミカル（日），貝特瑞新能源材料（BTR，中），深圳斯諾（中）

セパレーター	
	正極と負極が接してショートしないようにするための「絶縁材」。リチウムイオンが正極と負極の間を行ったり来たりできるよう，マイクロメートル単位の小さな穴がいくつも開いたフィルムである。量産効果を出しやすい。
主なメーカー	旭化成（日），東レ（日），ダブル・スコープ（日），セルガード（米，旭化成グループ），上海恩捷新材料科技（上海エナジー，中）

電解液	
	4部材の「最後の調整役」。模倣されやすいため，開発スピードの速さと特許の取得が肝となる。液漏れや発火のリスクを回避するため，電解液を使わない次世代の「全固体電池」の開発が進むが，化学業界では「実用化には10～20年かかる」との見方が一般的。
主なメーカー	三菱ケミカル（日），宇部興産（日），セントラル硝子（日），BASF（独），張家港市国泰華栄化工新材料（中），深圳新宙邦科技（中）

［図3-14］　LIB主要４部材の状況[41)]

と考えている。しかしながら，液晶パネルという高度に規格化された電子部品の場合，やはりそれを製造するための素材や装置の標準化は免れず，機能劣位であるものの安価な商品に取って代わられるイノベーションのジレンマ状況を回避できなかったのではないか，とも考えている。

そして，このことは，LIBについても言えることではないのか，と。イノベーションのジレンマについては，次項で解説するが，LIB開発・生産において，最も重要な部材，すなわち正極材，負極財，セパレーター，電解液，バインダー，添加剤等の部材技術は，日本企業のお家芸ながらも，それらを海外の電池メーカーに販売しない，ということは期待できない。となれば，やがては，液晶パネルと同じような道を辿るのではないか，と思われるのだが…。

図3-14にあるように，主要4部材の日本企業の世界市場におけるシェアは高いようにも見えるが，完全に独占，という状況ではなさそうである。となれば，結局は量産効果による影響が大きいと思われる。電池コストの約6割と言われる正極材は，ニッケルやコバルト等の金属であり，市況のみならず，供給源確保にも今後問題が出そうだ。負極剤，セパレーター，電解液等いずれの部材においても中国企業が参入してきており，不気味な存在となっている。

次頁の**図3-15**から窺えるように，CATL及びLG化学，サムスン電子といった企業に徐々に水を開けられてしまいかねない。事実，自動車搭載用LIB供給の市場シェア1位（2019年以降）であるCATLは，その供給先の多さが群を抜く。供給者数の多さ＝販売量の多さ（シェア）という構図になっているのであろう。そうした事態において，またもや日本企業は苦境に立たされるのかもしれない。

3.3　日本企業の今後：イノベーションのジレンマを参考に

経営学において，「先発者優位（first mover advantage)」という用語がある。製品や事業を最初に立ち上げた企業が市場シェアをリードするということで，累積販売量の規模の経済のみならず，学習効果，さらにはブランドイメージの観点からその優位性が説明される。すなわち，先発者は，後発者に対して累積販売量の観点から原価を低くすることが可能で，さらに生産や販売等に関する

41）　同注32，p.45。

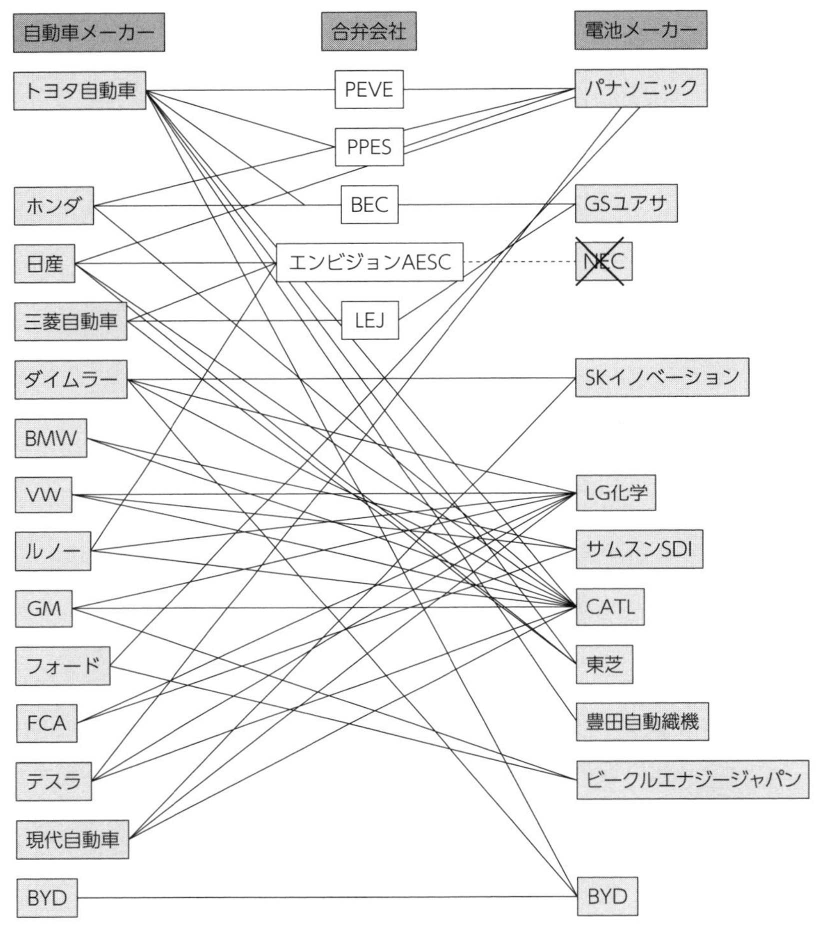

［図3-15］ LIBの供給関係[42)]

知識習熟もあるから学習効果も享受でき，そのうえ市場でのブランドイメージも入手できるので，市場競争上有利だ，というものだ。

とりわけブランドイメージについて付言しておけば，例えば，日本でティッシュペーパーと呼ばれるものは，米国では「クリネックス（Kleenex)」，コピーすることを「ゼロキシング（Xeroxing)」，ネット検索を「グーグリング

42） 佐藤登（2020)，p.147。

(Googling)」などと固有の企業名で呼ばれるため，その効果は大きいと考えられる。もちろん，逆の後発者優位という状況もなくはないが，不動産投資のバブル崩壊前後とか，インターネット回線の登場前後とか，投資コストが後発のほうが圧倒的に有利になるような場合に起こり得るが，あまり一般的ではない。

ところがこれとは別に，イノベーションのジレンマという状況は，ブランドイメージを有する先発者の優位性を覆すようなことが起きる状況を説明しているのである。イノベーションのジレンマの提唱であるC.M. クリステンセンによれば，イノベーションには2つあって，一方が「持続的（sustaining)」で，他方が「破壊的（disruptive)」というものだ。

前者は，部品技術の単なる改良改善に留まらず，先端技術をも積極的に取り入れ，アーキテクチャ（全体設計）レベルでの改変も行う。他方，破壊的イノベーションは，とるに足りないニッチセグメントに端を発し，当初は「安かろう・悪かろう」の製品であったものが，小型・低価格等の際立った特長を有していることから，販売量が伸び，やがてはメインストリーム市場でも受け入れるようになる，というものである。

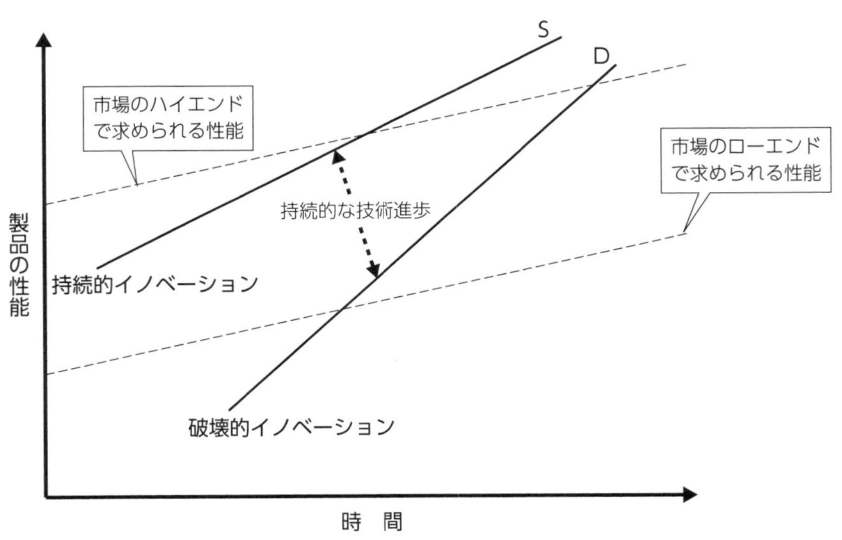

［図3-16］　イノベーションのジレンマ43)

---

43)　Clayton M. Christensen (1997)。<クリステンセン（2004），p.10>の図をもとに筆者部分修正。

	領域	
技術変化	部品	製品アーキテクチャ
漸進的	改良・改善型 性能向上	アーキテクチャ 改良
抜本的	新技術導入型 性能向上	アーキテクチャ 革新

［図3-17］ 持続的技術の類型44)

前頁，**図3-16**はそのイメージだが，市場における優等生である，持続的イノベーション（図中，**S**）は，市場でのハイエンドに求められる性能を超えるべく，日々持続的に技術進歩を展開する。具体的には，**図3-17**のように分類されるが，改良改善型（漸進的）技術変化は，まず部品レベルで起き，アーキテクチャの改良や新技術導入による性能向上を経て，アーキテクチャ改良へと至る。

これに対して，破壊的イノベーション（**図3-16**中，**D**）は，当初，先発者が生み出したメインストリーム市場ではローエンドにも満たない製品でしかない。既存市場では相手にされないので，新たな市場を探索することになる。小型1.8インチHDDが，カーナビや電子辞書などのニッチ市場を探したのと同じようにである。ところが，一旦そういう市場を見つけることができたならば，破壊的イノベーションは，技術的な目新しさがなくむしろこなれた技術を基盤にしているため，量さえ増えていけば，性能向上は容易に行える。**図3-16**の破壊的イノベーションの勾配を持続的イノベーションよりも急にしているのは，そのためだ45)。

そうなれば，あっという間に，先発者の持続的イノベーションに迫ることになる。先発者のそれは，市場で求められるハイエンドの性能を超えて，いわゆるオーバースペック（標準的なユーザーからすれば「宝の持ち腐れ」）になっ

44） 小林敏男（2014）第2章参考文献，p.27。
45） 原図では，持続的イノベーションと破壊的イノベーションの「持続的な技術進歩」の斜度は同じ，すなわち両線は平行に描かれている。

ていて，割高感さえ感じられるようになり始めている。

他方，破壊的イノベーションは，汎用的な技術をベースにニッチ市場から誕生してくる。研究開発費や広告宣伝費といったコスト増につながる要因はできるだけ削減し，原価率を高く維持するような，裏返して言えば，利益率が低いビジネスモデルで臨んでくる。性能が遜色ない状況で，どちらが市場で選択されるかは火を見るよりも明らかだ。

破壊的イノベーションとは，既存市場を「破壊する」イノベーションのことで，技術進化論の一種ではない。「安かろう・悪かろう」の技術をもとに，とるに足りないニッチ市場を起点に，量産効果を既存市場以上に享受し，先発者を出し抜いていくビジネスモデルのことをいっているのである。

最後に，ではなぜ，優良な先発者は，破壊的イノベーターになれないのだろうか。答えは，「上には上がっていけても，下には下れない。」からだ。市場のローエンドでのビジネスは，ユーザーの価格感応度が高いので，否応なしに原価率の高いビジネスを展開せざるを得ない。ミドルゾーン，ハイエンドに向かうに従って，原価率は低くなり売上利益率は高くなるが，その分，技術投資，広告宣伝，人材確保等々の一般管理費が増す。ひとたび売上利益率の高いゾーンでビジネスし，そのもとで枠取りしてきた一般管理費等予算を減額して，低位の市場セグメントに降りていくことはできない，というのがイノベーションのジレンマの恐ろしいところである。

既に，台湾・鴻海精密工業の軍門に下ったシャープのようにならないために，パナソニックとしては，あえて技術劣位を行うリバースイノベーション（第6章で紹介）も念頭において戦略を立てたほうが良いのかもしれない。

そうした最中，ホットなトピックスが飛び込んで来た。日本経済新聞2021年5月19日刊によれば，日本政府の成長戦略骨子案に経済安全保障の観点から，パワー半導体や蓄電池の国内生産拡大への集中投資を促す方針を明記したとのことである。製造技術の開発支援に充てる予算を増額し，企業の工場新設をサポートする。米国の有力メーカーを誘致し，日米連合で半導体や蓄電池のサプライチェーンの強化を目指すようである。

具体的には，EVに使う次世代パワー半導体の世界シェアを2030年に4割にし，蓄電池は同年までに車載用の高性能化や大容量化の技術開発を支援する，という。パワー半導体とは，電力の制御や変換を行う半導体の総称で，パワーデバイスとも呼ばれている。パワー半導体には，「コンバーター」「インバーター」「周波数変換」「レギュレーター」といった4つの働きがあり，いずれか1つの働きによってマイコンやモーターへ電力を供給する。

パワー半導体の世界シェアは，（独）インフィニオンテクノロジーズ26.4%，（米）オン・セミコンダクター10.0%，三菱電機8.6%，東芝メモリ（キオクシア）6.5%，（スイス）STマイクロエレクトロニクス5.7%，富士電機5.5%，その他37.3%と続いているようである[46]。三菱電機，キオクシア，富士電機，それにローム他を加えて，40%のシェアを目指すことになるので，現状の倍以上の伸びが今後必要になるように思われる。

◆参考文献

1　赤羽淳（2014）『東アジア液晶パネル産業の発展―韓国・台湾企業の急速キャッチアップと日本企業の対応』（勁草書房）

2　伊神満（2021）「競争と協調のジレンマ：日本の液晶メーカーが韓国・台湾に敗れた理由」『DIAMONDハーバード・ビジネス・レビュー』第46巻第5号，pp.48-59.

3　井上治樹（1995）「トヨタ生産方式のポカヨケ」『生産管理』第2巻1号，pp.95-102.

4　井原久光（2008）『テキスト経営学［第3版］』（ミネルヴァ書房）

5　大野耐一（1978）『トヨタ生産方式―脱規模の経営をめざして』（ダイヤモンド社）

6　大野耐一（2014）『トヨタ生産方式の原点』（日本能率協会マネジメントセンター）

7　佐藤登（2020）『電池の覇者―EVの命運を決する戦い』（日本経済新聞出版）

8　トヨタ産業技術記念館（2017）「佐吉翁が挑んだ完全なる自動織機への想い」『豊田自動織機技報』No. 68.

9　前田淳（2008）「フォードシステムの構築とその意義（二）」『三田商学研究』（慶應義塾大学出版会）第51巻第2号，pp.21-48.

10　Clayton M. Christensen（1997）, *The Innovator's Dilemma: When New Technologies Cause Great Firms to Fail*（Harvard Business School Press）<C・クリステンセン（著）／玉田俊平太（監修）／伊豆原弓（訳）（2004）『イノベーションのジレンマ―技術革新が巨大企業を滅ぼすとき（増補改訂版）』（東洋経済新報社）>

11　Charles H. Fine（1999）, *Clock Speed: Winning Industry Control in the Age of*

46）詳しくは，日研トータルソーシング株式会社HP（https://www.nikken-totalsourcing.jp/business/tsunagu/clm_detaile/clm_210330_1.html）（最終閲覧日：2021年5月19日）を参照されたい。

Temporary Advantage, Revised edition（Basic Books）<チャールズH. ファイン（著）／小幡照雄（訳）（1999）『サプライチェーン・デザイン―企業進化の法則』（日経BP社）>

12　Henry Ford（1922）, *My Life and Work*（Arno Press Inc.）<ヘンリー・フォード（著）／加藤三郎（訳）（1923）『我が一生と事業』（文興院）>

13　Henry Ford（1926）, *Today and Tomorrow*（William Heinemann Ltd.）<ヘンリー・フォード（著）／稲葉襄（監訳）（1968）『フォード経営―フォードは語る』（東洋経済新報社）>

14　Toshio Kobayashi（1995）, "Reorganizing for Creativity: Beyond Japanese *Rentai* Management," *Journal of Euro-Asian Management*, Vol. 1, No. 2, pp.43–67.

15　Mangalam Nandakumar（2018）, *Lean Product Management: Successful Products from Fuzzy Business Ideas*（Packt Publishing）

16　Peter M. Senge（2006）, *The Fifth Discipline: The Art & Practice of the Learning Organization, Revised edition*（Random House）<ピーター・M・センゲ（著）／枝廣淳子他（訳）（2011）『学習する組織―システム思考で未来を創造する』（英治出版）

17　David Simchi-Levi *et al.*（2000）, *Designing and Managing the Supply Chain: Concepts, Strategies, and Case Studies*（The McGraw-Hill Companies, Inc.）<D. スミチ-レビ他（著）・久保幹雄（監修）／伊佐田文彦他（訳）（2017）『サプライ・チェインの設計と管理（普及版）』（朝倉書店）>

第4章

人的資源管理（HRM）

「組織はヒトなり」といわれるように，法人で働く人たちがいきいきと働いていないと，法人は新たな資源を獲得することはできない。ところが，この人的資源管理というのは，本当のところ，ものすごく難しいことで，これまでさまざまな角度から色々な研究がされてきているが，今もなお研究は留まるところを知らない。心理学はもとより，社会学，社会心理学，人類学，政治学等，多数の学問分野から独自に，あるいは複合的に研究が進められてきた。そして今も発展途上で，解がない，というのが偽らざるところである。

人的資源管理論は，E・メーヨーの人間関係論から始まり，リーダーシップ論そしてグループダイナミクス（集団力学）へと展開し，さらに組織行動・学習分野へと発展を続けている。分析レベルでは，「個人」「集団」「組織」というように進化している。それゆえ，以下では，分析レベルに応じて，これまで研究されてきた内容を紹介することにしよう。

第1節　原点としての人間関係論[1)]

テーラー=フォード流の大量生産は，科学的管理法という名とともに米国に定着し，米国の経済成長を支えていった。が，生産現場では新たな問題に直面していた。離職率等のいわゆる労働問題である。そこに登場したのが，エルトン・メーヨー（Elton Mayo）である。

メーヨーは，1880年にオーストラリアのアデレードで医者の息子として生まれ，医学生としてスコットランドのエディンバラに留学するものの，オースト

1）本節を記述するにあたって，Roethlisberger & Dickson（1939），Ch.9，及び北野利信編（1977）第2章第1節等を参照した。

ラリアのセント・ピータース・カレッジとアデレード大学では論理学と哲学を専攻し，1911年には同国クイーンズランド大学の講師となった。

論理学と心理学を教え，1919年には同大学の教授になったが，当時のオーストリアでは社会科学の応用分野での研究に理解が得られず，研究機会を得るべく，1922年ロックフェラー財団客員研究員として渡米し，ペンシルベニア大学ウォートンスクールにて職を得る。その後，フィラデルフィアの紡績工場の走錘（そうすい：ミュール）紡績部門での異常に高い労働移動率（離職率）の改善を依頼され，ペンシルベニア大学からメーヨーを含む調査団が1923年から約1年間同工場へ赴くことになった。

1.1 走錘紡績部門（1923年～1924年）

走錘紡績部門では，両側に機械が並ぶ100メートル程の長い通路を作業者が行き来しながら，動いている多数の糸枠に絶えず注意を払い，切れた糸をそばから繋いで回る作業が求められていた。この工場では，テーラー流の格差賃率出来高給制度が導入されており，標準課業の75％以上を達成すると達成度に応じて，賃率が上昇するように制度設計されていた。

しかし，この部門ではその75％に到達する者がほとんどいなかった。そのためか，この部門の労働移動率は，他部門が数パーセントであるのに対して，250％という異常に高い値を示していた。4人を定着させるには，10人を雇い入れなければならない，裏を返せば，10人を雇用しても，4人しか定着しない，という状況だった。

メーヨーは，単調作業による疲労や孤独感に，低生産性と高離職率の原因があると考え，午前と午後にそれぞれ2回，1日合計4回，10分ずつの休憩時間を導入した。結果は良好で生産性は向上し，割増賃率が適用される標準課業の75％に達する者たちも出はじめた。

ところが，現場監督者はこのような変更に不満をもち，注文増加に応じるためとして経営者に圧力をかけ，休憩制度を廃止してしまった。ここに1つ重要なインプリケーションがある。それは，なぜ，現場監督者は生産性が向上し始めているにもかかわらず，休憩を廃止するように仕向けたのか，ということである。

答えは，自らの立場の「保身」にほかならない。休憩をとることだけで生産性が向上するのであれば，現場監督は不要になる，と案じたのだ。この措置によって，生産性は急速に低下し以前と同じ標準課業の75%以下に戻ってしまった。経営者はあわてて休憩を復活させるものの，生産性は低調なまま，欠勤も増加し離職率も高くなってしまった。

これまた，なぜなのだろうか。後ほど，モチベーション論で詳しく説明するが，ネガティブな期待（予想）が働いたためだと考えられる。労働者にしてみれば，「どうせ一時的な処置で，生産性が向上してくれば，また休憩がなくなるのだろう」という予想（期待）である。

そこで，メーヨーは経営者と相談し，会社としての労働環境への取組姿勢を示すべく，翌月から休憩時間中は機械装置を停止し，1日4回全員が休憩をとれるようにした。すると，装置の操業停止時間があるにもかかわらず，標準課業の75%を上回る生産水準になり始めた。翌月からは，機械を動かしたまま作業員が交代で休憩する交代休憩方式に切り換えた。

交代の順番は作業員同士が相談するようにし，結果，生産性も高いレベルで維持され，離職率も急激に低下した。やむを得ない事情で辞めた2名を除けば，1年に及んだ実験期間中にこの職場を去る者はいなかった。後で説明するが，相談に基づく交代制は，生産性向上に大きな影響を与えていたのであった。

1.2　ホーソン研究（1927年～1932年）

その後メーヨーは，1926年，ハーバードビジネススクールに移り，1927年から1932年までの間，F・レスリスバーガーらとともに，ウエスタン・エレクトリック社のホーソン工場で労働環境に関するさまざまな研究を行った。紡績工場での知見，すなわち労働者たちには，インフォーマルな交流が重要であり，現場監督と労働者のフォーマルな関係には注意を要する，という仮説を携えて，ホーソン研究に臨んだ。

ここで，経営学上の重要概念，フォーマル（公式）とインフォーマル（非公式）について説明しておこう。フォーマルとは，指示命令系統によって立つ情報伝達・職務遂行等，組織において公式に規定された体系のことを指し，他方インフォーマルとは，フォーマルに集まった人々のオフラインでの交流関係を意味する。平たく言ってしまえば，職場での友人，知り合い等のことである。メーヨーたちは，フォーマル組織におけるインフォーマル組織の重要性を認識し，フォーマル組織はどのようにすれば，インフォーマル組織の人間関係上の有効性を活用することができるのか，という問題意識の下，ホーソン研究に臨んだのであった。

1.2.1 照明実験

ホーソン研究は，実はウエスタン・エレクトリック社が独自に始めたこの照明実験の結果を受けて開始されたものであった。この実験は，照明の強度や方法と，作業効率との関係を調査するために行われた。後ほど説明する作業員たちの変化とその反応（p.122，**図4-3**）におけるⅠのパターンの人間観に基づくものであった。

明度を変化させて作業するテストグループと，一定の明度下で作業を行うコントロールグループとの間には，作業効率上に差はない，という結論が導出された。物理的な労働条件によって生産性が左右されるというテーラー的な仮説が否定されたことで調査が行われることになり，メーヨーやレスリスバーガーらによるホーソン研究が開始されたのであった。

1.2.2 リレー組立試験室実験

この実験は1927年４月から1932年５月まで行われた。約40個の部品からなるリレー（継電器）を組み立てる工程作業を個室の試験室に移し，６名の女子作業員を選び，次の作業条件を変えながら作業量の推移を測定する，という実験であった。

彼女たちの基準作業量は，試験室に移る前に測定されたデータが用いられた。基準作業量と比較して，①賃金，②休憩時間，③軽食サービス（コーヒー，スープ，サンドウィッチ），④部屋の温度・湿度などにおいてそれぞれの条件を変化させた場合，作業量にどのような変化が現れるのかを調査するのが，実験の趣旨であった。

当初の仮説は，条件が改善されると生産性が向上し，改悪されると生産性は低下する，というテーラー的なものであった。改善していくと，確かに生産性は向上した。ところが改善後，条件を元に戻しても，すなわち「改悪」しても，生産性は低下せずに高い水準で維持されるという結果が出た。照明実験の結果と同じではあるが，それ以上にこの実験結果には，研究者たちは驚かされた。なぜなら，明度といった単なる作業条件の変更ではなく，労働者たちのいわゆる「収益」（賃金や軽食）に直接影響する条件が含まれていたからだ。どのように仮説を立てれば良いのか，メーヨーたちの頭を悩ませることになった。

1.2.3　面接調査

仮説構築を好転させる結果をもたらしたのが，面接調査だった。面接調査は，1928年9月から監督者訓練講習用データの収集を目的に，検査部門の従業員1,600人に対して行われた。続いて1929年には製造部門でも実施され，1930年9月までに工場全体の8部門で合計21,126名の従業員が面接を受けた。

調査開始当初は，実験当事者（研究者）が作業条件・監督方式・職務内容について尋ねる直接質問方式だったが，面接が訓練になるという理由から，監督者も面接に加えるようにした。面接方法も改め，定められた項目だけを質問する方式から，自由な雰囲気と通常の会話の中から質問項目の内容を聞き出す非誘導法（非指示的面接法）へと切り替えられた。

この調査も一時は失敗かと思われた。なぜなら，被験者たちの多くは，実験者たちが念頭に置いていた質問項目には積極的には答えようとせず，自らのバックグラウンド（来歴）や日常生活について話し続けたからだ。なかには現場監督の悪口ばかりを話す被験者もいた。いきおい，面接調査の報告書は膨大な量になり，あたかも雑談集のような側面もあった。

ところが，この調査ののち工場の生産性が上昇し始めた。面接を通じて従業員と現場監督の相互理解が深まったことによって，生産性が向上したという解釈が成り立つのではないか，とメーヨーたちは考えた。

従業員は自分にとっての問題を話しているうちにその問題の新しい解釈を自分たちで見つけ出し，他方面接を行った監督者は，部下の生活状況や個人的バックグラウンドまで含めて職場の問題の背後にあるものを理解することができるようになったのではないか，そしてこうした従業員と監督との面接自体がリーダーとしてどうあるべきかという訓練の場になったのではないか，とメーヨーたちは考えるようになったのだ。

1.2.4 バンク配線作業観察室[2)]

ただこれだけでは，インフォーマル組織の生産性に対する重要性が確認されたことにはならないと考えたメーヨーたちは，バンク（差込式電話交換台）配線作業における従業員たちの作業をつぶさに観察するようにした。まず，メーヨーらは，バンク配線を行う14人の作業員（全員男性）を１つの部屋に集めて，作業者同士の人間関係を詳細に調べた。

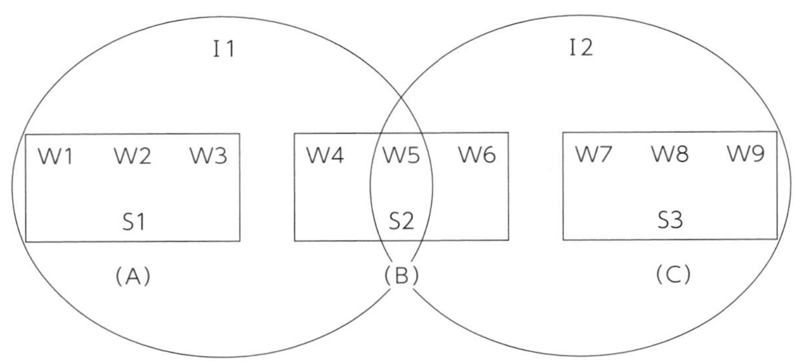

[図4-1]　２つのフォーマル組織

図4-1及び**図4-2**にあるW1，W2，…は配線工で，S1，S2，…はハンダ付け工であり，I1，I2は検査工である。I1及びI2，２人の検査工の下にそれぞれが配属され（ただし，W5とS2だけは双方からの指示命令系統下にある），２つの公式組織が形成されていた（**図4-1**）。と同時に，**図4-2**にあるように，クリークAとBといった２つのインフォーマル組織も確認することができた。

クリークAにおいて，W2は集団になじめていないようだったし，同様にクリークBでは，図内の右の作業台を中心にインフォーマル組織が形成されていたが，W6はこのグループに入ろうとしながらも依然としてアウトサイダー（部外者）的に扱われていた。クリークBにおける組織形成は微妙で，クリークBにはI3という検査工が含まれていない。I3はI2に代わってこの観察室

2）この箇所の挿入図は，Roethlisberger & Dickson (1939), p.509，及び第３章参考文献・井原久光（2008），p.125を参照している。

に入ってきたが，検査の仕事をあまりに生真面目に進めるという理由からこのインフォーマル組織には加えてもらえなかったのだ。

配線工を中心としたインフォーマル組織において，唯一どちらのクリークにも所属していないのがW5で，会社の方針に違反した集団の行動を，職長に密告したことが原因で，インフォーマル組織に入れてもらえなかったのだ。また，ハンダ付け工S2は言語障害があったと報告されていた。

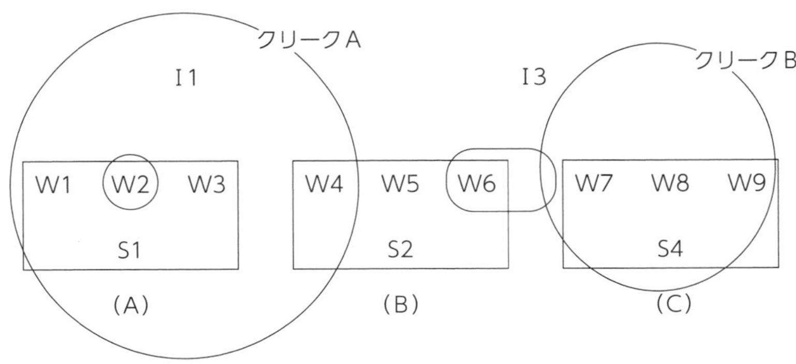

[図4-2]　2つのインフォーマル組織

この観察から，メーヨーたちは次のことをつかむ。インフォーマル組織は，①仕事に精を出すな，②仕事を怠け過ぎるな，③上司に告げ口するな，④偉ぶったりお節介をやくな，という「4つの感情」に支配されていたということである。

1.2.5　人間関係論からのインプリケーション

インフォーマル組織を支配していた「4つの感情」は，テーラーの「組織的怠業」と大差ない。むしろ，テーラー時代からインフォーマル組織には存在していたとみなすべきだ。それがなぜ，テーラーが考案した格差出来高賃率以上に，フォーマル組織の生産性に影響を与える，とメーヨーたちが考えるようになったかを知ることのほうが重要である。

バンク配線作業室の観察では，**図4-1**の左右の楕円をベースに，集団での生産性が評価されていた。それゆえ，一種の連帯評価である。そのためか，4つの感情の①だけでなく，②も加わったものと考えられる。そのうえで，集団における規律として③及び④が登場する。

こうした規律において，客観的な事実に基づいて生まれてくるものもあれば，主観的・情緒的・感情的なことから出来（しゅったい）してくるものもある。例えば，W5が行った上司への「密告」は，客観的な事実であり，他方W2やW5がなかなか集団に入れてもらえなかったのは，彼らが偉ぶったりお節介，という主観的・情緒的・感情的な印象によるものである。

客観的事実に基づいて集団として反応するだけであれば，テーラー流の格差出来高賃率や，休憩時間の導入といった待遇改善によって，比例的に生産性が上がるはずだが，リレー組立試験室のように，待遇が改悪されても生産性に変化がないという状況を説明するには，主観的・情緒的・感情的な側面を無視することはできない。むしろ客観的事実よりも，主観的・情緒的・感情的な側面のほうが重要だと，ということになってくる。

さらに，現場監督者たちにも行わせた面接によって，現場監督たちが，従業員たちの意識がどのように構成されたのかについて，その個人的バックグラウンド（来歴）や職場状況を従業員たちと語ることによって知り得て，そのことから監督者と従業員たちがインフォーマルな関係を有するようになり，結果フォーマル組織の生産性の向上に繋がった，というようにメーヨーたちは，解釈していったのであった。

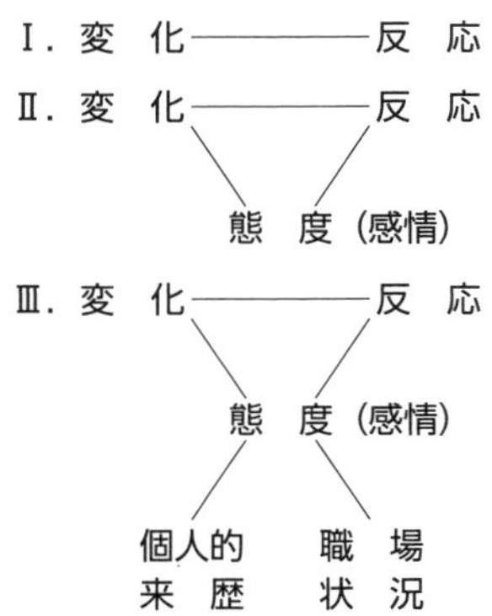

［図4-3］　人間関係論における人間観[3)]

3）　北野（1977），p.47。

図4-3は，メーヨーやレスリスバーガーたちが考えていた人間観の変遷である。Ⅰのテーラー的な人間観から一歩進んで，Ⅱのように従業員たちの集団としてのリアリティ（態度）が媒介してくることが追加され，そうしたリアリティは，Ⅲに示されているように，個人的なバックグラウンド（来歴）や職場状況から影響を受ける，というように考えたのであった。

事実，Ⅲの枠組みを最も端的に実証したのは，研究終盤でのリレー組立試験室の被験者たちへのインタビューであった。試験室に選ばれた女子従業員は，選ばれたことにまず誇りをもっていた。リレー組立作業の職場はそれまで100名単位の多人数からなる職場だったのだが，その中から僅か６名だけが特別に選ばれたからだ。

また，彼女たちの間には仲間意識もあった。この実験にあたっては，２人の熟練工が選ばれ，２人が残りの４人の人選を任された。そのために６人は共通の友人で，仲間意識が強かった。加えて，彼女たちは検査部長に事前に呼ばれて，実験の目的とその重要性を知らされていた。労働条件が改悪される場合も，その変更について事前に知らされていた。生産性の結果についても，報告を受け評価されていた。

さらに，実験を行っていたメーヨーたちは，ハーバード大学の教授たちで，ハーバードはアメリカでもトップクラスの大学であったことから彼女たちの働きがいに影響した，ということもインタビューを通じて明らかになった。メーヨーたちは，そうした誇り，責任感，友情，好意的雰囲気，事前情報，事後評価などから，彼女たちの集団に高いモラール（士気）が形成され，それが維持されていたため高い生産性が持続した，と解釈したのであった。

こうした解釈は，紡績工場の走錘紡績部門の時の理解をさらに深めるものとなった。メーヨーは，作業者同士の相談に基づく交代制の重要性に当時あまり気付いておらず，ホーソン研究後，相談交代制が「孤立した従業員たちを通路ごとの社会集団に変えるという重大な効果をもたらした」と述べている。すなわち，当時のメーヨーは，「休憩＝生理的労働条件」が重要というテーラー的な仮説を超え，生産性には休憩を通じてのインフォーマル組織の形成や監督者の態度が影響する，ということにまでは気付いていたが，自主的な相談による解決がより重要という見解は，ホーソン研究後に有するようになったのであった。

第2節　動機づけ理論

2.1　R・リッカート

レンシス・リッカートは，米国プルデンシャル生命保険会社の本社組織において，アンケート調査等を用いて，監督方式と組織業績との関係について，さまざまな事実を発見したことで知られている。今では標準的になったアンケート調査における5点尺度法は，彼による発明だ。プルデンシャル生命保険の本社組織がフィールド調査の対象として選ばれたのは，作業条件，作業内容，作業方法で同一の作業集団を確保しやすかったためである。

生産性の高い職場集団と低い集団との間で統計学的に有意な差がある項目を見つけ出すために，面接等を通じて，仕事・給与・会社・待遇・監督者たちの行動様式等々のさまざまな項目をあぶりだし，それらの項目に関して作業者たちはどのように認識しているのかについてアンケート調査を実施し，統計分析を行った。

生産性の低いグループと高いグループとでは，監督者の行動に異なる特徴が見られたのに対して，仕事・会社・給与・待遇などへの満足度は，生産性の差には直接結び付かないことが判明した。こうした結果は，この生命保険会社だけに限らず，鉄道保線班から科学的研究所にいたる広範囲で多様な組織においてもほぼ同様の結果が得られていたようである[4)]。

2.1.1　監督方式の違いと生産性

生産性の高い職場集団における監督者には，部下たちの人間的問題に気を配って効果的な作業集団をつくろうと努力するタイプの人が多く，彼らの監督スタイルは，「従業員中心型監督方式」と名付けられた。他方，生産性の低い職場の監督者は，規定された方法と作業時間で定められた一定の作業手順どおりに部下たちに作業させようとする傾向があった。これは「職務中心型監督方式」と名付けられた。

4）　同上，pp.50-51。

職務中心型の監督者は，仕事についてこまごまとした指示を出し，仕事を通してだけ部下と接触しようとしていた。他方，従業員中心型の監督は，部下に対しては目標だけを明示し，仕事の方法や進展については彼らの自由に任せて仕事をさせる場合が多く，ミスを犯しても咎め立てせずに，教育的経験として利用するようにしていた。さらには，仕事や職場だけでなく生活面での悩みの相談を受けるということまでもする監督者もいた。

このような状況になると，仕事をめぐっての会話も多くなるし，部下たちも自らのアイデアを出そうとする。そして部下たちは互いに助け合うようにもなり，集団としてまとまるようになる。それゆえ，おのずと職場集団の生産性は向上することになるのであった。

2.1.2　コーディネーションコストの観点からの考察

監督方式の違いと生産性について，別の観点から以下少し考えてみたい。その観点とは，コーディネーションコストに関するものである。より具体的には，ジェームズ・D. トンプソン（1967）の組織の環境と行動，それに伴う経営管理に関する所説に依拠する[5)]。トンプソンによれば，組織行動のコーディネーションには3類型あって，①標準化による（by standardization），②計画による（by plan），及び③相互調整による（by mutual adjustment），である。そして①が最もコストがかからず，③が最もコストがかかる，としている。

なぜかといえば，相互調整は，意見の相違，利害対立等々，コミュニケーションに時間もかかれば労力も要する。それゆえ，組織にとってはコスト高になる。そして，最もコストがかからないのが，標準化によるコーディネーションである。作業手順等々，ルール化，マニュアル化，プログラム化していけば，もちろんこうした作業にはコストはかかるが，ひとたび整備されれば異常事態の処理に手間取る程度で，平時における組織行動は，オートマティックに流れて，調整はほぼコストレスとなる。

これら両極の中間にあるのが，計画によるコーディネーションである。フォーマルラインをベースに経営管理，資源配分に関する意思決定の計画を立ててそのプランに従ってのコーディネーションを行うことになる。ただ，想定

5）　Thompson（1967）。

外のことが発生しがちで，その場合，組織としてコミュニケーションのうえ対応せざるを得なくなる。したがって，コミュニケーション，意思決定量，ということからコスト的には，第2番目ということになる。

こうしたトンプソン的な観点から，監督方式について考えてみると，従業員中心型の監督者は，従業員たちと頻繁にコミュニケーションをとり，人間関係論的に言えば，彼らの来歴（バックグラウンド），すなわち職場環境のみならず家庭生活までのことを詳しく知る「努力」，すなわち「コスト」を支払っている。これに対して，職務中心型の監督者は，標準化されたルールやマニュアルに基づき，部下たちに仕事を進めさせている。それゆえ，コストベースで考えた場合，職務中心型の監督方式は，監督者の負担が従業員中心型の監督方式と比べて少ない，ということなる。

それが組織にとって問題だ，ということは組織としてもフォーマルには主張できないはずである。なぜなら，フォーマルなコーディネーションは，可能な限りコストを発生させない方法で，すなわち，標準化と計画を中心に行われるべきであるから，職務中心型監督方式が採用されていたとしても，建前としては，非難することはできないはずだからである。つまり，従業員中心型の監督方式は，**監督者が個人的にコストを負担しているのであって，決して組織が負担しているのではない**，というのがその理由である。

監督者の中には，人と触れ合い，いろいろなコミュニケーションをとるのが好きな人もいれば，そうでない人もいる。そうでない人に部下とのコミュケーションを一生懸命とるようにと要求することも問題のように思える。こうしたインフォーマルなコミュニケーションとその負担の問題も含めて，職場における人間関係問題は解決していかなければならない。

2.1.3　集団参加と生産性

従業員中心型の監督方式は，「集団参加型」管理方式，というように呼び方が変化していく。**図4-4**にあるように，2軸による4象限によって管理方式は表現されている。専制的なのか民主的なのか，そして独善的なのか温情的なのか，の2軸である。

独善的専制型は，いわゆる唯我独尊タイプである。誰の話にも耳を傾けず，すべてのことを上位者が独自の判断で決定する。温情的専制型は，家父長制的

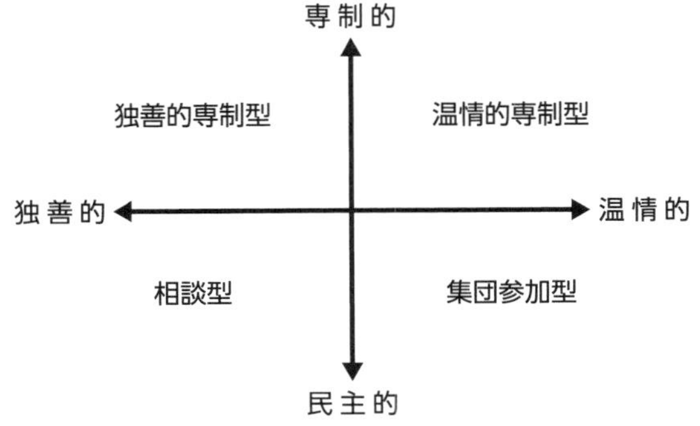

[図4-4]　リッカートによる管理方式の4類型

なリーダーのイメージである。相談型は，経験・知識に差があることを2者間において相互に認識している場合に，こうしたパターンになりがちだ。例えば，医師や弁護士といった専門家と一般人との関係がこのパターンに当てはまる。職場でも，経験豊富なリーダーや上司との間においては，こうした関係になりがちだ。そこからさらに進んで，相談型によってアドバイス等を行いながらも，部下たちの自主的な集団決定を導き出すような管理方式が，集団参加型ということになる。

この集団参加型という概念は，従業員中心型の監督方式が提唱されたのち，さまざまな社会実験を経て構成されたものである。1つの実験は，新製品生産のために作業変更が必要となった際に，実験集団と対象集団をつくり，実験集団では手順変更・標準の設定の立案に全員を参加させて行い，対象集団では，従来通り生産スタッフの決めた手順や標準が全員の会合で詳しく説明される，というものであった。

実験集団は生産性の落ち込みもなくそのまま生産性が上昇したのに，対象集団では生産性は低迷した状態が続いた。数カ月後，作業変更が必要になった際に，以前の対象集団に対しても全員参加型方式が導入された。すぐさまかつての実験集団と同様に，「私たちの仕事」「私たちの標準」といった言葉が生まれ，生産性の向上が確認された，ということであった。

また別の実験では，仕事も規模も似通った4つの部門を2部門ずつに分け，一方は各種決定を行う階層を引き下げるようにし，部下たちには自由裁量の余地も大きく与え，また上司の決定に関してはできるだけ部下を参加させるようなプログラムが組まれた（「参加的プログラム」）。他方，他の２部門では，意思決定の階層を引き上げ，加えてIE（インダストリアル・エンジニアリング）部門が仕事の標準時間の算定を行い，余剰人員は配置転換させるようにしていた（「統制的プログラム」）。

結果としては，プログラム間の生産性比較では，参加的プログラムのほうが統制的プログラムの余剰人員削減分に見合った生産性向上を達成することができなかった。しかしながら，仕事の達成への責任感や上司への満足度などでは，統制的プログラムは全面的に参加的プログラムの水準には及ばなかった。また，統制的プログラムでは，「圧力が強まった」として上司への不満を募らせる者や，なかには会社を去る者も出たそうである。

このことについて，リッカートを含め人間関係論者の多くは，統制的プログラムは，短期的には生産性を高めるものの，長期的には従業員たちの意欲や士気を下げるので，「人的資産」を毀損している，と考えている。そう考える理由は，原価や利益といった測定可能なものに対して，従業員たちの意欲や士気は測定が困難で，同じ土俵では論じられない，ということからのようである。

2.2　C・アージリス

労働者はなぜ組合活動に走るのか，あるいはまた個人的な利害から出世競争に明け暮れ，組織全体を顧みようとしないのはなぜなのか。こうした疑問に答えるために，発達心理学の知見を導入し，説明して見せようとしたのが，クリス・アージリスだ。彼の立論はシンプルで，「健康人」としての人格的発達を，公式組織のシステム合理性がそれを阻害し，個人とシステムとの間で生じる「悪循環過程」を引き起こすからだ，というのである。

2.2.1　人格と組織

表4-1に示されている通り，健康人は，成長とともに人格を左から右へと発達させようとする。しかし，その発達を阻害するのが，次の公式組織の４つの設計原則である。

［表4-1］　アージリスの人格発達モデル[6]

＜未　成　熟＞	———→	＜成　　熟＞
①　受動的行動から		能動的行動へ
②　依存状態から		相対的自立状態へ
③　少数の行動様式から		多様な行動様式へ
④　移り気で浅い関心から		複雑で深い関心へ
⑤　短期的見通しから		長期的見通しへ
⑥　従属的地位から		同等または優越的地位へ
⑦　自覚の欠如から		自覚と自己統制へ

⑴　課業の専門化（特化）（task specialization）

アージリスによれば，「課業の専門化は，健康な成人に未熟な仕方で行動することを要求するが，しかしそれはまた，その仕事が自分に「良い」と感じることをも要求する」[7]と言う。すなわち，職務設計において圧倒的に影響を与える変数は，「生産の直接経費をできるだけ小さくするという基準」であり，この基準はその職務において求められる「技能の習得期間を可能な限り短期間にする」という副基準を導き出す。結果，課業の専門化は，専門化が進めば進むほど単純化することになってしまい，「成熟」しようとする健康人の発達要求を否定することになってしまう。

⑵　命令の連鎖（chain of command）

課業の専門化は，細分化された課業を統制し部分間の調整を可能にするため，「命令の連鎖」による階層制組織の導入を促す。その際，上位層に集権化すれば，統制と調整が容易に行えるようになる。こうした状況では，「個人はリーダーに対して依存的に，受身に，従属的に」ならざるを得ない。「個人は自分の労働環境に対してほとんど統制できない。それにともなって，彼らの時間展望は，未来を予見するに必要な状況を統制できないので短い」[8]ものになってしまう。

6）　北野（1977），p.60。
7）　Argyris（1957）　<アージリス（1970），p.102。>
8）　同上アージリス（1970），p.103。

⑶　指揮一元制（unity of direction）

指揮一元制は，「従業員がそれに向かって努力する労働目標，その目標に至る道および目標に達するために越えなければならいない障壁の幅が，指導者によって定められ，統制させることを意味する」。それゆえに，「仕事の目標が，従業員の自我と関係がない（すなわち末梢的な欲求に関係している）とすれば，心理的失敗の理想的条件が作られたことになる」[9]。すなわち，従業員は一切の自己責任から解放されることになり，そのことは逆に人格発達そのものが否定されることになる，という解釈である。

しかしながら，そもそも指揮一元制は，課業の専門化と命令の連鎖という2つの原則があれば，必ず必要になる原則で，すなわち組織におけるトップは1人，ということを求める原則である。もし組織が双頭の鷲のようであれば，最終決定を下せない事態も起こりうるので，そのことを避けるために設けられる原則である。それゆえ，組織における個人の人格発達とこの原則とを直接結びつけるのには，いささか無理があるように筆者には思える。

⑷　統制の幅（span of control）

統制の幅の原則は，管理者の生理的限界を考慮して設けられた原則である。すなわち，直属の部下の数は，数人以上にしない，むしろ，5，6人が望ましい，というものだ。そうでなければ，目が届かなくなる，という原則である。

この原則に対してもアージリスは，「階層の最下位にある個人に許された自己統制と時間展望を少なくする傾向」があることが問題で，「部下の数を最低に抑えることによって，細かい監督を強調する。細かい監督は，部下を指導者に対して，依存的に，受身に，従属的になるように仕向ける。細かい監督はまた，上長に統制を与えるようになる」[10]と結論づけている。

そのうえで，アージリスは以上4つのシステム合理性による個人人格の発達阻害を回避するうえで，利用可能かもしれない経営理論として3つあげ，それぞれについて検討しているが，いずれも根本的な解決にはつながらない，と考えていた。それらの解決策候補とは，報酬，指導者，競争的地位への動機づけ，の3つである。

9）　同上，p.106。
10）　同上，p.109。

まず報酬であるが，十分な物理的・心理的な報酬を補うというものである。心理的報酬については，人格発達が阻害されているため，報酬としての成立は難しい。となれば，物理的報酬に依存することになるが，その場合「報酬は不満に対する賃金」となる。そして，満足は，組織外で得るものとなる。内部では不満をもち外部で満足するという心理態勢は，パーソナリティを分割できるという仮定に依拠しており，それ自体に無理がある，とアージリスは考える。つまり，組織からは満足を得られないが，満足を得るための原資を組織は提供するという，まさにコンプレックス（複雑）な心理態勢を個人に強いることになるのである。

第2の解決手段として，「技術的に優れた，客観的な，合理的な，忠誠心のある指導者を置くこと」が挙げられる。直感的に分かるように，この解決策は，まず供給の問題に遭遇する。外部からの調達には限界があるだろうし，発達阻害を組織が惹起するため，「忠誠心のある指導者」を育成・供給できる保証はない。仮に供給できたとしても，「従業員は，いかなる人物であるかよりは，その人は何をするかで人を尊敬しなければならないならば，…誠実感が失われることになる」[11]とアージリスは考えるのであった。

第3の解決策としては，「部下を組織の階段上にある権力の地位めがけて，互いに競争的地位におくことにより，もっと積極的に，もっと創造的になるように動機づけること」が候補となるが，単純化され・短期的な視野のもとでの競争は，単なる他者排除になりかねない。加えて，「競争の状況に置かれた人は，競争しない状態に置かれた人よりも必ずしも良く学習しない」という研究結果もある，とアージリスは反論している[12]。要するに彼にしてみれば，いずれの解決策でも不十分だ，ということである。

2.2.2　不適合過程からの帰結

不適合過程の結果として，組織と個人が相互に傷つけあう悪循環過程が誘発される。個人は人格発達を組織の管理原則によって拒まれるため，欲求不満を経験する。欲求不満を解消するには，組織を去るという選択肢もあるが，好景

11）　同上，p.104。
12）　同上，pp.105-106。

気やあるいは労働力の売手市場でもない限り，そう簡単に退職できるものではない。となれば，組織に留まり，この欲求不満を昇華させなければならない。

昇華は，心理学用語で，心理的防衛機制の１つとされている。社会的に実現不可能な目標・葛藤や満たすことができないことから，別の，本人にとってはあたかもより高度と思え，かつ社会に認められる目標に目を向け，その達成によって「自己実現（self-actualization）」を図ろうとすることを意味する。

少々迂遠なことだが，この自己実現という概念は，心理学の雄，アブラハム・H. マズロー（1954）が唱えたことによって，広く普及した概念である。「生理的欲求（physiological needs）」に始まり，「安全性（safety）」「愛と所属（love／belongings）」「承認（esteem）」と続き，最後に「自己実現」がきて，これらの欲求が階層構造をなしている，というのが，いわゆるマズローの欲求階層説である[13]。

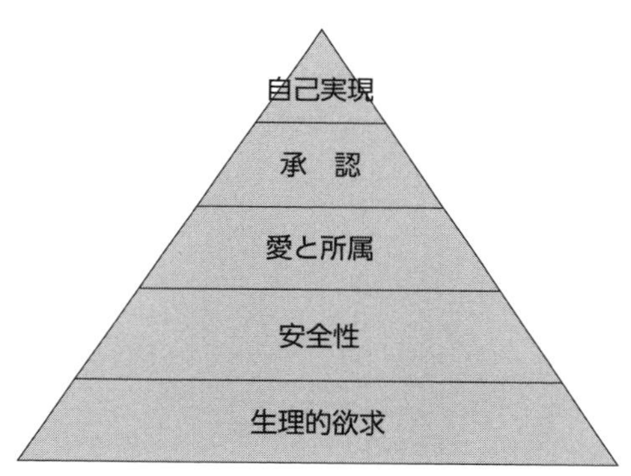

［図4-5］　マズローの欲求階層説

生理的欲求とは，文字通り，動物としての人間がその生命の存続と種の保全を確かにするために欲するもので，食欲や性欲等はその典型である。次に安全性は，生理的欲求が満たされれば，それをより安全に実現したいという基本的な欲求に加え，職の安定や健康，家族の安定等も含まれている。そして，愛と所属は，友人愛や家族愛などを中心に，性的な親密性なども含まれる。承認は，

13） Maslow（1970）。

他者からの尊敬・業績達成・自信・自己承認などが含まれ，自己実現は，道徳性・創造性・自発性・問題解決・偏見排除・事実許容等が含まれる。

さて本題に戻って，組織における発達阻害を取り戻すために，個人はどのように欲求不満を昇華させるのだろうか。「愛と所属」から「承認」を経て「自己実現」を可能にするパス（経路）としては，２つしか残されていない。いずれのパスもインフォーマル組織を活用することになるのだが，一方は組合活動のように反フォーマル組織を旗印に動くパスで，他方はフォーマル組織の資源獲得等，フォーマル組織の目的の実現を表面的には目指すものの，その実は，組織内部での政治的闘争（派閥間での権力闘争，昇進競争）というパスである。双方ともフォーマル組織にとって，好ましいパスとは言えない。

2.2.3　混合モデル

そこでこの悪循環を断ち切るために，アージリスは，まず職務における能力発揮機会を増やす「職務拡大（job enlargement)」と，職務内容の決定に担当者を参加させる「参加的リーダーシップ」に注目する。しかしながら，発達阻害による欲求不満を募らせている者たちにとって，これらのことだけで，自己実現までのパスが約束されているかといえばそうではなく，改良が必要だとアージリスは考えた。

理念的には，個人がその欲求を満たすために組織を利用し，同時に組織もその目的を達成するのに個人を利用し，両者が同時に最適の自己実現を達成していく「融合過程」の実現こそが理想，というようにアージリスは考えた。それには組織と個人の間で「ペイオフ効果（payoff effects)」を達成していかなければならないとした。すなわち，置かれた状況下で相手の立場を悪化させることなしに少しでも向上の機会があれば，これを活用していかなければならない，というものである。

その際，組織をどういうように捉えれば良いのだろうか。個人には，人格発達モデルがある。これに呼応する組織の発達モデルも必要だと考え，アージリスは組織の「混合モデル」を提起する（次頁，**表4-2**)。左サイドは，いわゆる「機械的モデル」で，他方右サイドは「有機的モデル」になり，前者が固定（クローズド）環境での組織モデルであるのに対して，後者は開放（オープン）環境でのモデル，ということになる。

[表4-2] アージリスの混合モデル[14)]

	本質的特性から離れる	本質的特性へ向かう
①	単独部分が全体を統制する	全体はあらゆる部分の相互関連を通して形成され制御される
②	加算集合としての諸部分の知覚	配列様式としての諸部分の知覚
③	諸部分に関連した目的の達成	全体に関連した目的の達成
④	組織による内部志向的中核活動（目標の達成，内部体系の維持）への影響が不可能	組織による思いどおりの内部志向的中核活動への影響が可能
⑤	組織による外部志向的中核活動（環境への適応）への影響が不可能	組織による思いどおりの外部志向的中核活動への影響が可能
⑥	中核活動の性質には現在だけが影響する	中核活動の性質には過去・現在・未来が全部影響する

以上の議論は理念論としては理解可能だが，ではマネジメントとしてはどうすればよいのかについての解答が提示されていない。その後，アージリスは，組織開発（organization development）さらには，組織学習（organizational learning）へと研究を進め，生涯その解を追い求め続けていくことになる。組織学習論については，本章第4節にて紹介する。

2.3 F・ハーズバーグ

2.3.1 動機づけ＝衛生理論

ハーズバーグを中心とした研究グループは，1960年代に，ピッツバーグ市内の企業に勤務する会計担当者と技術者合計203名を面接し，その際「臨界的事象法（critical incident method)」に準じた方法で，被験者たちに「例外的によい（いやな）気分となったのは，どのような出来事であったのか」と問い，500近い経験談を集めた。この研究での最大の発見は，職務満足へ導く要因と，職務不満へ導く要因とが異なる，ということであった。

当時のハーズバーグ以前の考え方では，不満と満足とは，同一因子の充足と

14） 北野（1977），p.64。

欠如にあると考えられていた。ハーズバーグたちの研究によって，この因子の不一致が明らかになった。ハーズバーグたちは，この職務不満に寄与している要因のことを「衛生要因（hygiene factor）」と呼び，職務満足に影響している要因のことを「動機づけ要因（motivation factor）」と呼んだ。いわゆる動機づけ＝衛生理論である。

その後，他の職種についてもハーズバーグたちが広範に追試を行い，国際比較も念頭において同種の調査を積み重ねたが，結果は大きく変化しなかった。12の異なる調査を集約した結果が，**図4-6**である。

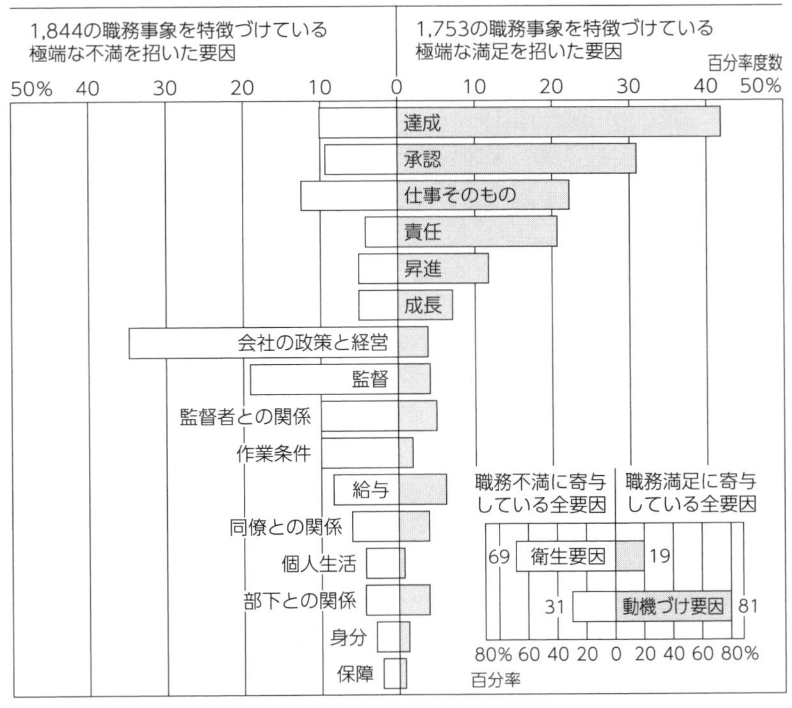

［図4-6］　ハーズバーグらによる職務態度に影響する要因分析[15)]

15）　同上，p.71。

2.3.2　X理論とY理論

なぜ，このように不満要因と満足要因とが一致しないのか。そこで，ハーズバーグたちが依拠したのは，人間のアダム的本性とアブラハム的本性という考え方である。この考え方は，D・マグレガー（1960）によるX理論・Y理論として展開されていたものと同様である[16)]。

表4-3を見れば分かるように，Xタイプの人間は，仕事嫌いゆえに，「強制し，統制し，命令し，処罰をもって脅かさなければ」働かない。また，「命令される方が好きで，責任を回避したがり，あまり野心をもたずに，なによりもまず安全を願っている」。他方，Yタイプの人間は，仕事が好きで，「自分が関与した目的のために，自らの方向を決め，自らを制御し」，献身的に働くかどうかは，

［表4-3］　マグレガーのX理論・Y理論[17)]

＜X　理　論＞	＜Y　理　論＞
◈普通の人間は生まれつき仕事がきらいで，できれば仕事をしないですませようとする。	◈仕事で心身を使うのは，遊びや休息と同じように，ごく自然なことである。
◈人間には仕事ぎらいの特性があるから，人々に組織目的の達成をめざして十分な努力をさせるためには，強制し，統制し，命令し，処罰をもって脅やかさなければならない。	◈外から統制したり処罰で脅やかすことが，組織目的達成に努力させる唯一の方法ではない。人間は，自分が関与した目的のためには，自ら方向をきめ，自らを制御して働く。
	◈献身的に目的達成に尽くすかどうかは，達成したときに得られる報酬のいかん一どんな欲求が充足されるか一にかかる。
◈普通の人間は命令される方が好きで，責任を回避したがり，あまり野心をもたず，なによりもまず安全を願っている。	◈普通の人間は，適当な条件のもとでなら，責任を引き受けるだけでなく，進んで責任をもって事に当たろうとする。
	◈組織内の問題解決のために，比較的高度な想像力や工夫や創意を発揮する能力は，たいていの人にそなわっている。
	◈近代産業のなかでは，普通の人間がもつ知的潜在能力はほんの一部しか活用されていない。

16）McGregor（1960）。
17）北野（1977），p.65。

報酬いかんによって，責任も積極的に引き受けようとする。また，「組織内の問題解決のために，比較的高度な想像力や工夫や創意を発揮する能力」も備わっている，と仮定する。

以上のことから，Xタイプの人は，アダム的本性にあり，Yタイプは，アブラハム的特性がある，という考え方に立ち，動機づけに反応するのは，アブラハム的Yタイプの人間で，衛生面に不満を持ちやすいのは，アダム的Xタイプの人間，というようにハーズバーグたちは考えたのであった。

2.3.3　職務充実

こうした2タイプの人間が存在する状態で，どうすればよいのか。このことについてハーズバーグたちは，職務拡大ではなく，「職務充実（job enrichment)」を提唱する。単なる職務拡大では，アダム的Xタイプの人間が敬遠する可能性が高まる。理由は職務範囲が水平的に拡大し，対応しなければならないことが増えるからだ。

これに対して，職務充実は，職務の範囲を広げるよりも，個人責任の度合，達成感，内面的承認，成長及び学習，というように精神上の高度化を目指す。すなわち，まずアブラハム的Yタイプの人間の動機づけに直接的に働きかけつ

[表4-4]　垂直的職務付加の原則[18)]

	原　則	関連動機づけ要因
A	責任はそのままにして統制をある程度省く。	責任，および個人的達成
B	自分の仕事に対する個人責任を増す。	責任，および承認
C	個人に完結した自然な仕事単位（モジュール，部門，地域など）を与える。	責任，達成，および承認
D	従業員が行動する際の権限を増す。職務自由。	責任，達成，および承認
E	定期報告を監督者ではなしに従業員本人に直接届ける。	内面的承認
F	いままで扱ったことのない新しい，より困難な仕事を導入する。	成長および学習

18）同上，p.75。

つも，職務範囲が広がらないことから，アダム的Xタイプの人間に対しても，ある程度の精神上の高度化が期待できる，というようにハーズバーグたちは考えたのであった。この高度化を「垂直的職務負荷の原則（principles of vertical job loading)」と呼び，AからGに向けて段階的に高めていけば，Yタイプはもちろんのこと，Xタイプにも適用可能である，と考えたのであった（前頁，**表4-4**参照）。

2.4 その他の動機づけ理論

2.4.1 D・マクレランドの欲求理論

デイビッド・マクレランドの研究グループが，作業現場には次の3つの主要な動機，ないし欲求が存在する，ということを提唱した[19]。いわゆる欲求理論である。

1. 達成動機（欲求）（***nAch***：need for achievement）
   ある一定の標準に対して，達成し成功しようと努力すること。
2. 権力動機（欲求）（***nPow***：need for power）
   他の人々に，何らかの働きかけがなければ起こらない行動をさせたいという欲求。
3. 親和動機（欲求）（***nAff***：need for affiliation）
   友好的かつ密接な対人関係を結びたい，という欲求。

ある種XY理論的な考え方で，3種類それぞれの欲求の種類が個人ごとに異なるので，その欲求の比重によって，動機づけられる内容が異なる，という考え方である。もう少し実践的に言えば，3種類の欲求のうち，一番強く求められるものが，個人にとっての代表的な欲求ということになる。

人によっては，どうしても成功しなければならないという欲求を持つ人がいる。そういう人は成功の報酬より自身がそれを成し遂げたいという欲求のゆえに，努力する。これが達成動機（欲求）である。達成欲求の強い人は，成功確率が五分五分と見えるときが最もパフォーマンスを上げる，と考えられている。

19) 代表的な著作として，McClelland（1961）がある。

権力欲求というのは，自身の影響力を駆使して他人をコントロールしたいという欲望である。権力欲求が強い人は責任を与えられるとそれを楽しみ，他人に影響力を行使しようとし，競争が激しく，地位や身分を重視する状況を好む。成果よりも他人への影響，他人を支配することに動機づけられる。

親和動機（欲求）は，他人に好かれ，受け入れてもらいたいという願望に象徴される。親和欲求の強い人は友情を求め，競争的状況よりも協調的・協力的な状況を好む。また相互理解が必要となる関係を構築することを求む。

これら3つの動機（欲求）と職務の業績との関係はかなり実証されており，次のように紹介されている。「達成欲求の強い人は自営業や大企業の中の自治的な単位組織の販売部門の職などの起業的活動で成功している。第2に，達成欲求が強い人が必ずしも優秀なマネージャーになるとは限らない。（中略）大企業の優秀なマネージャーが必ずしも達成欲求の強い人ばかりとも限らない。第3に，親和欲求と権力欲求はマネージャーとしての成功に密接な関係がある。最も優秀なマネージャーとは，権力欲求が高く，親和欲求が低い。最後に，従業員をうまくトレーニングすれば，達成欲求を高められる。職務に高い達成欲求が求められている場合，達成欲求の高い人を選抜してもよいし，達成欲求のトレーニングをして候補者を開発することもできる」[20]ということである。

2.4.2　職務特性モデル

ハックマン=オルダム（1980）によって提唱された「職務特性モデル（job characteristics model）」は，「技能多様性（skill variety：SV）」「タスク完結性（task identity：TI）」「タスク重要性（task significance：TS）」「自律性（autonomy：A）」「フィードバック（feedback：F））」の5要素から，職務の「潜在的動機づけ得点（motivating potential score：MPS）」をはじき出し，職務設計に応用する理論である[21]。MPSを導出する計算式は次の通りだ。

$$MPS = \left(\frac{SV + TI + TS}{3}\right) \times A \times F$$

20）　Robbins（2005）。<ロビンス（2009），pp.88-89。>

21）　Hackman & Oldham（1980）。

ここで，技能多様性とは，職務がどの程度多様な業務を必要とし，その業務のために，労働者がどの程度多様なスキルや才能を活用できるかを示す。タスク完結性は，ある職務において，仕事全体や特定の仕事を完結させることがどの程度求められているかを示す。そして，タスク重要性は，その職務が，他人（例えば，顧客や同僚，上司，部下等々）の生活や仕事にどの程度影響を与えるかを示す。

自律性は，仕事のスケジューリング・段取り・手順決定において，どの程度自由に，独立して，裁量をもって行えるのかを示す。そしてフィードバックとは，その業務の有効性についての明確な情報が，担当者に対してどの程度直接提供されるのかを示す。

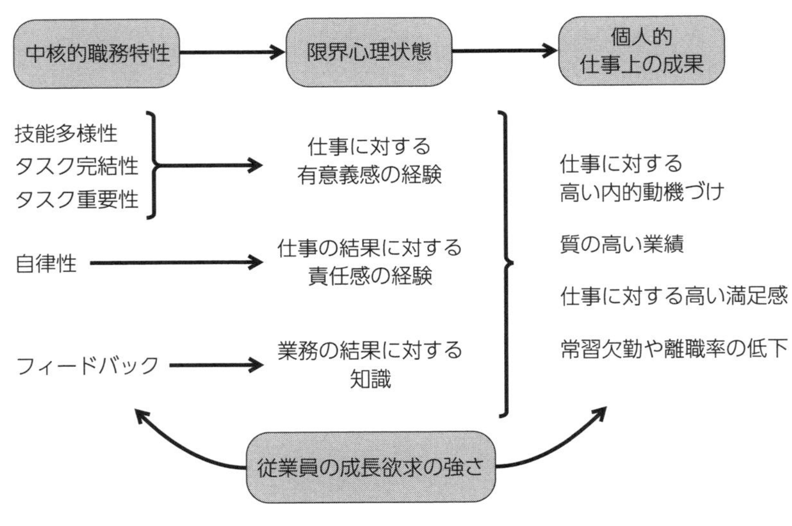

［図4-7］ 職務特性モデル[22)]

2.4.3 公平理論

次に「公平理論（equity theory）」を紹介する。J・アダムス（1965）らによって提唱された理論で，人は「自分の仕事への取り組みと対価としての報酬」と

22） ロビンス（2009），p.94。

「他人の仕事への取り組みと対価としての報酬」とを比較し，その内容に不公平を感じる場合，公平性を感じるような状態に近づく行動をとるように動機づけられる，という理論である[23]。公平理論によれば，従業員は，職務状況に投入するもの（インプット）とそこから得られるもの（アウトプット）とのリターン比率と，他人のリターン比率を天秤にかけて行動する，ということになる。

リターン比率が公平であれば公平感を感じ，比率が等しくなければ，不公平が存在すると考え，その不公平を是正しようとする。要するに比較に基づく行動なので，その基礎となる変数は，「システム」を中心として「自己」と「他者」である。このシステムというのが，実は，自己によってさまざまで，ほとんどの場合，組織における給与システム，あるいは範囲を広げて人事システムといった程度に収まるのだが，職位，組織そのもの等を含めた社会システムというように拡張・発散してしまうこともある。そのような場合は，たいていが不公平感を感じることになってしまう。

こうした不公平感をなくすためのオプションは，次の5つである。

1．自身の，あるいは他者のインプットまたはアウトプットを歪める。

例えば，個人的な解釈によって，インプットあるいはアウトプットを正当に評価しないようにする。

2．他者にインプットないしはアウトプットを変えさせるような行動をとる。

例えば，他者のアウトプットが増加するように指導する，あるいはインプットを追加投入するように誘導する。

3．自分のインプットないしはアウトプットを修正するような行動をとる。

例えば，あまり熱心に働かなくする，あるいは会社の物品の窃盗，横領などを行う。

4．別の比較対象を選ぶ。

例えば，比較対象を，同じ職場の人間ではなく，同業他社の人間にする。

5．離職する。

公平理論の面白さは，他者との社会性が内包されているところにある。アージリスのように組織における人格の発達阻害を前提としてなくても，反組織的な行動を説明することも可能だ。ただし，インプット及びアウトプットの評価

23）　Adams（1965）。

自体が主観的なものに陥りがちになることは1つの欠点だと指摘せざるを得ない。

2.4.4 期待理論

動機づけについて，最も総合的に説明しているのが「期待理論（expectation theory)」である。**図4-8**は，単純化したモデルだが，要するに，職務特性モデルに，個人の期待感を加味した内容になっている。そして，このモデルには次の3つの変数が関与している。

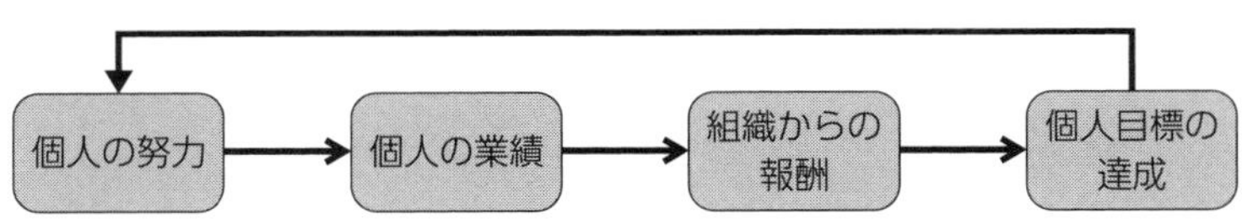

[図4-8]　単純化した期待理論モデル[24)]

① **魅力：**
　個人がその職務で達成できると予想される結果すなわち報酬にどれだけの重要性を置いているのか。ここには，個人の満たされていない欲求も含まれる。

② **業績と報酬の関係：**
　個人がどの程度の仕事をすれば，望ましい結果を達成できると考えているのか。

③ **努力と業績の関係：**
　個人がどの程度の努力を傾ければ業績に繋がるのか。その確率はどれくらいなのか。

図4-8の「個人の努力」から「個人の業績」に関与しているのが，③の期待確率である。次に「個人の業績」から「組織からの報酬」に結び付くのが，②

24)　ロビンス（2009），p.101。

である。そして，「組織からの報酬」によって「個人目標の達成」をどの程度期待することができるのか，が①である。①から③の変数は循環的に相互に影響を与え，好循環に向かうこともあれば悪循環に陥ることもある。

第3節　集団力学（グループダイナミクス）

3.1　集団の定義

集団（グループ）には，さまざまな定義がある25)。おおむね以下の通りだ。

① **集団成員の知覚に基づく定義**

最もシンプルな集団の定義で，メンバー（構成員）が，同じメンバー，仲間といった意識を共有している場合，集団への帰属意識が芽生える。もちろん，これらはあくまで個人の意識レベルでの話であるため，時々交流している人たちの間においても，集団のメンバーであるか否かついて，意識のずれが生じることがある。「自分は仲間だと思っていたけど，相手はどうもそうではなかった」というようなことである。

② **モチベーションに基づく定義**

個人が特定の集団への帰属欲求・貢献欲求，あるいは集団そのものを発展させようとする欲求等がある場合，それらの誘因として集団が定義されることを示している。

③ **集団目標に基づく定義**

集団としての目的を有している場合，それが定式化されていようがいまいが，共通目標が成員間で共有されている場合，集団として認識されることになる。

④ **組織に基づく集団の定義**

組織が定式化されている法人等において，集団は，そのサブセットとしてフォーマルあるいはインフォーマルに位置付けられ定義されることになる。フォーマルなグループとしては，作業部会といったものも一例だろうし，同好会などの多くはインフォーマルな集団ということになる。

25）詳しくは，金井壽宏（1999）を参照されたい。

⑤　相互依存性に基づく定義

相互依存性に基づく定義としては，協働，組織，連帯などの形態によって集団が構成されることになる。こうした形態を包括的に捉える際に，相互依存性という枠組みが提示されることになる。

⑥　相互作用に基づく定義

相互依存性と同様に，最も幅広く集団を定義する際に用いられるのが，相互作用，という概念である。要するに個人間で相互作用が繰り返される状況をもって集団と認識するというものだ。

以上から分かる通り，③から⑥については外形的・社会学的な定義で，①及び②が個人の意識や認識といったことからの心理学的な定義になる。前者においては，定義間の関連性は深く，集団において目標が定められていれば，それは組織になるし，組織であれば，相互作用性・相互依存性は恒常的なものとなる。

我々の関心，すなわち法人組織の観点からすれば，「集団（グループ）とは，特定の目的を達成するために集まった，互いに影響を与え合い依存し合う複数の人々」[26)]のことを指し，そのグループに対する知覚とモチベーションが，重要な要素になる。それらが，どのようにして形成されるのかについて，以下で詳しく述べていこう。

3.2　集団における意識態勢

3.2.1　役　割

我々はさまざまな顔，すなわち「役割」を有している。例えば，大学生で，とあるゼミの一員で，体育会系クラブの幹部で，飲食店のアルバイトで，家族の子供でもある，という場合，所属する集団組織に応じて異なる役割をこなしている。それぞれの集団での役割が期待され，それぞれと心理的に契約している。所属する集団間で求められる役割が相容れないとき（例えば，職場と家庭の両立が難しい場合），心理的葛藤（ストレス）を感じる。

また，役割の内容，すなわち何をどうすべきかについて，友人や仲間からの

26）　ロビンス（2009），p.171。

みならず，本やテレビ等々のさまざまなメディアコンテンツを通じて仮想的に学習する。公式組織においては，公式な職務記述（job description）があるが，いかなる組織においても役割をこなしていくにはそれだけでは不十分で，「雰囲気（atmosphere）」を感じ取り，それに応じていかなければならない。そのことは，役割への「コミットメント（commitment）」であり，突き詰めれば集団への「忠誠心（loyalty）」なのだ。こうした雰囲気，コミットメント，そして忠誠心こそが，集団というものを実体化する意識態勢にほかならない。

3.2.2 規　範

いかなる集団においても「規範（norm）」というものがある。明文化されている場合もあれば，されていない場合もある。例えば，対外的な場面で上司の批判はしない，顧客主催のパーティでのドレスコード等々，その場においてふさわしい・ふさわしくない行為・行動というものがある。集団規範は，一種の集団からの社会的圧力である。

集団における「同調（conformity）」に関して興味深い研究を行ったのが，ソロモン・E. アッシュである。ゲシュタルト心理学者で，実験社会心理学の開拓者のひとりであったアッシュは，「意見と社会的圧力（Opinions and Social Pressure）」という題名の論文（1955）[27]で，社会的圧力の存在を実証した。

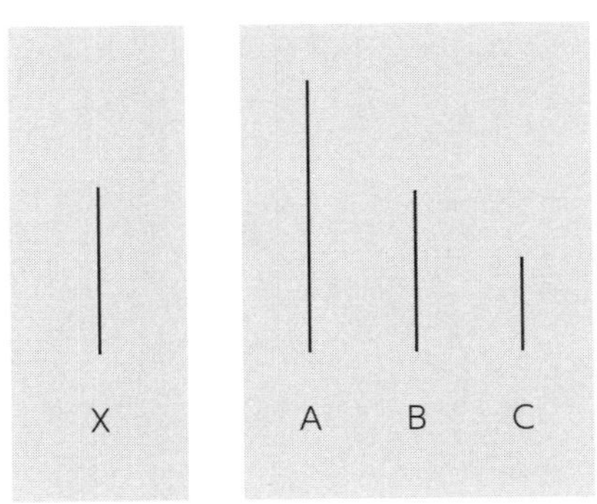

［図4-9］　アッシュ研究で使用されたカード

27）　Asch（1955），pp.31-35。

アッシュは，**図4-9**（前頁）のような２枚の線分カードを用いて社会実験を行った。１枚（左側）には１本の線分（標準線分）が描かれており，もう一方（右側）には３本の長さの異なる線分（比較線分）が描かれていた。１枚目を見せた後，２枚目を見せて，線の長さが同じものを選ぶという実験で，実際に用いられたカードは，もう少しＡ，Ｂ，Ｃ間の差はなく（0.75インチ～1.75インチの間），個人個人で選択させた場合，123人の被験者のうち，間違って選択をする者は１パーセントもいなかった。

ところが，被験者７名から９名の大学生からなるグループが編制され，そのグループの末席に座る者以外には，３回目からは皆同じ偽りの回答をするようにと指示されていた実験では，36.8％の者が，最初は他のメンバーの誤った回答を否定していたにもかかわらず，繰り返されていくうちに，自らの主張を変えて，同調するようになった。要するに，集団からの個人への社会的圧力の存在が確認されたのであった。

3.2.3　凝集性

集団の「凝集性（cohesiveness）」，いわゆるまとまりは，さまざまな要因によって高められる。例えば，長時間一緒に過ごすことにより，凝集性が高められることもあれば，外的脅威の共有や内部者をスケープゴート（生贄）とすることによっても，凝集性は高められる。仮想敵国を明示し批判することによって，国としての凝集性を高め，内部不満を鎮静化させようとする政治手法は，今も昔も健在だし，スケープゴートは，今ではいじめということで，社会問題にさえなっている。

なぜ凝集性を高めようとするのか。それは，生産性との相関が確認されているからだ。**図4-10**にある通り，集団の凝集性が高く，かつその集団の目標と組織としての目標が一致している場合，生産性は大幅に上昇する。また，凝集性が低く，組織目標と集団目標との一致度が低くても生産性には顕著な影響は出ない。ところが，集団の凝集性が高い場合に，集団目標と組織目標の一致度が低ければ，生産性は低下してしまう。それゆえ，集団の凝集性は高いほうが良い，ということになるのである。

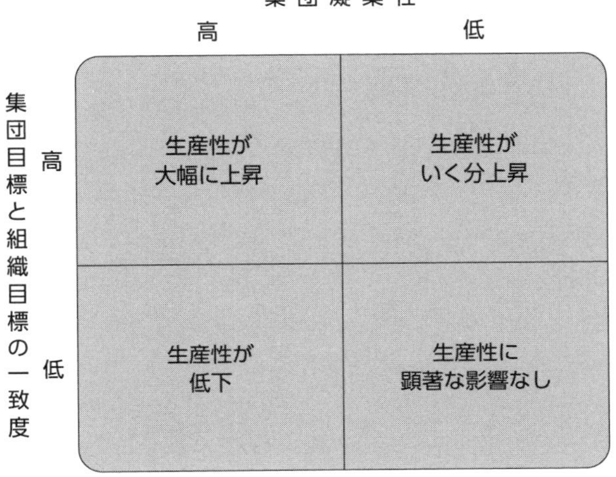

集団凝集性
高
低
集団目標と組織目標の一致度
高
低
生産性が
大幅に上昇
生産性が
いく分上昇
生産性が
低下
生産性に
顕著な影響なし

[図4-10]　集団凝集性と生産性の関係[28)]

組織においてグループの凝集性を高めるマネジメント手法は，次の7つが一般的である。

(1)　集団をより小規模にする。
(2)　集団目標への合意を促進する。
(3)　メンバーが共に過ごす時間を増やす。
(4)　集団のステータスを高め，その集団への参加資格を得難いものにする。
(5)　他の集団との競争を促進する。
(6)　個々のメンバーではなく集団全体に報酬を与える。
(7)　集団を物理的に孤立させる。

3.2.4　グループシンク（集団浅慮）とグループシフト（集団傾向）

グループシンク（group think）とは，メンバーたちが意見の一致に熱心になるあまり，コンセンサスを作ろうとし，さまざまな行動の選択肢を現実的に

28)　ロビンス（2009），p.185。

評価することや，ユニークな意見や少数意見などの表明が行えなくなる状況のことをさす。

一般に，3人寄れば文殊の知恵，と呼ばれるように，集団における意思決定は，情報や知識量を増やすことから，多様な意見を生み出し，個人よりも質の高い決定が行える，というように考えられ，裁判における陪審員制度などの形式で導入されてきた。しかしながら，集団の凝集性を高めようとする動きが強くなってくると，グループシンクの方向に向かいかねない。集団のメンバーが自分たちの都合の良いような理屈で抵抗する意見を説き伏せようとしたり，多数派の意見に従うように懐疑派に圧力をかけたり，またそれに応じる形で懐疑派は沈黙しがちになり，そうした沈黙が同意・承認と解釈されるようになってくると，それはグループシンク，すなわち集団浅慮である。

他方，グループシフト（group shift）は，グループシンクの特殊なタイプといわれるもので，集団の意思決定をある種極端な方向へと導こうとする傾向のことを指す。例えば，ライバルとの競争において，ルール違反を正当化してまで勝利に固執するような決定が下されたりする状況のことをいう。高リスクをむしろ好む傾向が現れがちになる。

これもやはり凝集性に由来するものと思われるが，もう1つ考えられる要因としては，グループにおける「マウンティング（mounting）」といった意識態勢も指摘できるように思われる。サル等の霊長類動物が，自己の優位性を誇示するために，交尾のような体勢で劣位者の尻に馬乗りになることをマウンティングというが，人間社会においては，例えば，見栄の張り合い等，優位性の主張のしあいのようなときに，マウンティング合戦が確認される。グループシフトは，こうしたマウンティングの過激化の結果として捉えることも可能である。

第4節　組織学習，組織文化，そしてその変革

4.1　K.E. ワイクの組織化理論

集団の定義と関連するが，筆者は，メンバーが集団を意識する段階において，集団としての共有目標は必ずしも必要だとは考えていない。例えば，クラスメートのなかで，たまたま学籍番号が近く，接触する機会が多かったので，昼

食を一緒に取るなど時空共有的な行動があった場合，第三者的にそれを観察した場合，集団のように窺える。

ところが，そうして接触機会の多い仲間のうちから，今度一緒に旅行へ行こう等の企画が持ち上がり，それに皆が賛同し，役割分担を決めるほか，組織的な活動が現れるようになると，単なる集まり集団は，組織へと変化する。その組織をさらに維持・発展させようと，例えば，「旅行サークル」のような活動部隊に仕立て，第三者（部員）を引き込んだり，各種活動を始めたりすると，本格的な組織になっていく。

組織は拡大を目指すが，拡大すればするほど，手段の目的化が進むことになり，組織においては下位組織間での分裂傾向が顕著になり始める。例えば，旅行サークルは，今ではNPO（特定非営利活動法人）にまでなり，会員数も増加した。旅行だけでなく，ゴルフやテニス，登山，名所旧跡巡りというように，活動も多様化し，それぞれが指向性を有するようになってきた。そうなると，組織化した時の意識態勢よりも，メンバーたちの組織に対する意識は分化する。新たな集団が形成され，またそこから新たな組織が生み出され，というように続く。こうしたプロセスをカール・E. ワイク（1969／1979）は「組織化（organizing)」と呼んだ[29)]。

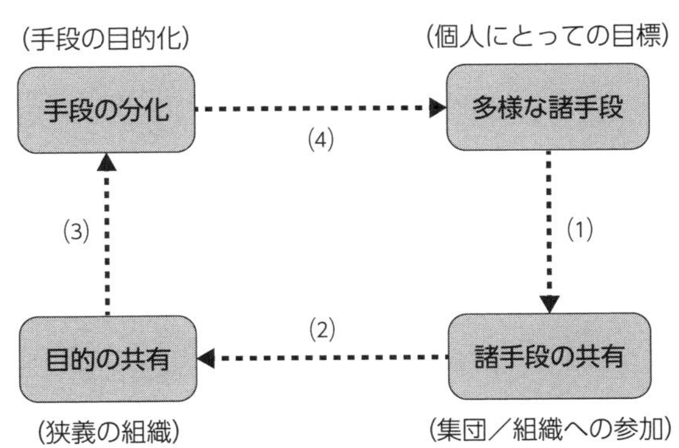

[図4-11]　組織化のプロセス

29）Weick（1979）　<ワイク（1997)。>

⑴ **多様な手段から手段の共有へ**
個人が持つさまざまな思いが，何らかの接触，相互作用から共通手段に向かう過程

⑵ **共有手段から共通目的創出へ**
共有手段が意味づけられ，１つの目的に収斂されるプロセス

⑶ **共通目的から手段の分化へ**
共通目的達成のための手段が自己目的化するプロセス

⑷ **手段の分化から多様な手段へ**
狭義の組織の崩壊のプロセスであり，個人意識が高まるプロセス

では，なぜこうしたプロセスが生じるのか。ワイクは独自の認知・学習理論を展開する。個人は，環境における「多義性（equivocality）」を除去しようとする。分からないと放置することも１つだが，なんだかんだと考えて，自分なりに納得しようとする。それが多義性の除去である。グループや職場などにおいて，どう解釈していいかわからないような状況に出くわした場合，その場にいる人たちを巻き込んで協働で多義性を除去しようとする。

その際用いるのは，共有されている「組立ルール（assembly rules）」と「組み立てられるサイクル（cycles assembled）」である。組立ルールとは，集団／組織において共有されている多義性除去のためのルールで，他方組み立てられるサイクルとは，集団／組織における「連結行動（interlocking behavior）」のことである。要するに，その際に動員あるいは想定される協働サイクルのことである。

図4-12の上部「イナクトメント（enactment）」「淘汰（selection）」「保持（retention）」とは，集団／組織における多義性を除去すべく，解釈枠組み自体を取捨選択し，最終的にどの枠組みを保持するのか，ということに関わる認識プロセスである。まず，イナクトメントだが，これは，認識措定ともいえる行いで，これまで保持してきた記憶に基づき，目下認識している環境を措定（イナクト）したうえで，そこでの多義性を炙（あぶ）り出すことである。

「生態学的変化」というのは，認識進化論者であるワイク独特の表現で，認識上生じた異常のことをそのように命名している。措定（イナクト）された多義性を除去し，新たな解釈枠組み，組立ルール，組み立てられるサイクルを記憶として保持するために，それらの選択が行われる。「＋」表記は，正の相関を，

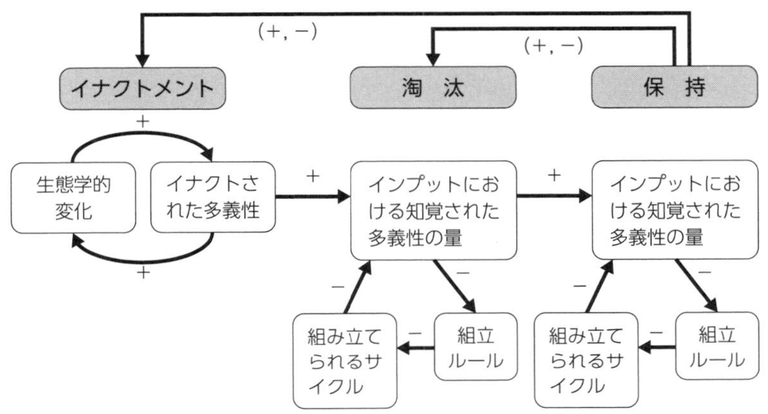

［図4-12］　ワイクが唱える学習（組織化）プロセス[30)]

「－」表記は負の相関を示す。つまり，＋の場合は，量が増えれば，数が増え，－の場合は，量が増えれば，数が減る，ということである。

図4-11（p.149）における⑴から⑷の各段階で，こうした多義性除去のプロセスが行われ，結果として，手段の共有，目的の共有，手段の分化，多様な諸手段，ということになる。多義性の除去プロセスについて，１つ例を出して考えることにしよう。

第３章でジャストインタイム（JIT）生産方式を紹介した。工程間に在庫があることがムダに思えた大野氏は，どうすれば工程間在庫を減らすことができるのか，と考えるようになった。この場合，イナクトされた多義性とは，「工程間在庫のもつ意味」である。大量生産にとって工程間在庫は，１工程の作業停止が全工程に波及しないための，いうなれば必要悪であった。この悪をなくせないのか，というのが大野氏の抱いた疑問であり，認識した多義性だったのだ。

そこで彼が解決のヒントにしたのが，アメリカでの量販店だった。過去に「保持」されていた情報をもとに，解の「淘汰」を行った。すなわち，一定期間において棚から販売された量だけ商品を補充するという方式（組立ルール）であれば，棚溢れ（工程間在庫）は生じない。後工程が前工程に仕掛品を取り

30)　ワイク（1997），p.173。

に行き（組み立てられたサイクル①），後工程が持ち帰った分と，タクトタイム（標準作業時間）内での仕掛品作業量とを勘案（組み立てられたサイクル②）して，自主的に前工程から受け取るべき仕掛品数を決めて，カンバンに表示して取りに行く（組み立てられたサイクル③）ということを思いついたのだった。

4.2 H.A. サイモンの学習理論

ハーバート・A. サイモン（1947）が，経営研究に与えた影響は絶大だ。第2章でも少しふれたが，サイモンは，個人の意思決定過程に注目し，そこに影響を与えることで，組織目標が効果的・効率的に達成されるようにするのがアドミニストレーション（経営）である，とした。

具体的には，個人に組織の「価値前提（value premise）」と「事実前提（fact premise）」を教化することで，個人の組織における「慣習領域（habitual domain）」の拡大をサポートし，結果，個人の意思決定が組織の望む方向に向かうようにする，ということである。

サイモンが個人の意思決定をモデル化する際に基礎としたのが，「限定合理性（bounded rationality）」という概念で，個人の情報処理能力の限界を理念化したものである。個人は全知全能の神のように，①全ての代替的選択肢を列挙すること，②これらの戦略の各々から生ずる結果とその生起確率の全てを確定すること，及び③これらの結果の集合を比較評価すること，のいずれも実行不可能である。代替的選択肢は無限に存在するだろうし，それぞれから導き出される結果をその生起確率から確定することなどは到底無理だし，比較評価するうえでの絶対的な価値基準を個人は有していないからだ。

では，個人は非合理的あるいは没合理的に行動しているのかといえばそうではない，とサイモンは言う。限られた範囲において，すなわち慣習領域の中で，限定合理的に行動している，というのだ。そしてこの慣習領域を拡大していくことこそが，個人の学習過程だとサイモンは考え，学習過程を構成する要素を次のように列挙した。

(1) 順応性（docility）

個人が環境に適用しようとすることが，順応性である。問題があれば，それを回避又は解決しようとする。その場に順応しようとするために，個人は意思決定を行う。

⑵　記憶（memory）

文字通り，記憶である。これなくして，順応のための意思決定はあり得ない。過去からの体験・経験に基づき，問題解決に向けて試行錯誤を行う原資になるのが，記憶である。

⑶　正の刺激（positive stimuli）の役割

正（ポジティブ）とは，前向きな，という意味で，個人にとっては望ましい・好ましい，という内容の事柄である。成功体験，という意味合いである。

⑷　満足化（satisficing）原理

この満足化という用語は，サイモンの造語で，「満足（satisfaction）」に対峙する概念である。経済学では，すべての情報は瞬時に利用可能で，この情報をもとに「経済人」（経済学が仮定している個人）は，最大満足（satisfaction）を得ようとする。これに対し，不完全な情報しか利用できない「経営人」（サイモンが想定している個人）は，満足の最大化を断念し，適当なところで「満足しよう（satisficing）」とする，というものである。

図4-13が示すように，記憶に基づき問題を知覚した個人は，順応性のゆえに解決行動を開始する。その際，過去における成功体験，すなわち正の刺激の役割に基づき，試行錯誤する。そして，ある程度のところで解決行動を中止し記憶に留める。

では，アドミニストレーションは，個人の学習過程のどこに働きかけて，組織人としての意思決定が行われるようにするのか。結局のところ，正の刺激の役割に働きかけて，すなわち外部からの刺激を感受する知覚に，「賞罰（sanction）」をもって教化することで，組織としての価値前提と事実前提を伝え，個人の組織における慣習領域を拡大させていくのだ。

そうなれば，職務へのコミットメント，組織への忠誠心が高まり，組織目標

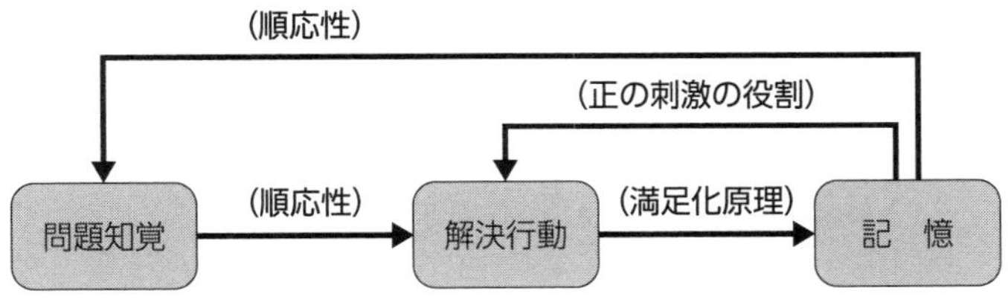

[図4-13]　サイモンによる個人の学習過程

が効果的かつ効率的に達成されるようになる，というのがサイモンの考えである。個人レベルの学習を指導するアドミニストレーション自体もこうしたプロセスにおいては学習していくのである。

4.3 シングルループ学習とダブルループ学習

サイモンの学習理論は，個人学習をベースにしながらも最終的には，アドミニストレーション（経営）レベルでの学習を議論したものである。この組織学習理論を深めたのが，先に紹介したC・アージリスである。アージリスは，組織における個人人格の発達阻害を回避する手立てを探るべく，「混合理論」を展開し，組織特性を概念化した。彼の狙いは，「組織開発（organization development）」なのだが，その議論を深めていくうえで，避けては通れないものとして，組織学習があった。

サイモンが認識していた組織としての価値前提と事実前提を，ルールあるいは手続きという用語に置き換えてアージリスは議論した。要するに，組織には共有されているルールと手続きがあり，それらの精緻化と発展が組織学習である，というようにアージリスは考えた。

その学習プロセスには，2種類あって，1つが「シングルループ学習（single loop learning）」で，他方が「学習棄却（unlearning）」を伴う「ダブルループ学習（double loop learning）」である。シングルループ学習は，フィードバックループが1つ，ということからこのように命名されたのだが，要するに，Aという事態が生じた場合にはBというアクションをとる，というように手続き的に定められたルールの適用によって，効果を観察し問題がなければ，そのまま当該ルールを保持する，というものである。

そのことをアージリスはサーモスタットになぞらえて記述している。ある電気回路が過熱状態（A）になったならば，その状態を解消するために，熱センサー感知のサーモスタットが機能し，一部回路を遮断し（手続きB），加熱状態が収まったら，回路が自動的に復元する，というルールである。

こうしたルールにおいて，期待要求が高まるにつれ，その内容は精緻化が求められていく。例えば，50℃超で回路遮断，35℃以下で回路復帰，という設定では回路が遮断される時間が長くなるので，回路遮断と復帰のベストな温度を探索する，というのが，シングルループ学習である。システムとして精緻化が進めば進むほど学習結果は強化されていく。そして強化されたルールは，絶対視されるようになる。

ところが，一歩下がって，ではなぜ発熱するのか，そのことを放置しておいて問題はないのか，という疑問が起きれば，発熱の原因究明へと進み，回路自体がより健全な状態に保たれるようになるかもしれない。この疑問が，学習棄却と呼ばれ，これまでの学習を棄却することによって，別の手続きとルールの探索が行われるようになる。すなわち2つ目のループが走り出す，というようにアージリスは考えたのだった。

誕生して間もない組織においては，手続きやルール自体が，さまざまな矛盾を抱えていて，おのずと学習棄却からのダブルループ学習は生じやすい。ところが，社歴も長く数々の成功体験によって存続してきた組織にでもなれば，手続きやルールは精緻化され，そう簡単には学習棄却できるような状況ではなくなる。組織文化とは，なぜそうするのか，ということを問うても「これまでこれでやってきたので」程度の回答しか得られない状態のときに顕在化する。文化は状況によっては，硬直を意味することにもなる。ではどうすればよいのか，というのが本章における最終課題である。

4.4　組織文化とその変革

4.4.1　組織文化の定義

S.P. ロビンスによれば，「組織文化とはその構成員が共有する意味システムで，これによってその組織が他の組織から区別される」とのこと，その詳細を検討していくと，最近の研究では，次の7つが主要文化特性である，ということである[31)]。

(1)　**イノベーション及びリスク志向**

従業員が革新的で危険を恐れないことがどの程度奨励されているか。

(2)　**細部に対する注意**

細部に対してどの程度の精巧さ，分析，注意を示すことが期待されてい

31）　ロビンス（2009），p.373。

るのか。

(3) **結果志向**

結果に到達する方法やプロセスよりも結果または成果そのものをどの程度重視しているのか。

(4) **従業員重視**

組織内の従業員への影響が意思決定においてどの程度重視されているのか。

(5) **チーム重視**

個人ではなくチームを中心とした活動がどの程度体系化されているのか。

(6) **積極的な態度**

安易な態度ではなく積極的で競争的な態度はどの程度か。

(7) **安定性**

成長よりは現状維持を重視する活動が組織の中でどの程度強調されているのか。

ただし，これらの主要特性は，マネジメント側が求めているある種，規範的な特性であって，価値中立的な記述とは言えないように思える。上でも述べたように，組織文化とは，会社としての事業の進め方とそこから生み出された手続とルールの集大成である。したがって，組織文化はこうあるべきだ，というものではなく，こうなってしまったので，これをどのように変えていけばよいのか，ということが議論の中心になると思われる。その際，ロビンスが示した文化特性は，1つの方向性を与えるものであるものの，解決策の提示にまでは至っていない，と考えるべきかもしれない。

4.4.2 文化に関する1つの試論

加護野忠男他（1983）は，事業そのものの性質とその事業への取り組み方を類型化し，次の4つの組織文化を提唱した（**図4-14**参照）[32]。今では，そこで紹介されていた会社そのもののも大きく変わっているとは思われるが，実際の社名よりも，その分類方法を参考にして頂きたい。

32） 加護野忠男他（1983）。図4-14は，p.229に所収。

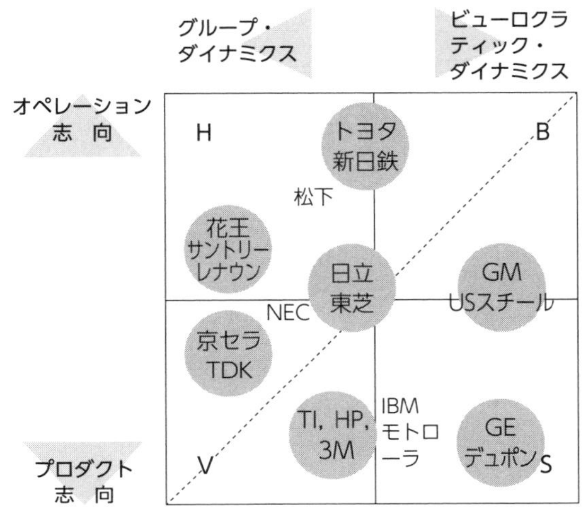

［図4-14］　組織文化の1類型

事業そのものが，プロダクト志向（モノづくり志向）なのか，オペレーション志向（サービス志向）なのか，事業への取り組みが，小集団（グループ）志向なのか，全社的機能別志向なのか，ということから「グループ・ダイナミクス」あるいは「ビューロクラティック・ダイナミクス」というように命名され，縦横の軸が構成された。

⑴　**H型（human relation）**

オペレーション志向で，小集団活動によって進めるところでは，集団で生産プロセスの精緻化に取り組み適応行動をはかるようになる。

⑵　**V型（venture）**

プロダクト志向で，小集団活動によって事業を進めるところでは，人や集団のダイナミズムを製品開発や新規分野への進出にかけようとする。

⑶　**B型（bureaucracy）**

オペレーション志向であって，かつ組織全体として機能的に進めようとすると，生産プロセスの効率化を重視しながら，改善改良努力を続ける，ということになる。

(4)　S型（strategy）

プロダクト志向でかつビューロダイナミクスの場合，効率化を重視しながらも，製品開発志向を展開することになる。

これらはあくまでも，論者たちが考える類型であって，実際それがどうであるか，ということについては，統計学的な実証も行われているが，一部の内容が確認された程度に留まっている。むしろ，ここで重要なことは，組織文化というものはいかようにも定義できる，ということであり，そしてその中身そのものよりも，変革するには相当な努力が必要になる，ということを意識しておくことである。

4.4.3　組織文化の変革マネジメント

組織文化とは，ワイク流に言えば，長年に亘って組織に保持されてきた「組立ルール」と「組み立てられるサイクル」の蓄積であり，数々の学習によって精緻化されてきた組織資源である。したがって，そう簡単に変革できるものではない。しかしながら，変革が求められる時もある。ではその時にどうすればよいのか。

システム論的に考えた場合，組織をオープンな状態に留めておく必要があるように思われる。ワイクが力説していたように，集団／組織は，常にそこでの多義性を除去し，認知・認識の組織化を図ろうとする。それが，集団／組織の凝集性を高めることになるからだ。コンピュータプログラミングを例にとれば，常にバグフィックス（プログラムとしての矛盾，冗長性等の排除）が行われ続ける。そうするうちにプログラムとして完成し，インプットに対して安定的なアウトプットを提供するようになる。安定的なプログラムのうえで，組織における価値を見出すのが文化なので，文化は閉鎖性・排他性を有している。

これらにどう対応すればよいのか。それが組織文化の変革に関するマネジメントだ。以下少々テクニカルな議論になるが，まず思いつくのが，劇的な危機が存在する，あるいは存在しているかのように，組織認識を共有する，という方法だ。閉鎖性・排他性を破壊する，という手法である。その最も典型的な手法は，会社のトップやそれに準じる役員クラスの交代である。不祥事対応の際などによく用いられる方法である。トップが交代しなくても，トップが危機感をもって，組織文化の閉鎖性・排他性に気づき，自己改革していく場合は，この限りではないが，それには，オープンシステムとしての強い意識が必要になる。

その場合，最も効果的な方法は，1つには「顧客対応型文化」，2つには「倫理的文化」の醸成に努めることである。いずれも，組織を取り巻く社会関係の観点から考えて，組織をオープンな状態に保つことになる[33]。

顧客対応型文化を醸成しようとすると，第1に社交的で親しみやすい従業員の採用が必要になる。第2に，サービス担当者には，さまざまな顧客のサービス要求に対応するため，裁量権が与えられなければならない。そのためには，第3に，組織内の手続きやルールの厳格な運用よりも顧客志向を優先する行動を許容する権限移譲が必要になってくる。

第4に，「傾聴スキル」が求められる。サービス担当者は，顧客が求めていることの真意をつかむ能力が必要で，そのことは，第5として，組織と顧客とをつなぐ「バウンダリースパナー（boundary spanner：境界連結者）」としての役割を求められることになる。組織と顧客との間のコンフリクト処理が常に組織に新たな価値を持ち込むことになり，そのことによって，第6に，サービス提供者は，「組織市民行動」，すなわち組織人としての役割と，一般市民としての役割とを共存させる行動，を行うようになるのだ。

最後に，倫理的文化について述べておくと，社会における組織という観点から，社会において求められている，法令順守姿勢及び倫理観を組織の中にも取り込もうとする努力のことである。組織は，ややもすれば，独自の文化，すなわち独自の道徳観，倫理観を醸成しそれを守ろうとする。例えば，「利益がなければ生活なし」「全体のための自己犠牲」といった種類のものである。一部，一般社会においても通用する価値観だが，これが極端になると，組織の暴走が始まる。そのため，一般社会における倫理を常に意識すべく，行動規範を整えておくのが，倫理的な組織文化である。

具体的には，上層部が常に自ら模範を示し，倫理基準を組織内に周知徹底し，定期的な倫理研修を行うだけでなく，倫理的な行動に対しては，褒賞を与え，非倫理的な行動を罰する，ということになろうか，と思われる。

33）　ロビンス（2009），pp.389-393。

◆参考文献

1　金井壽宏（1999）『経営組織』（日本経済新聞出版）

2　加護野忠男他（1983）『日米企業の経営比較―戦略的環境適応の理論』（日本経済新聞出版）

3　北野利信編（1977）『経営学説入門』（有斐閣）

4　John Stacey Adams（1965）, "Inequity in Social Exchange," *Advances in Experimental Social Psychology*, Vol. 2, pp.267-299.

5　Chris Argyris（1957）, *Personality and Organization: The Conflict Between System and the Individual*（Harper & Row Publishers, Inc.）＜クリス・アージリス（著）／伊吹山太郎・中村実（訳）（1970）『新訳　組織とパーソナリティー―システムと個人との葛藤』（日本能率協会）＞

6　Solomon E. Asch（1955）, "Opinions and Social Pressure," *Scientific American*, Vol. 193, No. 5, pp.31-35.

7　Greg R. Hackman & J. Richard Oldham（1980）, *Work Redesign*（Addison-Wesley）

8　David C. McClelland（1961）, *The Achieving Society*（Van Nostrand Reinhold）

9　Douglas M. McGregor（1960）, *The Human Side of Enterprise*（McGraw Hill）＜ダグラス・マグレガー（著）／高橋達男（訳）（1966）『企業の人間的側面―統合と自己統制による経営』（産能大学出版部）＞

10　Abraham H. Maslow（1970）, *Motivation and Personality, 2nd edition*（Harper & Row, Publishers, Inc.）初版は1954年出版。＜A.H. マズロー（著）／小口忠彦（訳）（1987）『改訂新版　人間性の心理学』（産業能率大学出版部）＞

11　Stephen P. Robbins（2005）, *Essentials of Organizational Behavior, 8th edition*（Prentice-Hall）＜スティーブン・P. ロビンス（著）／高木晴夫（訳）（2009）『【新版】組織行動のマネジメント―入門から実践へ』（ダイヤモンド社）, pp.88-89。＞

12　F.J. Roethlisberger & W.J. Dickson（1939）, *Management and the Work*（Harvard University Press）

13　James D. Thompson（1967）, *Organizations in Action: Social Science Bases of Administrative Theory*（Transaction Publishers）

14　Karl E. Weick（1979）, *The Social Psychology of Organizing, 2nd edition*（McGraw-Hill）. 初版1969年Addison-Wesleyから出版。＜カール・E. ワイク（著）／遠田雄志（訳）（1997）『組織化の社会心理学（原書第2版）』（文眞堂）＞

第5章

評価システム

これまで繰り返し述べてきたように，経営とは，法人（企業やNPO等）が有する資源（資産）を組織的・戦略的に活用し新たな資源（資産）を蓄積することを通じて，法人を持続可能な状態に保つことである。であれば，そうした経営の良し悪しを評価しなければならない。

そこで本章では，まず，会計学及びファイナンスの理論枠組みのもとでこれまで蓄積されてきた資産ベースの評価方法，すなわち経営分析と企業価値評価，を紹介する。次に，見えざる資産，すなわち資源をも含めた資源ベースの戦略的評価システムを紹介する。

第1節　資産ベース評価：経営分析

すべての法人は，財務諸表を作成することが求められている。株式を市場に上場している株式会社は，有価証券報告書という形で，財務諸表を一般投資家に開示しなければならない。非上場営利法人及び非営利法人については，財務諸表の開示義務はさまざまだ。例えば，学校法人は，助成金を国から受けている場合は，国（文部科学省）に対しての開示義務がある。しかし，いわゆる第三者に対してはその義務はない。こうした開示義務に関係なく，経営の良し悪しを判断するために，一般的に財務諸表を用いた経営分析が行われる。

財務諸表のうち，経営分析において主に用いられるのが，「貸借対照表（balance sheet：BS）」，「損益計算書（profit and loss statement：PL；income statement：IS）」，そして「キャッシュフロー計算書（cash flow statement：CS）」の財務3表である。非営利法人では，資金調達や設備投資等に関する現金の動きが活発でないため，CSは省略されることが多い。しかし，株式会社をはじめとする営利法人においては，CSの重要性は日増しに高まってきている。

それは，投資家保護と企業価値評価ニーズの高まりからである。

1.1　経営活動と財務３表

以下，営利法人，それも株式会社を念頭において議論するので，「法人」という用語ではなく，一般になじみ深い「企業」あるいは「会社」という用語を用いて説明していく。企業の経営活動は，簡単に言ってしまえば，株式や社債等を第三者に引き受けてもらうことによる「直接金融（direct finance）」，あるいは銀行等から借入する「間接金融（indirect finance）」によって資金を調達し，それを事業上必要な設備や建物等に投資し，営業活動を行い，新たな資金を獲得するプロセスである。

すなわち，経営活動は，①資金調達，②投資，③営業の３つの活動に分けることが可能である。ここにいう営業とは，日常会話で用いられている単にモノを販売するという意味での営業（sales）ではなく，operations，すなわち事業の操業，ということである。

直接あるいは間接金融によって調達した資金，及び企業が営業努力の結果，税金や配当金を支払った後に残った利益剰余金をもとに，企業は，借入金返済等の財務活動，設備投資等の投資活動，そして営業活動を行う。これらの活動の現金に関わる動きを，キャッシュフローといい，その計算書（CS）は，それぞれの活動区分に分けて現金勘定を記載していく。

第１章でも述べたように，企業は調達した資金や利益剰余金を信用（credit）として，各種資産を購入（debit）していく。その残高記録が，貸借対照表である。貸借対照表の貸方（credit）は，長短の負債（他人資本）と，資本金・資本準備金・利益剰余金等からなる純資産（自己資本）によって構成され，借方（debit）は**表5-1**のように構成される。

次に，ある会計期間の営業活動の損益に関して報告するのが，損益計算書である。「営業損益」「営業外損益」「経常損益」「特別損益」「当期純損益」の５つに区分される。上記の損益概念の関係は，以下の通りである。

営業損益　＝　売上　－　売上原価　－　販売及び一般管理費
経常損益　＝　営業損益　＋　営業外損益
税引き前当期損益　＝　経常損益　＋　特別損益

当期純損益 ＝ 税引き前当期損益 － 法人税等及びその調整額

売上原価には，原材料費や直接労務費，工場設備の減価償却費等が含まれる。営業外損益には，受取・支払利息，受取配当金，その他の営業外収益・費用が含まれる。また特別損益は，企業の通常の業務活動に関係せず，規則的また反復的に生じることのない臨時の利益や損失のことである。具体的には，土地建物等の売買による損益，長期有価証券の売買あるいは評価に伴う損益や為替損益等である。

［表5-1］ 資産の分類

大分類	小分類	摘 要
流動資産	当座資産	現金，預金，売掛金，受取手形，有価証券等流動資産の中でも特に現金化しやすい資産
	棚卸資産	製品，仕掛品，部品，原材料の在庫
	その他流動資産	短期貸付金（１年以内の返済を条件としした貸付け）や未収金（本業以外で発生したもの）
固定資産	有形固定資産	土地，建物，生産工場，機械などの設備
	無形固定資産	形は無いものの，収益に関する資産のこと。代表的なものは特許権，営業権等
	投資その他資産	長期的に保有する「株」等 子会社，関係会社等への出資
繰延資産		開業費，創立費，社債発行費，開発費等

1.2 経営分析の基礎

基本的な経営分析は，上記の財務３表のうち，BSとPLに基づき，「安全性」「収益性」「成長性」について評価する。CSについては，次項にてその定性的な分析を紹介する。

1.2.1 財務レバレッジ

総資本，すなわち他人資本（負債あるいは借入）と自己資本（資本金，資本準備金，利益準備金等）との総和における自己の資本比率は，次のように表される。

自己資本比率 ＝ 自己資本 ÷ 総資本（他人資本 ＋ 自己資本）

自己資本比率50％とは，ちょうど，他人資本と自己資本とが同額の状態であることを示している。この自己資本比率の逆数，すなわち，総資本を自己資本で除した数字は，「財務レバレッジ」と呼ばれ，次のように表される。

財務レバレッジ ＝ 総資本 ÷ 自己資本

この式が意味するところは，総資本は，自己資本の何倍の状態になっているか，すなわち経営に借入や負債等の他人資本がどの程度組み入れられているかを示している。他人資本の比率が高まれば高まるほど，財務レバレッジが利いた経営ということになる。レバレッジとは，梃子（てこ）のことで，少ない力でより大きな力を得る装置のことだが，その喩えから，他人の資本を組み入れることによって，企業が自己資本以上の大きな資本を手に入れて，事業を大きくすることができる，ということを意味している。

しかしながら，他人資本は自己資本と違って，支払義務がある。また，利払いが必要なものもある。それゆえ，財務レバレッジの利いた経営は，一般的にはハイリスクでハイリターンな経営，ということになる。

例えば，ソフトバンクはその典型で，今では，純粋持株会社ソフトバンクグループの１傘下企業となり，国内通信サービスを行う事業会社として位置付けられ，資産・資本規模も減少したが，2016年３月期の決算報告書では，総資本約20兆７千億円，うち純資産（自己資本）は，約３兆５千億円，財務レバレッジは，６倍強の会社であった。

因みに，その３年前2013年３月期時点では，総資本は約６兆５千億円，純資産は２兆１千億円程度で，わずか３年の間に資産規模（総資本）で，約３倍，純資産では約1.4倍の企業に膨れ上がっていたのだ。それは，米国スプリント等の数々の企業買収が大きな要因だと考えられる。文字通り，ハイリスクハイリターン経営である。

1.2.2　安全性・収益性指標

そうした経営の安全性をみるのが，安全性指標である。この指標については，

第1章第4節で紹介しているので，「流動比率」「当座比率」「固定比率」「固定長期適合率」といった各項目の内容解説は省略するが，固定長期適合率については，追記しておく。

東証1部上場企業の大まかな資産・資本構成だが，自己資本比率が40%，すなわち財務レバレッジが2.5倍である。繰延資産は無視できる程度のものであり，固定資産と流動資産の比率が1対1，流動比率が150%，ということからすると[1]，流動負債は，総資本の3分の1，約33.3%になり，固定負債は，同じく26.7%となる。

これらの数字からすると，東証1部上場企業の固定比率は，1.25となり，あまりほめられた数字ではない。しかし，固定長期適合率からすると，総資産の50%（固定資産）を総資本の66.7%（自己資本＋固定負債）で割ることになり，75%という結果が得られる。したがって，安全性上は問題ない，ということが言える。

次に収益性指標だが，これも第1章にて，ROA（総資産利益率）及びROE（純資産利益率あるいは自己資本利益率）として紹介しているので多くは語らないが，収益性指標には，「当期純利益率」「総資本回転率」「ROA」「ROE」，それに上記で取り上げた財務レバレッジが主な指標として含まれている。当期純利益率は，当期の純利益を売上高で除したもので，総資本回転率は，売上高を総資本（＝総資産）で除したものである。いずれも高ければ高いほど良い指標だ。

これら以外にも，投資家向けには，「株価収益率（price earnings ratio：PER)」「株価純資産倍率（price book-value ratio：PBR)」などもあり，収益性指標とみなしてもよいように思われる。それぞれ次式のように表される[2]。

PER ＝ 株価 ÷ 1株当たりの純利益（EPS：earnings per share）
PBR ＝ 株価 ÷ 1株当たりの純資産（BPS：book-value per share）

PERは，株価が1株当たり純利益の何倍まで買われているかを見る投資尺度である。現在の株価が企業の利益水準に対して割高か割安かを判断する目安と

1） 國貞克則（2016），p.121。
2） EPS／BPSともに，1株当たり（per share）は，発行済み株式総数（自社株取得分は除く）で，純利益／純資産を除した数字である。

して利用され，PERの数値は，低いほうが株価は割安，と判断される。同様に，株価が1株当たり純資産の何倍まで買われているかを見る投資尺度が，PBRである。現在の株価が企業の資産価値（解散価値）に対して割高か割安かを判断する目安として利用され，PBRの数値は低いほうが割安，と判断される。

ここで，ROA及びROEについても若干付言しておこう。ROAは，調達資本における資本構成の影響を可能な限り除いた上で収益性を評価することが望ましいため，具体的には，他人資本の影響を排除したいため，分子には，第1章（p.22）でも述べたように，事業損益を用いる。事業損益は，営業損益に営業外収益を加え，営業外費用を控除しない。それを簡略化して，営業損益あるいはEBIT（earnings before interests and taxes）を用いることもある。因みに，

EBIT ＝ 経常損益 ＋ 支払利息 － 受取利息

である。したがって，EBITは，営業外損益の多くを占める利息収支の影響を，経常損益から除去しているので，営業損益とほぼ同値になる。また，ROAの分母の総資産は期中に増減するため，期首と期末の平均値が用いられる。よって，

ROA ＝ 事業損益（あるいは営業損益，EBIT）÷ 期首期末平均総資産

となる。起業したばかりのベンチャー企業や中小企業においては，支払利息によって，収益が減じられていることがよくある（分子への影響）。そうした影響を排除して，本業においてどの程度の利益率になっているのか，支払利率よりもどの程度上回っているのか，ということを検討するのに，ROAは適している。

次に，ROEは，別名株主資本利益率といわれるように，当期純利益を自己資本（純資産）で除して求める。ここで，1つ注意しておかなければならないことがある。昨今は企業法人の持株会社化が進み，関係会社の範囲と規模がどんどん広がってきている。上場企業においては，単体での決算というのはほとんどなく，関係会社を含めた連結決算となっている。

そうすると，本体のみならず，子会社，関連会社の純資産もすべて，本社の自己資本（純資産）に加算されてしまうので，子会社，関連会社における本社持分以外の持分，すなわち「少数株主持分」を除かなければならない。さらに本社において，「新株予約権（いわゆるストックオプション）」があれば，それも除かなければならない。新株予約権はあくまで会社の自己株式として実現し

ていないからだ。

さて，経営分析を少し進めるにあたって，ROEは，次のようにも分解できるということを示しておこう。

ROE ＝ 財務レバレッジ（総資本／自己資本）× 総資本回転率（売上高／総資本）× 当期純利益率（当期純利益／売上高）

上記は，デュポンモデルあるいはデュポンシステムと呼ばれる式で，ROEを改善するには，どの要素に注力すべきかを見極めるための分解である。例えば，好況で当期純利益率が高まっているようであれば，財務レバレッジを利かせて，よりROEを高めることができるだろうし，売上高が減少しはじめているのであれば，純利益率を一定にしたうえで，資産・負債を圧縮させ，ROEを高めよう，というような財務戦略が考えられる。

1.2.3　活動性・成長性指標

企業としての活動性や成長性を見る指標もある。活動性分析の指標には，「棚卸資産回転期間」「売上債権回転期間」「仕入債務回転期間」等がある。

棚卸資産回転期間

棚卸資産とは，販売可能な製品及び仕掛品在庫，製品に組み込まれる部品や原材料在庫のことをいう。求める式としては次のようになる。

棚卸在庫回転期間 ＝ 棚卸資産 ÷ 月商

要するに，製品，仕掛品，部品，原材料の在庫期間を求める式で，それが短期間であればあるほど，それらが売上に貢献する頻度が増えることになる。すなわち活動性が高い，ということになる。

売上債権回転期間

同様に，売上債権回転期間の値が小さければ小さいほど，現金商売をしているということになる。すなわち，回収における安全性が高い，ということだ。そのため，安全性指標としても用いられなくもないが，アクティビティの高さゆえに，有利な現金商売を展開できるとも考えられるので，活動性の項目に含まれているように思われる。

売上債権回転期間 ＝ 売上債権 ÷ 月商

仕入債務回転期間

仕入債務回転期間は，少々多義的な指標である。それというのも，資金繰りの観点からすれば，売掛金や支払手形といった債務の支払いまでの期間が長ければ長いほど，有利（安全），と見なせるのだが，資金繰りが悪いので逆に支払を延期してもらい，結果として，当該回転期間が長くなっている，ということもありうる。それゆえ，月商が減少傾向にあるときは，要注意の指標である。

仕入債務期間 ＝ 仕入債務 ÷ 月商

また，上式では，月商（売上）で仕入債務を除した式を提示しているが，本来費目としての対応からすると，部品・原材料の仕入原価（売上原価）が用いられてしかるべきである。ただ，月商との対比が用いられるのは，売上規模の観点から評価することによって，活動性の評価に繋げよう，という考え方の現れだと思われる。

次に成長性分析だが，売上高増加率，営業・経常・純利益等の利益増加率，総資本（資産）増加率，純資本増加率，従業員増加率等々，いろいろな指標がある。ただし，これらは各項目に関する増加率がどの程度かを調べればよいので，それほど難しいことではない。

1.3 キャッシュフローの見方（CS分析）

経営分析の基礎を締め括るにあたり，CS分析を紹介しておこう。この分析は定性的なもので，それを定量化して企業価値評価に繋げようとするのが，第２節で紹介する企業価値評価で，ファイナンス理論の１つである。

表5-2は，理論的に考えられるCSのパターンである。それぞれについて，コメントしていこう。

① すべてのCFがプラスということは，資産売却（投資CF）や借入等（財務CF）によって，現金を潤沢な状態にしようとしている。買収等の大規模投資の準備としか考えられないキャッシュポジションである。

[表5-2]　CSのパターン

	①	②	③	④	⑤	⑥	⑦	⑧	⑨	⑩	⑪	⑫	⑬	⑭
営業CF	＋	＋	＋	＋	＋	＋	＋	－	－	－	－	－	－	－
投資CF	＋	－	－	－	－	＋	＋	＋	＋	－	－	＋	＋	－
財務CF	＋	＋	＋	－	－	－	－	＋	＋	＋	＋	－	－	－
期末残増減	＋	＋	－	＋	－	＋	－	＋	－	＋	－	＋	－	－

② 営業CF及び財務CFの双方がプラスで投資CFがマイナスということは，大規模な投資を行ったものの期末にはキャッシュ残を増やすことができた，という状態である。営業CFで稼いだ以上の投資で，キャッシュとしてはマイナスポジションへ落ち込み，それを財務ＣＦによって補填した，という状況である。

③ ②との違いは，財務CFによって，キャッシュを補填しきれなかった，という状況になる。

④ 投資CF，財務CFいずれについても，マイナスのポジション，すなわち現金を支出しているにもかかわらず，期末残高をプラスにするくらい豊富な営業CFを稼ぎだすことができている，と考えられる。

⑤ 営業CF以上に，投資及び財務支出を積極的に行い，結果として，期末キャッシュ残を減少させた，という状況だ。

⑥ 営業CFと一部資産売却によって，債務を一部返済し，期末残はプラスであったという状況である。

⑦ 営業CFと一部資産売却によって，債務を一部返済した結果，期末残はマイナスになったという状況である。

⑧ 営業活動の赤字を資産売却と借入等によって補い，期末のキャッシュ残をプラスにしたという状況である。

⑨ 営業赤字が資産売却と借入等によって補いきれず，結果，キャッシュ残を減少させたという状況である。

⑩ 営業で苦戦するものの，財務活動によって得たキャッシュをもとに投資活動を行い，その残によって，期末のキャッシュ残を増加させることができたという状況である。相当大きな額の調達が行われたと考えられる。

⑪ 手元資金を減少させながらも，財務活動による資金調達によって投資を行ったという状況である。

⑫　リストラが実施された状況である。すなわち，営業は赤字，投資CFがプラスということは，資産売却が行われたことを意味し，財務CFもマイナスなので，返済等が行われたと考えられる。ただ，その分キャッシュ残が増えた，ということは，現在はほとんど活用していない資産（休眠中の工場等）を売却することによって，相当なキャッシュを生み出すことが可能になったと考えられる。

⑬　営業活動が振るわない上に，資産売却を通じて，債務を返済しようとしている。厳しい状況だ。

⑭　理論的にはほとんど考えられないパターンである。なぜなら，営業が苦しく，借入等の返済も行われている状況で，投資活動を行っているからだ。ありえないとまでは言わないが，非常にレアなケースだと思われる。

どういう状況が経営状態としてよいかといえば，やはり④がよいように思う。営業がうまくいっていて，投資にも財務活動にも資金を振り分け，それでもキャッシュ残が増加しているからだ。

第2節　企業価値評価

企業価値評価には，大別して，インカムアプローチ，コストアプローチ，マーケットアプローチの3つがある。インカムアプローチは，将来期待される利得を，それを実現するうえで見込まれるリスクを考慮した割引率で割り引くことによって，企業価値評価を行う。このアプローチの代表的なものには，将来のフリーキャッシュフローを算定し評価する「DCF（discounted cash flow）法」や，株主が受け取る配当額から評価する「配当還元法」などがある。

コストアプローチは，ネットアセットアプローチ，あるいはストックアプローチとも呼ばれ，企業の純資産を基準に企業価値を評価する。会計上の純資産額に基づいて評価を行う「簿価純資産法」と，評価対象となる企業または事業の資産・負債のすべてを時価に置き換えて純資産を評価する「時価純資産法（または修正純資産法）」に分けられる。

そして，マーケットアプローチは，市場において成立する株価等の価格をもとに企業価値を算定する手法である。代表的なものとして，対象企業の株式時価を基準に評価する「市場株価法」と，対象企業と類似する上場企業の市場株価や，類似するM&A取引において成立した価格をベースに，一定の倍率を対象企業の経営指標に乗じることによって価値を導出する「類似会社比較法（またはマルチプル法）」がある。以下では，M&Aや事業分割の際に用いられるDCF法について，詳しく述べていく。

2.1　DCF法

資本コスト

M&Aや事業分割の際に用いられる標準的な企業価値評価手法は，DCF（discounted cash flow）法と呼ばれるものである。企業が存続可能（ゴーイングコンサーン：going concern）であることを前提として，将来にわたって生み出される各期のキャッシュフロー額を，現在価値に割り引いて，すなわち将来のある期から現在に至るまでの期間のリスク分を差し引いて，各期の現在価値を計算し，その総和を企業の現在価値とする考え方である。

何によって割り引くのかといえば，それは「資本コスト（capital cost）」である。資本コストとは，総資本維持のためのコスト（リスク率）であり，総資本が債務（＝他人資本）と自己資本（純資産）から成り立つことから，結局，債権者に支払う利子率と，株主に支払う配当率から構成される。

債務には，支払手形や買掛金も含まれるが，原則利払いが発生する有利子負債がその対象となる。次に株主資本だが，発行済み株式数から保有している自社株式持分を除いた数に，時価の株価を乗じた，いわゆる時価総額がベースになる。時価総額に対する配当総額（配当率）が，株主資本に対する資本コストである。有利子負債総額と時価総額との比率に基づき，利子率と配当率の加重平均をとった資本コストのことを，「加重平均資本コスト（weighted average cost of capital：WACC）」という。

WACC

式で表せば次のようになる。

$$R_V = \frac{D}{V}(1-t)R_D + \frac{E}{V}R_E \tag{1}$$

$$\textit{subjected to } V = D + E$$

$$\left[\begin{array}{r}R_V:\mathrm{WACC}\\R_D:\text{有利子負債に対する利子率}\\R_E:\text{時価総額に対する配当率}\\D:\text{有利子負債額}\\E:\text{時価総額（自社株保有分を除く）}\\t:\text{税効果（法人税率）}\end{array}\right.$$

(1)式において，右辺前項に$1-t$を乗じるのは，税金は損金計上することが可能であるため，コストの一部が税額によって免除される，すなわち，その分資本コストが引き下げられる，というように考えるからである。このWACCで，将来に得られる予定の各期の「フリーキャッシュフロー（free cash flow：FCF）を，現在価値に割り引くのである。

FCF

FCFは，企業が債権者及び株主に対して，債務返済，自己株式取得，利払い・配当等，いかようにでも振り分けることができる，文字通り誰からの制約も受けないフリーなキャッシュである。FCFは，4項目から成り立っており，次の通り定式化されている。

$$\begin{aligned}\mathrm{FCF} = &\ \text{税引後営業利益} + \text{減価償却費} - \text{設備等投資}\\&\pm \text{正味運転資本増減額}\end{aligned} \tag{2}$$

税引後営業利益とは，**1.2.2**（p.166）で説明した「営業損益」あるいは「EBIT」に（$1-t$）を乗じた数字である（t：実効税率)。そこに，費用として計上されるが，現金支出のない減価償却費が戻し入れられ，また設備投資等による現金支出額が差し引かれ，さらにキャッシュとして実現されていない売上債権と支払債務との差額，すなわち正味運転資本の増減（増の場合は差し引き，減の場合は戻し入れ）が組み込まれ，FCFは求められる。要するに(2)式は，損益計算書における収益・費用計上と，現実のキャッシュの出入りとを整合させるための処理である。

そこで，正味運転資本（売上債権と支払債務の差額）の増減について少し補足しておくと，売上債権は，キャッシュとしては実現していないものの，収益に計上され，同様に支払債務も，現金支出はないものの，費用に計上される。

したがって，正味運転資本の増減は，営業損益における未実現キャッシュの増減を意味することになるので，未実現部分を減・増し，現実のキャッシュ残に近づけようとしているのである。

基本式・定額モデル・定率モデル

では，企業の現在価値（present value：PV）はどのようにして求められるのだろうか。基本式から示すと，

$$PV = FCF_1/(1+\rho) + FCF_2/(1+\rho)^2 + FCF_3/(1+\rho)^3 + \cdots\cdots \quad (3)$$

となる。ρ が資本コストで，現時点のWACCが用いられる。i 期後のフリーキャッシュフローは，FCF_i と表記され，1に資本コスト ρ が加算された（$1+\rho$）の i 乗で除すことにで，i 期FCFの割引現在価値が計算される。1期後から i 期後までの総和が企業の現在価値となる。

なぜ，（$1+\rho$）の i 乗で除すことが i 期の割引現在価値かといえば，資本コストを負担し続けることによって，総資本が維持され，i 期の FCF_i を得ることが可能になる，と考えるからである。すなわち，（$1+\rho$）は企業にとって最低限要求される期間運用利回りであり，i 期後に FCF_i が得られるとすれば，その現在価値は，最低限の運用利回り（$1+\rho$）の i 乗で割った数値と同じになる，という発想である。

そこでさらに，FCFが今後も一定であると仮定すると，すなわち，

$$FCF_1 = FCF_2 = FCF_3 = \cdots\cdots = FCF \quad (4)$$

とすると，(3)式に（$1+\rho$）を乗じたものから，(3)式を引けば，

$$\rho PV = FCF(1-1/(1+\rho)^n) \quad (5)$$

が得られ，$1/(1+\rho)^n$ は，n が無限大になれば，ほぼ0なので，定額モデルでは，

$$PV = FCF/\rho \quad (6)$$

となる。

そして，定率モデルでは，FCFが第2期から定率 g だけ資本構成が成長すると仮定するので，各期のFCFは，FCF $(1+g)^{i-1}$，となり，それらが同じ

く $(1+\rho)^i$ で割り引かれる。すると，

$$PV=FCF_1/(1+\rho)+FCF_2\cdot(1+g)/(1+\rho)^2\cdots FCF_i\cdot(1+g)^{i-1}/(1+\rho)^i\cdots$$

となり，両辺に $(1+g)$ を乗じ，$(1+g)/(1+\rho)=\alpha$ とし，FCF_i は(4)式と同様，簡略化のため，定額であるとすると，

$$(1+g)PV = \alpha FCF + \alpha^2 FCF + \cdots + \alpha^i FCF + \cdots$$

となる。

右辺は，n が無限大になれば，$\alpha/(1-\alpha)\times FCF$ となるので，$(1+g)/(\rho-g)\times FCF$ になり，結果，

$$PV=FCF/(\rho-g) \tag{7}$$

が得られる。要するに，資本コストを支払う以上に，FCFを成長させることができるのであれば，企業価値をより高めることができる，ということになる。そのことを，シミュレーションによって確認してみよう。

モデルのシミュレーション

企業成長と企業価値の関係を知るために，定率成長モデルと資本コストとの対比から考察する。モデルの前提は，税金は考慮せず，期首の自己資本を1,000，利益100，ROE（自己資本利益率）は10%で一定とする。内部留保率，すなわち自己資本成長率を，２%，４%，６%と変化させた場合，資本コストも同様に，８～12%までの間で変動させたときに，その関係で企業価値はどうなるのかのシミュレーションを行った。それが**表5-3**である。

４%の定率成長（内部留保率）のところ（網掛け部分）に注目して比較すれば，ROEが資本コストを上回っている状況であれば（資本コスト８%），内部留保率が高くなればなるほど，企業価値の理論値は高くなる。しかし，資本コストのほうがROEよりも高い状況では（資本コスト12%），内部留保はむしろ企業価値を減少させることになる。そうなるのは，資本を維持するコストのほうが利益率よりも高くつくからだ。

したがって，ROEと資本コストが同一の場合，内部留保の利率いかんにかかわらず，企業価値はすべて同じ，という状態になる。「長期的には，企業の株式価値はROEと株式資本コストとの関係で決まる。長期にわたって，株式

［表5-3］　成長率と資本コストとの関係

ROEと資本コスト	成長率（再投資比率）	定率成長モデルによる企業価値評価
＜ケース１＞	０％（ゼロ）	100÷８％＝1,250
ROE（10%）	２％（２割）	80÷(８％－２％)＝1,333
＞資本コスト（８％）	４％（４割）	60÷(８％－４％)＝1,500
	６％（６割）	40÷(８％－６％)＝2,000
＜ケース２＞	０％（ゼロ）	100÷10%＝1,000
ROE（10%）	２％（２割）	80÷(10%－２％)＝1,000
＝資本コスト（10%）	４％（４割）	60÷(10%－４％)＝1,000
	６％（６割）	40÷(10%－６％)＝1,000
＜ケース１＞	０％（ゼロ）	100÷12%＝833
ROE（10%）	２％（２割）	80÷(12%－２％)＝800
＜資本コスト（12%）	４％（４割）	60÷(12%－４％)＝750
	６％（６割）	40÷(12%－６％)＝667

資本コスト以上のROEを生み出すことが期待される企業は，経済的な価値が付加され市場価値が簿価を上回る」[3]ことになる。

2.2　DCF法適用の実際

2.2.1　ターミナルバリュー

DCF法を企業価値評価に適用するに際して，必要になるのは，各期のFCFとWACC，それに「ターミナルバリュー（terminal value：TV）」である。TVは，企業価値評価をDCFで計算するにあたって，企業はゴーイングコンサーンで無限に事業を継続しているということを前提としているが，実際は，無限期のFCFを予測することは不可能であるため，将来FCFの予測期間を定め（例えば，５年）[4]，それ以降のFCFは定率で成長するとし，その期間以降

3） 砂川伸幸・笠原真人（2015），p.33。

4） 予想期間の長さは，事業内容や投資回収の期間に応じて定められる。安定的なFCFが得られると予想される期間や，あるいは投資がほぼ回収可能であると予想される期間等に基づき設定される。

の企業価値を代理する値として用いられる。

TVをもとにした企業の推定現在価値を，PVではなく，以降EV（enterprise value）と呼ぶことにしょう。事業としての現在価値，というような意味あいである。PVが，無限期間に基づく現在理論価値であるとすれば，EVは有限期間のTVを念頭に置いた現在価値ということになる。

$$EV = FCF_1/(1+\rho) + FCF_2/(1+\rho)^2 + FCF_3/(1+\rho)^3 + \cdots + FCF_H/(1+\rho)^{\mathrm{H}} + TV_H/(1+\rho)^{\mathrm{H}} \tag{8}$$

上式は，予測期間がH期までの事業価値計算式である。H期以降のTV，すなわち定成長率，定率ROE，定率資本コストρを前提とした$H+1$期以降の累積額は，(7)式より，

$$TV = FCF_{H+1}/(\rho - g) = FCF_H(1+g)/(\rho - g) \tag{9}$$

となる。(8)式に示されている通り，このTVを予測最終期と同じ期数（H）で割り引くのは，TV分が最終期に加算されたと考えるからである。

そこで，税金が存在せず，ROEは定率10%，再投資（内部留保）は定率40%，期首の自己資本が1,000の事業体で，借入金がなく，予測期間が３年，４年目以降も同じ状況が続くとするシミュレーションを行うことにする（**表5-4**）。

［表5-4］ TVに関するシミュレーション

	1年目	2年目	3年目	4年目以降
①期首自己資本	1000	1040	1081.6	４%定率成長
②ROE	10%	10%	10%	10%定率成長
③利益（①×②）	100	104	108.16	４%定率成長
④配当（配当性向６割：③×0.6）	60	62.4	64.896	
再投資（内部留保：③×0.4）	40	41.6	43.246	
期末自己資本	1040	108.16	1124.816	
FCF＝利益－再投資＝配当	60	62.4	64.896	
FCF成長率	４%	４%	４%	
資本コスト	６%	６%	６%	６%一定

TVをベースにしたEV（enterprise value）は，以下のように計算される。ここで4年目以降のTVは，

$TV = 64.896 \times (1+0.04)/(0.06-0.04) = 3374.592$となり，求められるEVは，

$$EV = 60/(1+0.06) + 62.4/(1+0.06)^2 + 64.896/(1+0.06)^3 + 3374.592/(1+0.06)^4 = 3000$$

となる。要するに，このモデルでは，すべて定率の利益率・資本成長率・資本コストなので，第1期のFCF＝60を資本コスト6％とFCFの成長率4％の差で除した値と同じになるのである（p.174，(7)式参照）。

2.2.2　WACCの推定

上記のシミュレーションでは，資本コストも単純化されていたが，実際の運用となると，自社に関する資本コストであれば，正確に把握することは可能だが，他社となるとWACCは推定しなければならなくなる。そこで代用されるのが，格付機関などが提供する格付け情報に基づく「負債コスト」と，同様の機関が提供する情報をもとにしたCAPM（capital asset pricing model）理論から算出される「株式資本コスト」である。

負債コスト

負債コスト　＝　リスクフリーレート（長期国債利率）　＋　信用スプレッド

標準的な長期国債の利率平均をリスクフリーレート（リスクがない利率）と考え，これに事業を行う上でのリスクを，格付投資情報センターや日本格付研究所等の格付機関が提供する企業の信用スプレッドを上乗せすることで，負債コストを求める。

株式資本コスト（CAPM）

株式資本コスト（CAPM）　＝　リスクフリーレート（長期国債利率）
　＋　β値　×　マーケットリスクプレミアム

というように表す。CAPMは，負債コストと同じく，リスクフリーレートを

基本とする。上式の通り，リスクフリーレートに，マーケットリスクプレミアムと個別企業のβ値を乗じた数値を上乗せした値が，CAPM値である。マーケットリスクプレミアムとは，株式市場全体の利回りと，リスクフリーレートとの差を意味する。例えば，東京証券取引所第１部上場全銘柄の加重平均利回り[5)]と，リスクフリーレートとの差などである。

β値は，マーケット全体から見た個別企業の乖離度合である。β値が高ければ高いほど，ハイリスクな株式ということになる。β値，マーケットリスクプレミアム，いずれも証券会社等，情報提供機関から取得可能である。以上のようにして求めた負債コストと株式資本コストをもとに，WACCを推定することが可能になるのだ。

2.3 クロスボーダーバリュエーション

本節を閉じるにあたって，最後に国際資本取引に関係するクロスボーダーバリュエーションについて解説しておこう。クロスボーダーとは，国境を越えて，という意味で，当然のことながらそこには為替というものが介在する。為替が介在すれば，当然のことながら，クロスボーダー市場間での金利格差も関係してくる。

2.3.1 金利平価

投資の世界では，完全（情報完備）市場であれば，いずれの市場に投資してもリターンは一定になると考える。例えば，日本とタイの２国間において，日本でのリターンが大きくなると，資金は一方的に日本に流れ，タイの通貨，バーツは崩壊してしまう。そうならないために，日本とタイのいずれに投資してもリターンが等しくなるように，為替先物レートは決まる。

仮に，日本のリスクフリーレートが１％，タイのそれが４％，円とTHB（タイバーツ）の為替レートを，計算しやすくするため１THB＝４円としよう（2021年11月末時点：１THB≒3.5円）。投資家Aは，日本の長期国債（リスク

5）　時価総額をベースに計算するので，加重平均となる。

フリーレート）100万円を，投資家Ｂは，同様にタイの長期国債に100万円を投資して，１年後の価値が為替換算でいずれの国に投資したとしても円換算で同じようになるように，為替先物は定められる。

すなわち，税金の支払いがないという状況下で，日本国債に投資した場合１年後の価値は，100万円×101％なので101万円である。タイ国債に投資した場合，100万円÷４円/THB＝25万THBが，１年後25万THB×104％では，26THBとなる。これが101万円と換算されるように，為替先物は決められる。結局，101万円÷26万THB＝3.88円/THBが為替先物の理論値である。

要するに，リスクフリーレートの違いによって，為替先物は割り引かれることになる。

４円/THB　×　1.01　＝　１年後の為替先物　×　1.04　なので，

為替先物　＝　４円/THB　×　1.01　/　1.04　＝　3.88円/THB　となり，２年後では，$(1.01/1.04)^2$，３年後では，$(1.01/1.04)^3$ で割り引かれることになる。

では，無限期間で割り引かれるとなるとどうなるのだろうか。すべての条件が同一であるとすると，理論上，THBの円為替先物は０になってしまうが，現実にはそのようなことにはならない。為替の先物も市場における需給によって決まるからだ。その需給バランスの目安となるのが，先ほどから紹介しているリスクフリーレートの相違であるが，それ以外の要因，例えばGDPの成長率やカントリーリスク等も影響する。日本とタイとの為替先物は，リスクフリーレートを含めさまざまな要素のもとで，リアルに先物取引が行われているのである。

2.3.2　クロスボーダーにおけるFCF評価

次に，タイでの事業に投資しそれによって得られるFCFを評価することにしよう。タイ及び日本でのリスクフリーレート（金利）は，変わらず４％と１％とし，スポットレートも１THBが４円としよう。そして，日本円での資本コストは６％としよう。FCFの計画が仮に**表5-5**（次頁）であったとする。すなわち，初年度に600百万(M)THBの投資を行い，１年後には180M，２年後には240M，３年後には300MTHBのFCFが得られるという資金計画である。

それをもとに，為替の変動を考慮に入れて，タイでの投資を日本円及び日本での資本コストで評価したNPV（割引現在価値）を求めると，**表5-6**のようになる。

［表5-5］ FCF計画

年	0	1	2	3
FCF (単位：MTHB)	−600	180	240	300

［表5-6］ NPVの計算

年	0	1	2	3
FCF (単位：MTHB)	−600	180	240	300
為替レート	4.00	3.88	3.77	3.66
円建てFCF (単位：百万円)	−2400	698	905	1098
NPV（6％） (単位：百万円)	$-2400+698/1.06+905/1.06^2+1099/1.06^3=-11.7$			

もちろん，これをTHB建てで計算することも可能である。円とTHBとの金利格差に注目し，タイでの資本コストを計算すればよいのである。

資本コスト（THB） = 1.06（円建て資本コスト） × 1.04（タイでの金利）/1.01（日本での金利） = 1.0915

すなわち，9.15％というように，資本コストをTHB建てで換算することができる。そうすると，**表5-7**のようになる。−2.922MTHBは，現時点の円換算では，−11.7百万円となり，**表5-6**の結果と一致する。

［表5-7］ THB建てNPV

年	0	1	2	3
FCF (単位：MTHB)	−600	180	240	300
資本コスト	9.15％			
NPV (単位：MTHB)	$-600+180/1.0915+240/1.0915^2+300/1.0915^3=-2.922$			

ここまでくれば，最終的な事業（企業）価値評価（EV）にまで進めることができる。価値評価を行う上で，必要になるのは，ターミナルバリューだけである。今ここで，4年目以降は，5％成長を続けると仮定しよう。**2.2.1**のターミナルバリュー(9)式を参照すれば，次のように計算することが可能である。

$$300\times(1+0.05)/(0.0915-0.05)=7593$$

初期投資額の－600はEVには関係しないので，この7593を1.0915の3乗で割り引き，**表5-7**に基づき，1年後から3年後までのNPVに足し込めば，事業（企業）価値評価が，6436.4MTHBとして求まる。日本円にして，25745.7百万円である。

現在，タイで5％成長が可能であるとすることは，タイでの金利4％，日本での金利1％を考慮すると，すなわち，金利格差を考慮に入れて，タイでの成長率を日本のそれに置換するとなると，$(1+0.05)(1+0.01)/(1+0.04)=1.0197$となり，約2％成長ということになる。**表5-5**に基づき，円建てでのTVを求めると，27819百万円となる。これを日本での資本コストで割り引き，同様に1年後，2年後，3年後のFCFも資本コストで割り引き合算すると，やはり同じく，25745.7百万円となる。

2.3.3　カントリーリスクとソブリンスプレッド

以上の議論はあくまでも成長格差，金利格差だけを考慮したシミュレーションであったが，新興国等においては，政治リスク，地政学リスク，環境リスク等々，さまざまなリスクが存在する。そうした国としてのリスクのことをカントリーリスクと呼ぶ。カントリーリスクは，さまざまな指標に影響され構成されるが，ファイナンス分野で主に扱われるのは，各国国債の格付けである。

ソブリンスプレッドと呼ばれるもので，米国国債を基準に考え，カントリーリスクが高いと思われる国ほど，スプレッドは大きくなる。先進国は，スプレッドが小さく，新興国，フロンティア国へと進むにつれて，スプレッドは大きくなる。次頁，**図5-1**に示されている通り，カントリーリスクプレミアム（country risk premium：CRP）は，資本市場の観点からのカントリーリスクが反映された指標ということになる。

[表5-8]　先進国・新興国・フロンティア国の分類 6)

分　類	国　名・地　域　名
先進国市場	オーストラリア，オーストリア，ベルギー，カナダ，デンマーク，フィンランド，フランス，ドイツ，香港，アイルランド，イスラエル，イタリア，日本，オランダ，ニュージーランド，ノルウェー，ポルトガル，シンガポール，スペイン，スウェーデン，スイス，英国，米国
新興国市場 (Emerging)	ブラジル，チリ，中国，コロンビア，チェコ，エジプト，ギリシャ，ハンガリー，インド，インドネシア，韓国，マレーシア，メキシコ，ペルー，フィリピン，ポーランド，ロシア，南アフリカ，台湾，タイ，トルコ
フロンティア国市場 (Frontier)	アルゼンチン，バーレーン，バングラディシュ，ブルガリア，クロアチア，エストニア，ヨルダン，カザフスタン，ケニア，クウェート，レバノン，リトアニア，モロッコ，モーリシャス，ナイジェリア，オマーン，パキスタン，カタール，ルーマニア，セルビア，スロベニア，スリランカ，チュニジア，ウクライナ，UAE，ベトナム

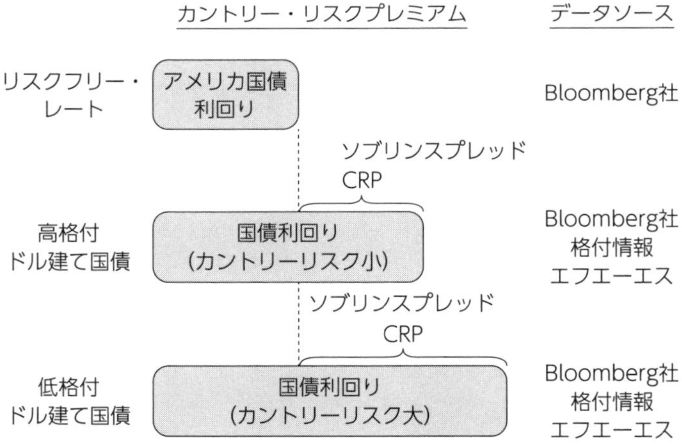

[図5-1]　格付けとカントリーリスクプレミアム 7)

次に株式市場のデータを用いてカントリーリスクを評価する方法もある。相対ボラティリティ（relative volatility），すなわち2国間の株式市場のボラティリティ比較だ。ボラティリティとは変動のことを意味するので，株式市場にお

6）　砂川・笠原（2015），p.137参照。
7）　同上，p.138。

いては多くの場合，収益率の標準偏差を用いて比較する。

例えば，ブルームバーグ社などのデータベースから，過去5年（60カ月）にわたるアメリカ株価指数のボラティリティが，20%と導出されたとする。これに対して新興国のボラティリティが24%だとすると，相対ボラティリティは，24÷20＝1.2というように求められる。米国市場のマーケットリスクプレミアムが仮に6%だとすると，当該新興国のリスクプレミアムは，6%×1.2＝7.2%となり，1.2%がカントリーリスクと評価される。

前のセクションでも述べたが，カントリーリスクは，全て金利に反映され，企業の成長率や資本コストに跳ね返ってくる。これらを含めて，クロスボーダーのバリュエーションを理解しなければならない。

第3節　資源ベース評価：バランストスコアカード

以下は，いわゆる資源ベースだけの評価，というよりも，財務の視点に加えて，顧客・業務プロセス・イノベーションと学習，という視点を盛り込み，総合的に企業価値を高めていくにはどうすべきかに関する方法論である。以下，ロバート・S. キャプラン（当時，ハーバードビジネススクール教授）とデビッド・ノートン（当時，コンサルタント会社社長）が，1992年にHarvard Business Review誌[8)]上に発表した業績評価システム，すなわちバランストスコアカード（balanced scorecard：BSC，あるいは「バランススコアカード」ともいう）について紹介する。

BSCの考え方はいたって簡単で，「財務の視点（financial perspective）」は最終結果であり，それら以外の3要素，すなわち「顧客の視点（customer perspective）」「業務プロセスの視点（internal business perspective）」「イノベーションと学習の視点（innovation and learning perspective）」が相互に好影響を与えることによって，財務を含め企業経営は健全化していく，というように考える。構造的に示せば，**図5-2**（次頁）のようになる。

8）　Kaplan & Norton (1992), pp.71-79。

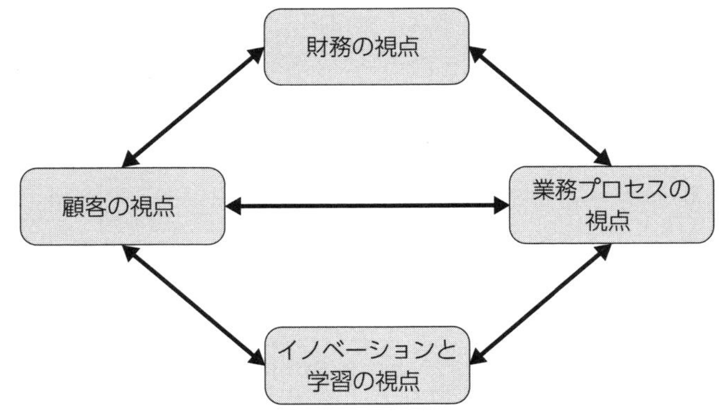

[図5-2]　BSCに関連する4つのメジャー（尺度）

3.1　財務の視点

財務の視点に導入される標準的な考え方は，まず事業を「成長期」「持続期」「収穫期」といった3期に分けることである。プロダクトライフサイクル仮説に通じる考え方だが，売上規模が成長している時期（成長期），売上規模がコンスタントな時期（持続期），売上規模が逓減し始める時期（収穫期），の3つに分けて，それぞれの時期に適した戦略的な財務上の評価尺度があると考える。

さらに，財務上の戦略テーマ，すなわち「戦略的財務テーマ（strategic financial theme）」を導入する。①収益の成長及び新製品・サービスのミックス，②原価低減及び生産性の向上，及び③資産の有効活用及び投資戦略，の3つである。これらの戦略テーマは，戦略論的に考えた場合，差別化，コストリーダーシップ，及び出口戦略，という概念とフィットする。つまり，①は差別化に，②はコストリーダーシップに，そして③は出口戦略と関連性が深い。

そうすると，**表5-9**の網かけ箇所が，各期の中心（主）テーマになる。成長期は①と，持続期は②と，そして収穫期は③と深く関わっているのだ。

この観点から，各期における主テーマ以外の副テーマを見ていくと，成長期では，収益性の向上や，R&D率や投資率，というように積極的な展開を求める指標が選択されている。持続期では，コストリーダーシップということから，①のテーマについては，売れ筋・死に筋の検討を中心に，収益率の高い顧客向けの製品ラインナップづくりや，③では，資産の効率的利用と安全性に関する

［表5-9］　戦略的財務テーマの業績評価表[9]

ビジネスユニットの戦略	戦略的財務テーマ 収益の成長と新製品・サービスのミックス（①）	戦略的財務テーマ 原価低減及び生産性向上（②）	戦略的財務テーマ 資産の有効活用及び投資戦略（③）
成長期（Growth）	●セグメントの売上成長率 ●新製品・サービスの顧客別収益率	●従業員1人当たりの収益	●投資額（対売上比率） ●R&D額（対売上比率）
持続期（Sustain）	●ターゲット顧客とアカウントのシェア ●多方面への販売 ●新規用途の収益率 ●顧客と製品系列の利益率	●自社対競合他社のコスト ●原価低減率 ●売上高に対する間接費率	●運転資本率（キャッシュのサイクル） ●重要資産に関する使用資本利益率 ●資産活用率
収穫期（Harvest）	●顧客と製品系列の利益率 ●利益性のない顧客の比率	●単位当たりコスト（製品1単位当たり）	●回収期間 ●スループット時間

指標が重視されるようになっている。そして，収穫期では，出口戦略ということから，持続期以上の顧客・製品の絞り込み，コスト削減の徹底が求められるようになっている。

3.2　顧客の視点

図5-3（次頁）は，顧客の視点に関する一般的な業績評価指標である。ここで，注意をしなければならないのは，「市場占有率」と「顧客の収益性」との間において，直接的な関係が存在しないことだ。理由は，市場占有率が高かったとしても顧客1人当たりの収益性が高いとは限らないし，逆に顧客の収益性が高くても市場占有率が高いとは限らないからだ。

顧客の視点については，マーケティング競争戦略論から考えていけば難しいことではない。第2章で示したアンゾフの市場戦略の大分類，すなわち「市場浸透」「製品開発」「市場開発」「多角化」と，ポーターの戦略オプション，すなわち「集中」「差別化」「コストリーダーシップ」とを中心に考えていけばよい。

9）Kaplan & Norton (1996)。<キャプラン=ノートン（2011）>

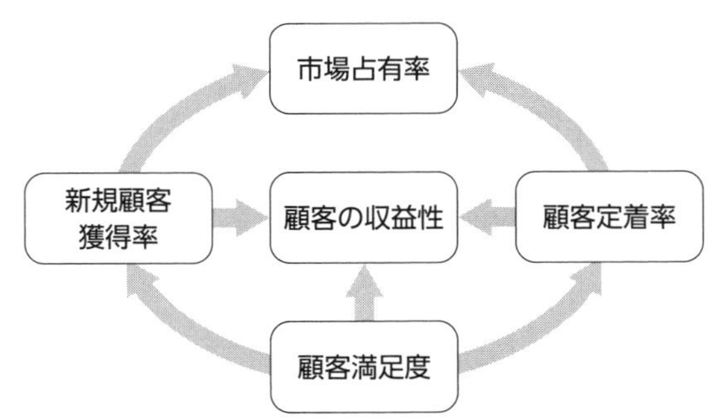

市場占有率	ビジネス・ユニットが販売している市場におけるビジネスの割合を反映する（例えば，顧客数，消費額，販売量など）。
新規顧客獲得率	新規顧客または新規ビジネスをビジネス・ユニットが獲得する割合を測定・評価する。
顧客定着率	顧客関係をビジネス・ユニットが維持する割合を追跡する。
顧客満足度	価値提案プログラムにおける特定業績基準に沿った顧客の満足水準を評価する。
顧客の収益性	顧客を支援するために必要な経費を差し引いた後の顧客または市場セグメントの収益を測定・評価する。

［図5-3］　顧客の視点に関する主要業績指標[10)]

マーケティング競争戦略において最も重要なことは，どのような市場セグメントに製品・サービスを提供するか，ということである。ポーターは，差別化とコストリーダーシップ戦略は，セグメント全体をターゲットとするとしていたが，差別化を展開するにしても，どのような顧客を中心にどのような価値を提案していくかが求められる。また，コストリーダーシップも同様で，どのような顧客が商品のコストパフォーマンスの良し悪しに反応してくれるかを見極めることが重要になる。

新規市場創造，新市場への展開，ということになればなおさらのこと，商品として価値命題が肝要になるし，それなくしては新たな市場セグメントの創出には繋がらない。市場のセグメント化は，ターゲットとする顧客の満足度をまず高めて，次に新規顧客の獲得率と定着率を高めることができれば，おのずと

10）　キャプラン=ノートン（2011），p.74。

市場占有率か収益率のいずれか，あるいは双方を高めることが可能になる。

では，この占有率と収益率いずれかを優先するとした場合，どちらを優先すれば良いのか。これまた第２章で紹介したPPM（プロダクトポートフォリオマネジメント）の教えるところによれば，市場（セグメント）が成長している間は，シェアを優先すべきだ。市場が成熟・衰退する時期においていわゆる勝ち組となり，ブランドイメージのもと高い収益を得るためである。したがって，収益率を優先する時期は，市場が成熟・衰退する時期だということになる。

図5-3において，もう少し説明しておかなければならないことがある。それは，「顧客満足度：価値提案プログラムにおける特定業績基準に沿った顧客の満足水準を評価する」である。一般モデルからすれば，顧客にとっての価値は，**図5-4**のように表せる。

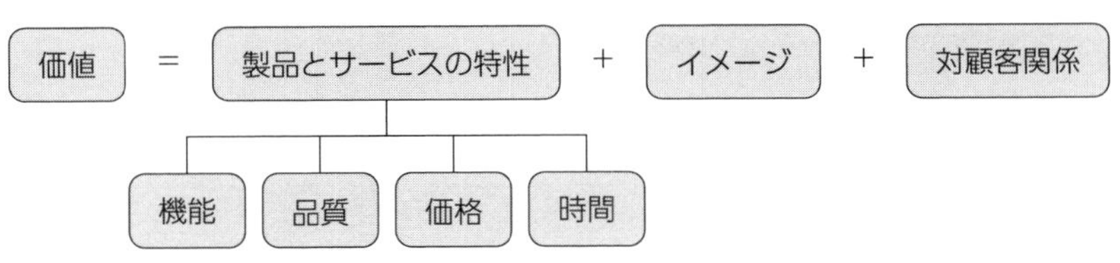

［図5-4］　価値提案の一般モデル[11)]

このモデルのもとで，例えば，リテールバンク（一般銀行）に適用した場合，日本の銀行のように価格における競争がほとんどない状況での機能としては，さまざまな金融商品，サービスの提供（取扱い商品の幅），ということになり，品質としては，情報・知識，ということになる。時間については，顧客が望む取引時間でかつ時間を要しない，ということが求められる。そして，サービスイメージとして重要になるのは，豊富な知識で，対顧客関係面では，地の利などの利便性，個人的なアドバイス，さらには迅速な対応というものが業績評価指標に入ってこようかと思われる。

Ｂ２Ｂの素材メーカーなどでは，納品先からの納期や品質などの要求はもっと強まるだろうし，商品イメージや顧客関係における提案力なども重要になるであろう。要するに，業種・業界・顧客によって，これらの価値提案プログラ

11）　同上，p.80。

ムの内容は変化する。それゆえに，ビジネスモデルをも組み込んだ形での検討が求められる。

例えば，あるメーカーでは，**表5-10**のようにAからFの顧客に各項目の評価を依頼しているところもある。いわゆるアンケートによる回答によって，点数化するという試みだ。あるいは，ディーラーによる間接販売を導入しているような業種においては，**図5-5**のような指標を導入しているところもある。

[表5-10]　顧客満足度の指標化[12)]

基　準	顧　客						平均満足度
	A	B	C	D	E	F	
1．安全性	9	8	8	10		8	8.6
2．進捗度管理	9	6	7				7.3
3．作業時間に対する休止時間の比率	9	5	4				6.0
4．タイムリーな提案	9	4	5				6.0
5．最小限の提案変更	9	5	6				6.7
6．正直でオープンな請負人	4	7	7	10			8.3
7．弾力性	9	4	7		9		7.3
8．契約上の対応	8	5	7		9		6.7
9．エンジニアリング・サービス	8	7	7				7.3
10．仕事の質と自覚	10	6	8		8	7	7.8
11．貨幣の価値	7	6	6	10	9	7	7.2
12．提供設備の標準	9	7	7			8	7.8
13．人材の質	10	7	7	10		8	8.5
14．原価低減の革新性					7		7.0
15．製品の質				10			10.0
16．チームの団結とチーム・スピリット			7				7.0
満足度指数	8.8	5.9	6.6	10.0	8.4	7.6	7.9

12）同上，p.88。
13）同上，p.90。
14）Michael Hammer & James Champy（1993）。<ハマー=チャンピー（1993）>
15）キャプラン=ノートン（2011），p.105。

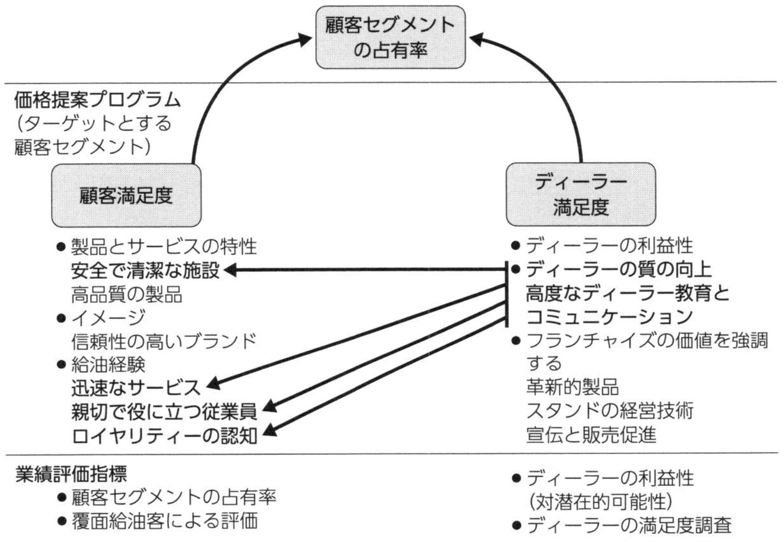

[図5-5]　間接販売における業績評価指標[13)]

3.3　業務プロセスの視点

組織内部のビジネスプロセスについては，それこそハマー=チャンピー(1993)が提唱したビジネスプロセスリエンジニアリング（business process reengineering：BPR）という概念[14)]も手伝って，業務連携の重要性はかねてより指摘されてきた。BSCではそれを顧客視点と密接にリンクさせて**図5-6**のような業務プロセスをイメージしている。

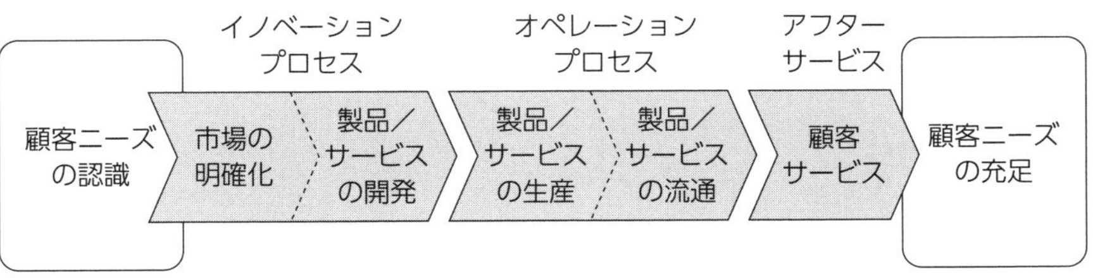

[図5-6]　業務プロセスの視点―バリューチェーンモデル[15)]

イノベーションプロセスとは，要するに新商品開発の段階であり，顧客ニーズを把握したうえで，自社所有の技術等をベースに，最もそのニーズが実現しやすい市場を明確化し，新製品／サービスを開発する，あるいは既存商品を改良する，というプロセスである。その際用いられる業績評価指標には，①新商品売上高の割合，②主力商品売上高の割合，③自社投入新商品件数と競合他社の投入新商品件数との割合，④生産能力（例えば，工場稼働率），⑤次世代製品の開発期間などがある。

HP（ヒューレットパッカード）社は，下図のような製品開発サイクル指標を導入したことがある。要するに，調査研究段階から開発時間を経緯して，市場投入後どの程度の時間で損益分岐にまで至ったのか，ということを知る指標だ。

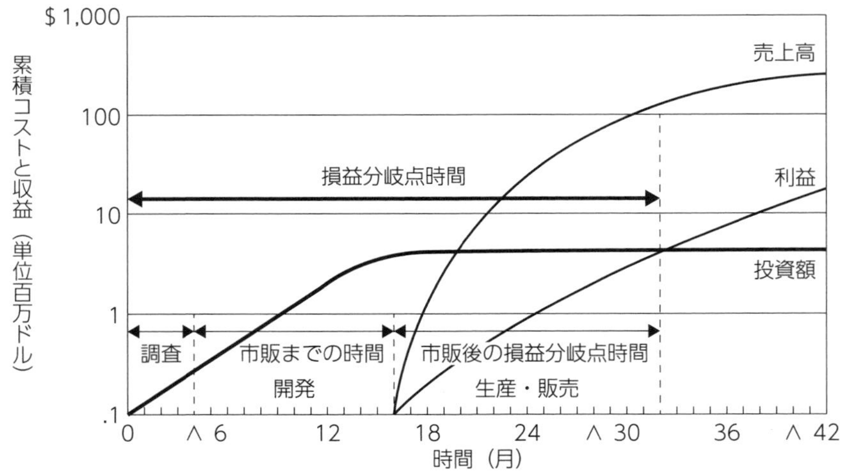

［図5-7］　損益分岐点時間表[16)]

次にオペレーションプロセスだが，これは，顧客から注文を受けることから始まり，顧客に製品やサービスを提供して終了する。このプロセスでは，いかに効率よく製品／サービスを生産しそれを顧客に提供するかにかかっている。生産管理・供給管理・物流システムといったオペレーションズリサーチが得意とする領域である。原価計算や予算と実際の差異分析などはその中心にある。

16）　同上，p.112．原典，House & Price（1991），pp.92-100。図5-7は，p.95より。

第3章で説明したTQCやTQMという手法が導入され，さらにはJITのような生産供給方式が導入されるようになれば，単なる原価計算や差異分析では済まされず，品質やコスト等のことが重要になり始める。なぜなら供給（生産者側）の論理ではなく，需要（顧客側）の論理が重要になってくるからだ。不良品率・欠品率・返品率・適正在庫水準，といった指標が選択されることになる。

3.4　イノベーションと学習の視点

この視点は，ハーバードビジネスレビューに最初に掲載された1992年の論文でのネーミングで，1996年出版の著書になると，「学習と成長の視点（learning and growth perspective）」に変更された。しかし，要するに従業員たちがいかに学習し，企業としてのイノベーションや成長に繋げていくか，ということに関する視点である。この視点には，①従業員の再教育，②戦略的情報装備率（strategic information coverage ratio），③モチベーション・エンパワーメント・アライメントからの諸指標が含まれている。

そのように考えるのは，**図5-8**にあるような図式を念頭に置いているからだ。

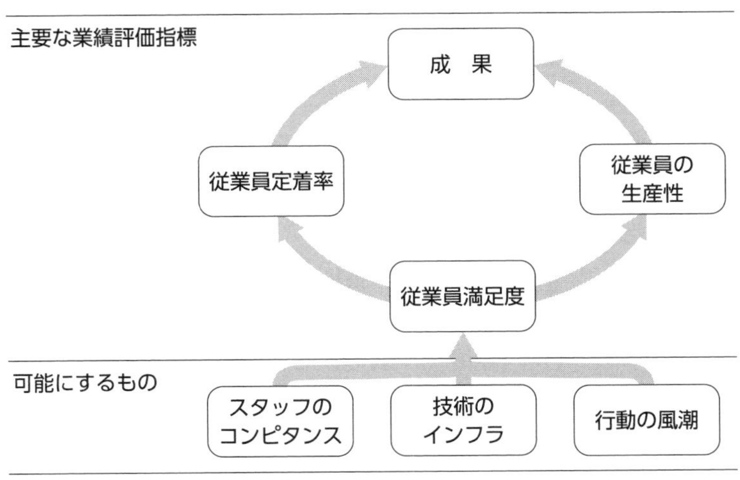

［図5-8］　従業員からの成果[17)]

17)　キャプラン=ノートン（2011），p.140。

「従業員の満足度」は,「従業員の生産性」と「従業員定着率」にポジティブに影響を与え,それらが高まれば,従業員としての「成果」に繋がる。その満足度を高めるドライバー(可能にするもの)には,これまでの調査研究では,スタッフ部門からの支援レベルや,重要情報へのアクセス,さらには行動の風潮(意思決定とのかかわり,積極性,企業への満足度等)が含まれる。

3.4.1 再教育

従業員の生産性や定着率については,1人当たりの売上高や,平均勤続年数等々,比較的容易に指標を設定できるように思われる。また成果については,顧客の視点,業務プロセスの視点,いずれとも連携した成果(例えば,1人当たりの収益性)を設定することも可能だと思われる。むしろ指標化が難しいのは,従業員の満足度を高めるドライバーをどのように指標化するかだ。業務によって求められる内容が変化するため,画一的なものは避けなければならないが,あまりにバリエーションが多いのも問題になるからだ。

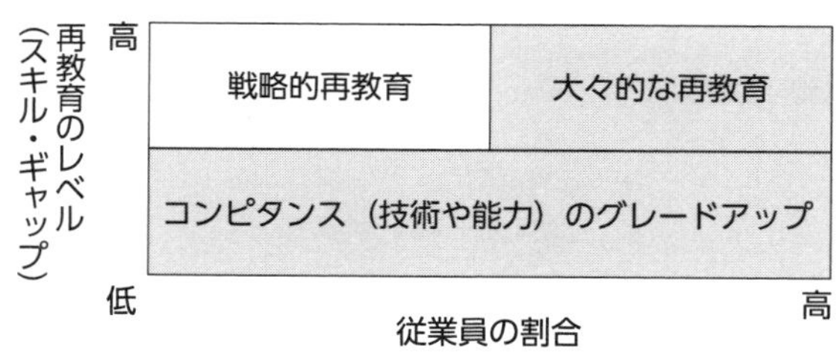

[図5-9] 再教育[18)]

図5-9は,再教育というものをどの程度施していくかを示したイメージ図である。求められるスキルと現状とのスキルギャップが多ければ多いほど,全体としてのベースアップを図りつつ,特定の能力については,戦略的な再教育を行い,それ以外については,大々的に再教育を行う,ということを意味している。

18) 同上,p.144。

例えば，情報化が進展し，OA（オフィスオートメーション）から一挙にインターネットの世界に発展した時に，キーボードの使用やソフトウェアの利用については，全社挙げてグレードアップする必要があった（コンピタンスのグレードアップ)。そのうえで，部門横断的なデータ共有や部門内におけるグループウェアの利用については，大々的に再教育しなければならなかった。さらに，WEBシステム構築やそれに伴うインターネットセキュリティに関しては，内部での人材育成のみならず外部人材の獲得も求められるようになった。

3.4.2　戦略的情報装備率

いま述べた能力アップに関することが，「戦略的情報装備率」と呼ばれるものだ。そこで，顧客へのサービス提供を豊富にするために，既存銀行が投資信託部門を新たに設けようとすることを例に，考えてみよう。

投資信託部門の顧客は，企業等の各種法人，さらには個人富裕層，というのが一般的である。そのおおよそのニーズは，資産運用，事業承継等々である。銀行は顧客資産を運用・管理等することから手数料収入を得る。

銀行が提供するサービス内容としては，投資等のコンサルテーション，講演会の開催や商品紹介などの各種サービス，投資状況に関する報告等のオペレーション，というように大別できよう。顧客サービス及びオペレーションにおいて求められるスキルはいろいろあるが，ここでは割愛して，投資銀行における花形であるコンサルテーションに限って，戦略的情報装備率を考えていこう。

コンサルテーションについては，ジェネラルとスペシャルとに大別でき，スペシャルは，不動産，国内株式・投資信託・海外株式・投資信託，等々さまざまなジャンルにわたる。ジェネラルな業務は，商事法務やリスクマネジメント関連を中心に，個別ポートフォリオの投資運用を総合的に統括する業務にあたり，スペシャリストたちの意見をもとに顧客の資産を保全・運用していくプロ，すなわちマスターと呼ばれる職種が当たることにする。スペシャリストのリーダー格は，シニアプロフェッショナル（シニア）にあたり，その下にプロフェッショナル，次にジュニアプロフェッショナル（ジュニア）へと続くものとする。

表5-11（次頁）は，人員比率をもって，戦略的業務装備率に代えたものである。４年目に投資信託部門が大々的なサービスインを迎えるとして，初年度は，外部からマスター人材を調達し，アシスタントのように内部人材を配置し，マ

[表5-11] 戦略的業務装備率

(%) 括弧内は実人数

	初年度	2年目	3年目	4年目
マスター	80 (5)	60 (12)	30 (12)	10 (12)
シニア	—	5 (1)	15 (6)	20 (24)
プロ	5 (1)	15 (3)	20 (8)	30 (36)
ジュニア	15 (3)	20 (4)	35 (14)	40 (48)

スターによる指導に基づき，2年目，3年目へと進む，という業績指標テーブルである。こうしたシミュレーションによって，人材育成の目標が明確になるのである。

3.4.3 モチベーション，エンパワーメント，アライメント

最後に従業員のモチベーション，彼（女）らへのエンパワーメント（権限移譲），そしてアライメント（方向性）についてだ。アライメントとは，目指すべきターゲットに向けての方向性，ということだが，モチベーションが高く，いくらエンパワーメントされていても，アライメント（方向性）が悪ければ，企業としては評価できない。アライメントは，それゆえ，組織全体における調和であり，方向感である。こうした流れにおいて，業種に関係なく通用する1つの業績評価指標は，改善提案だ。

① 提案プロセスを可視化し，信頼性を高めるために成功した提案を公表する。
② 従業員の提案により実現した利益と改善効果を公表する。
③ 実行した提案に対する新しい報酬制度を伝達する。

上記の取り組みは，個人の組織への貢献モチベーションを高めるとともに，自主性（権限移譲）も達成できる。そして何よりも効果があるのは，「成功」「利益」「効果」「報酬」というものを組織が詳（つまび）らかにすることで，アライメントに問題が生じないことだ。

個人の評価と組織的評価は常に調整されなければならない。個人，組織全体，組織のサブユニット，さらにはチーム，これらの間において，評価の整合性は

確保されなければならない。そのためには，常にマネジメント階層間におけるコミュニケーションが必要となる。それを実行に移すのが，**表5-12**だ。

第1フェーズから第3フェーズに分かれているのは，計画から実行までの経緯を明らかにするためである。第2フェーズはいわば，組織内におけてBSCを周知徹底するプロセスである。この第1から第3に及ぶフェーズを常に回転させることによって，より整合性がとれた評価システムを完成されることになる。

[表5-12]　BSC実行プロセス

階　層	第1フェーズ			第2フェーズ			第3フェーズ		
	→	→	→	→	→	→	→	→	→
トップ			BSCへのコミットメント（コミットメント比率の増加）	グループ内での周知			財務及び非財務の数値目標の明確化，報酬制度との連動		
マネージャー	フレームワーク設定				グループ内での周知			財務目標及び非財務目標，さらには報酬制度との関係性の明確化	
スタッフ		責任領域の明確化及びチーム／個人との業績評価指標検討				グループ内及びチーム／個人との間で共有			チーム／個人の作業や業務とそれに関連する業績評価指標の定型化

3.5　戦略マップ，BSC，そしてアクションプランへ

次頁，**図5-10**は，ある銀行のBSC各視点を関連付けたものである。収益性の向上と生産性の向上を2本柱として，人材と変革（学習とイノベーション）の視点からボトムアップ的に業務プロセスの視点，顧客の視点，そして財務の視点へと繋がっていっている。

その際に重要になるのが，「事前的」指標と「事後的」指標の2つの指標が導入されていることである。戦略を滞りなく実施するために，どの程度のこと

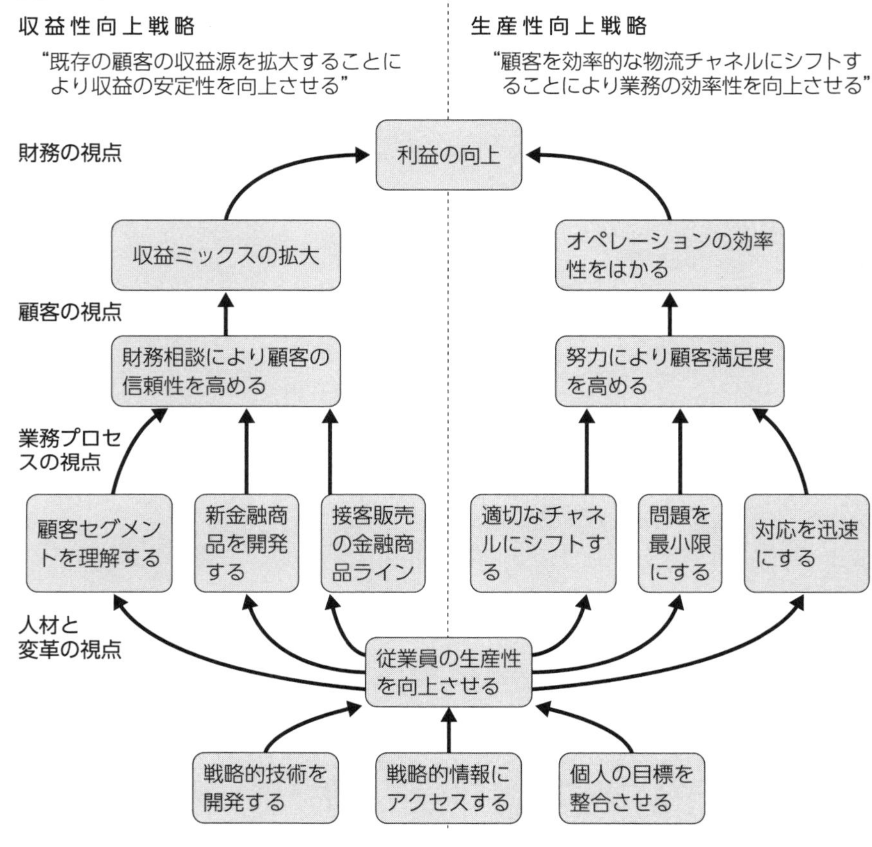

[図5-10]　各視点の関連付け[19)]

をしておかなければならないかを定めるのが，事前的評価にあたり，その戦略の成果を評価するのが，事後的評価である。計画段階での準備指標と，そのもとでの結果指標である（**表5-13**）。

事前指標から事後指標へのフィードバックを繰り返し，**図5-11**（p.198～199）のように，概念的な戦略マップから，BSCの尺度と目標値を定める。そのもとで，最終的にはアクションプランとしての予算を計上していくのである。

19）　同上，p.165。

[表5-13]　事前的指標と事後的指標[20]

戦略目標	戦略的業績評価指標	
	(事後的指標)	(事前的指標)
財務の視点 F_1－収益の改善 F_2－収益ミックスの拡大 F_3－コスト構造の削減	投資利益率 収益の向上 預金サービス・コストの変更	収益のミックス
顧客の視点 C_1－金融商品と従業員で顧客満足度を向上させる C_2－アフターサービスの満足度を向上させる	顧客セグメントの占有率 顧客定着率	対顧客関係の深さ 顧客満足度調査
業務プロセスの視点 I_1－顧客を理解する I_2－革新的金融商品を作る I_3－抱き合わせ金融商品 I_4－コスト効率の良いチャネルに顧客をシフトする I_5－オペレーションの問題を最少化する I_6－責任のあるサービス	新金融商品の収益 抱き合わせ販売率 チャネル・ミックスの変更 サービス失敗率 要求納品時間	金融商品開発サイクル接客時間
人材と変革の視点 L_1－戦略的スキルを開発する L_2－戦略的情報を提供する L_3－個人的ゴールにアライメント（整合・統合させる）	従業員満足度 従業員1人当たり収益	戦略的業務装備率 戦略的情報装備率 個人的ゴールのアライメント（%）

航空業を事例としているが，まず，学習と成長の視点から始まるボトムアップによって，指標間の関連性が明示される。そのもとで，評価指標が選ばれ，目標値が設定される。それを実現するのに，どの程度の投資予算が必要か，ということにまで落とし込めれば，戦略マップに基づくアクションプラン策定は成功したことになる。そのもとで，実現の程度はどれくらいか，実現できていない場合，どこに問題があったのか，ということが一目瞭然で分かるようになっている。

20)　同上，p.168。

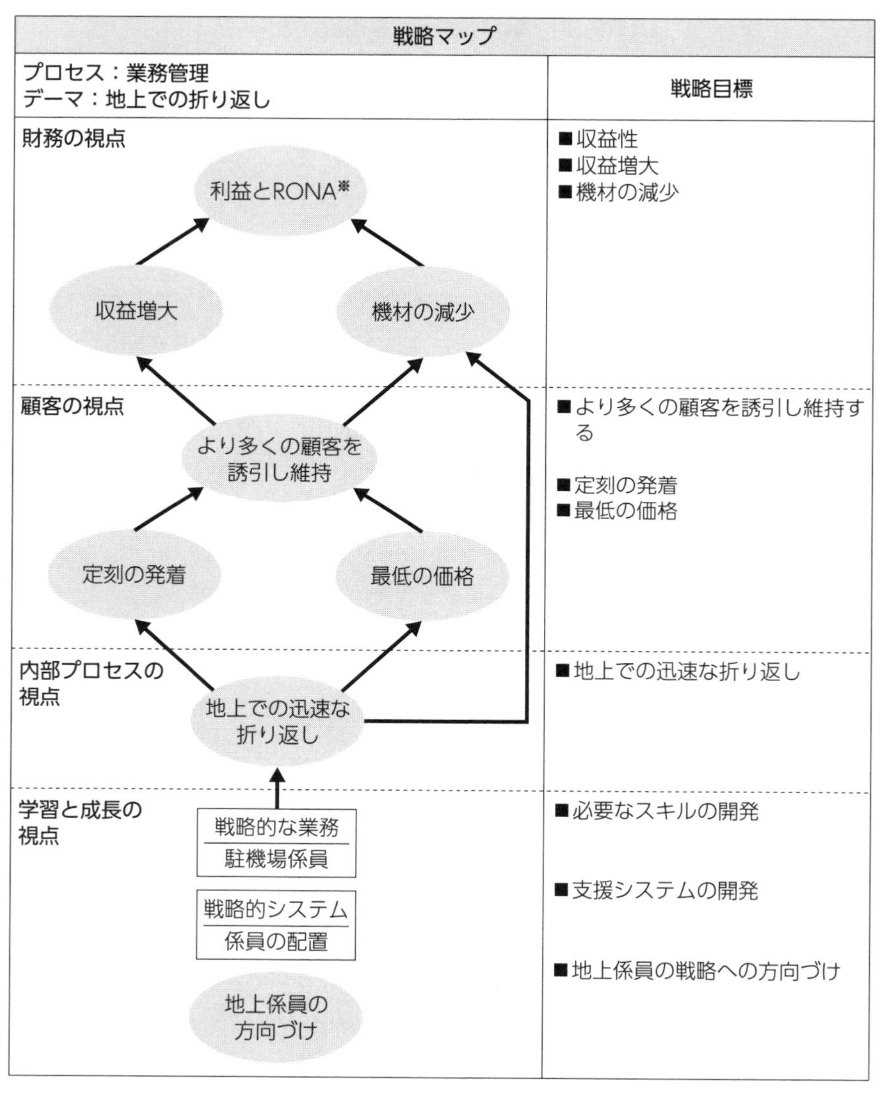

［図5-11］ 戦略マップ，BSC，アクション[21]

21） Kaplan & Norton (2004)。<キャプラン=ノートン（2014），p.62。>なお，図中RONA（return on net assets）とは，「純資産収益率」といい，当期純利益を固定資産と純運転資本の合計で割ったものである。

BSC		アクション・プラン	
尺度	目標値	実施項目	予算
■市場価値 ■座席の収益 ■機材のリース費用	■年成長率30% ■年成長率20% ■年成長率 5%		
■リピート客の数 ■顧客数 ■連邦航空局定刻到着評価 ■顧客のランキング	■70% ■毎年12%の増加 ■第1位 ■第1位	■CRMシステムの実施 ■クオリティ・マネジメント ■顧客ロイヤルティ・プログラム	■$XXX ■$XXX ■$XXX
■地上滞在時間 ■定刻出発	■30分 ■90%	■サイクルタイムの最大活用	■$XXX
■戦略的業務のレディネス ■情報システムの利用可能性 ■戦略意識 ■地上係員の持株者数の割合	■1年目　70% ■2年目　90% ■3年目 100% ■100% ■100% ■100%	■地上係員の訓練 ■係員配置システムの始動 ■コミュニケーション・プログラム ■従業員持ち株制度	■$XXX ■$XXX ■$XXX ■$XXX
		予算総額	$ XXX

プランへ（航空会社の事例）[21]

以上からも分かる通り，BSCは，財務指標からの業績評価という域を超えて，組織としての学習や，内部プロセスの改善，さらには顧客関係管理（customer relation management：CRM）を考慮に入れ，評価のみならず，戦略枠組みの構築にまで進む。ただ１つ難点を上げるとすれば，やはり分析症候群に陥ってしまいかねないことだ。

◆参考文献

1　國貞克則『財務３表　図解分析法』（朝日新書，2016年）

2　砂川伸幸・笠原真人（2015）『はじめての企業価値評価』（日経文庫）

3　Michael Hammer & James Champy（1993），*Reengineering the Corporation: A Manifesto for Business Revolution*（Harper Collins）<マイケル・ハマー=ジェイムズ・チャンピー（著）／野中郁次郎（監訳）（1993）『リエンジニアリング革命―企業を根本から変える業務革新』（日本経済新聞出版）>

4　Charles H. House & Raymond L. Price（1991），"The Return Map: Tracking Product Teams," *Harvard Business Review*, Vol. 69, No. 1, pp.92-100.

5　Robert S. Kaplan & David P. Norton（1992），"The Balanced Scorecard－Measures That Drive Performance," *Harvard Business Review*, Vol. 70, Issue 1, pp.71-79.

6　Robert S. Kaplan & David P. Norton（1996），*The Balanced Scorecard: Translating Strategy into Action*（Harvard Business School Press）<ロバート・S. キャプラン=デビッド・P. ノートン（著）／吉川武男（訳）（2011）『バランス・スコアカード―戦略経営への変革［新訳版］』（生産性出版）>

7　Robert S. Kaplan & David P. Norton（2004），*Strategy Maps: Converting Intangible Assets into Tangible Outcomes*（Harvard Business School Publishing Corporation）<ロバート・S. キャプラン=デビット・P. ノートン（著）／櫻井通晴他（監訳）（2014）『戦略マップ［復刻版］バランスト・スコアカードによる戦略策定・実行フレームワーク』（東洋経済新報社）>

第6章

国際経営と経済発展

第1節　産業別類型

ムーア=ルイス（1999）によれば[1]，国際貿易は紀元前3500年頃近東（Near East）にて発達し，最初の多国籍企業は紀元前2000年より少しのちのアッシリア帝国時代に誕生した。アッシリアの首都に本拠を構えていた家族経営は，現在のシリアやイラクといったエリアにも支店を開設し，スペインの銀，英国の錫，アフリカの象牙等々の交易を展開していた。その後数世紀にわたり，多数の帝国が誕生・滅亡することを通じて，通商路及び商圏も拡大していった。ヨーロッパから中国にまで伸びたシルクロードもその１つである。

時は流れ，16世紀になると英国の東インド会社が登場し，胡椒をはじめとする香辛料のみならず絹製品等々，さまざまな商材をアジアから持ち込むようになり，またその販売も一手に握り，業容・業態を拡大させていった。経営の国際化・多国籍化は，単なる現地産品の輸入から，天然資源の確保，さらには工業品の輸出入，あるいはサービス・知識の移転へと多様化していく。以下商材ごとに，簡単に説明していこう。

1.1　天然資源

天然資源開発を目的とした多国籍投資は19世紀にはじまり，同世紀中に急速に拡大した。天然資源には，２種類あり，再生可能資源（農業や林業）と再生不能資源（鉱業や石炭・石油）である。前者の典型例には，ゴムのプランテー

1）　Moore & Lewis (1999)。近東とは，ヨーロッパに近い所にあるバルカン諸国・トルコ・シリア・レバノン・イスラエル・エジプトなどの東方諸国のことを指す。

ション農業があげられるが，英国からアメリカ南部に移住し，そこで綿花農場を拡大し英国に輸出したことも含まれるであろう。

農林業は，資本規模的には，大資本を投入せずとも行える。もちろん，規模の経済を得るために，工作機械等を大々的に導入しプランテーション化する，一部工業化した農林業ということになれば，必要となる資本規模も大きくなるが，原始のそれはむしろただ同然の安い労働力を用いて行われていた。

他方鉱業も，例えば，砂金やダイヤモンドなどのパンニング2)による採掘では，人海戦術での採集になり，奴隷等の安い労働力さえ確保できれば，それほど大きな資本は必要なかった。これが地面に大きな穴をあけるパイプ採掘や坑道採掘になってくると，設備投資も大がかりになり，いきおい資本規模も大きくなってくる。複数の投資家が参加するジョイントベンチャーや，プロジェクトファイナンス，といった色彩が強くなる。

例えば，英国にて1830年に設立されたセントジョンデルレイ鉱業会社3)は，ブラジルのミナスジェライス南部にある鉱山のリースと開発を目的としていた。数名の投資家たちによるジョイントベンチャー方式で設立され，英国法が改正される1856年までは，無限責任会社として活動していた。最初の配当は，設立12年後の1842年に行われた。現地ブラジルでは，経営管理ポストには英国人が就き，現地労働力のほとんどは，奴隷及びブラジル人労働者たちだった。

同社は1913年時点では，ヨーロッパからの派遣社員150人を含め2,500人の労働者を雇用しているだけでなく，世界で最も深い鉱山を掘り，水力発電所の建設，電気鉄道の敷設と，多角化を推し進めていった。ただ，1950年代の業績は芳しくなく，1960年にはニューヨークの投資家グループに買収されることになった。

鉱業以上に巨大資本が動いたのは石油である。1859年，世界で初めて，米国スタンダードオイルによって，ペンシルベニアで油田が掘削された。用途は暖房あるいは灯火用で，いわゆる製品としては灯油だった。それが19世紀末からは燃料用として用いられるようになり，ガソリンの開発によってその利用は急拡大していく。スタンダードオイルは，油田のみならずパイプライン及び精製

2） ザル状の大きな皿を持って川に入り，砂を洗い流しながら砂金やダイヤモンドを探す手法のこと。

3） 詳しくは，Geoffrey Jones (2005), p.46. ＜ジェフリー・ジョーンズ（著）／安室憲一・梅野巨利（訳）(2007)『国際経営講義：多国籍企業とグローバル資本主義』(有斐閣), p.61＞を参照されたい。

所の大半も押さえていたこともあって，製造から販売まで，米国内でほぼ独占状態を構築することができた。その経営力をもとに，米国産原油を諸外国に輸出し，各国にて原油を精製する製油所を展開していった。1907年時点では，海外で55社の製油所を所有・経営していた。

スタンダードオイルは，1911年，米国連邦最高裁において，反トラスト法違反から34社に分割されることになった。スタンダードオイルオブニュージャージー（後のエッソ，エクソン），スタンダードオイルオブニューヨーク（後のモービル），スタンダードオイルオブカリフォルニア（後のシェブロン）や，スタンダードオイルオブテキサス（後のテキサコ）等々，これら会社が積極的に海外展開を行っていった。

ヨーロッパでは状況が違って，1970年に北海油田が発見されるまでは，西ヨーロッパには独自の油田はなかった。したがって，最初から域外（主として，東ヨーロッパ，とりわけロシア）での油田探索を行わざるを得なかった。そうした中で，特筆すべきは，ノーベル家のロシア油田開発である。

アゼルバイジャンの首都，カスピ海に面したバクー市から北へ車で30分ほど行くと，キルマキ峡谷内に，古代から有名なバクーの「永遠の火」という場所がある。ここは，地下の石油鉱床からのガスが地層の割れ目を伝って地表に噴出し，自然発火する現象が確認できる場所である。石油地帯によくある光景だ。

当時ロシア領であったこのバクーでの産油業に大きな進歩をもたらしたのが，ノーベル家の3兄弟（長男ロベルト，次男ルードヴィッヒ，三男アルフレッド）だ。彼らはスウェーデン人だったが，スウェーデンに本社を構えるのではなく，現地バクーにて1873年に創業し，精製所の近代化や油田，精製所，そして港を繋ぐパイプラインの整備，海上輸送手段としてのタンカーの導入等を行い，ヨーロッパ市場に石油を供給していた[4)]。

バクーの石油産業に大きな転機をもたらしたのが，バクーの独立系石油生産業者であったブンゲとバラシュコフスキーである。冬季における石油製品のヨーロッパへの運搬は，ボルガ河が凍結してしまうため困難であった。そこで，黒海沿岸のバツーミ港まで，鉄道を敷設し，黒海からの輸送路を築いた。このルートでは，1869年に完成したスエズ運河も利用できることから，西欧のみならず，遠くアジアにまで商圏を広げることが可能になった。

4）　詳しくは，本村眞澄（2014），pp.1-8を参照されたい。

この事業を資金面で支えていたのが，パリ・ロスチャイルド家のアルフォンス男爵である。ロスチャイルドは，1884年にはカスピ海黒海石油会社を設立し，当初西欧への製品輸送・販売だけを手掛けていたが，やがては本格的に油田開発に参入し，1880年代後半には，バクーでノーベルに次ぐ生産量を誇る石油会社にまで仕上げていた。そして，スエズ運河以東の販売権は，シェル（Shell）の前身であるサムエル商会（シェルトランスポートトレーディング社）に排他的に与えていた。

シェルに関する詳述は割愛するが，1890年にオランダ領東インドにある油田の採掘権をもとに設立されたロイヤルダッチオイル社と，1907年に合弁し，持株会社として英蘭両国にまたがる多国籍企業ロイヤルダッチシェルが誕生した。1907年以降，同社は，ロシア（1912年），米カリフォルニア（1913年），メキシコ（1919年）で，大規模な生産利権を取得し，生産シェアは世界市場の９％にも達し，スタンダードオイルニュージャージーの４倍もの生産量を有していた。

因みに，国際石油市場では，「石油メジャー」と呼ばれる国際的なコングロマリット組織がある。時代とともに合併統合を繰り返しているが，初期のメージャーはセブンシスターズと呼ばれ，①スタンダードオイルニュージャージー（後のエッソ石油，その後1999年にモービルと合併し，エクソンモービル），②ロイヤルダッチシェル（オランダ60%，英国40%），③アングロペルシャ石油会社（後のBP），④スタンダードオイルニューヨーク（後のモービル，その後1999年にエクソンと合併して，エクソンモービル），⑤スタンダードオイルカリフォルニア（後のシェブロン），⑥ガルフ石油（後のシェブロン，一部はBP），⑦テキサコ（後のシェブロン）であった。

現在スーパーメジャーと呼ばれるのは，①エクソンモービル，②ロイヤルダッチシェル，③BP（旧ブリティッシュペトロリアム），④トタル，⑤シェブロン，そして⑥コノコフィリップスの６社である。BPの設立は，イランでの油田操業のために1909年に英国で設立されたアングロペルシャオイルカンパニー（APOC）に遡る。またトタルは，1924年にフランス石油会社として設立され，フランス語圏で強みを持つ石油メジャーだ。そして，コノコフィリップスは，1875年に米国テキサス州でコノコとして誕生した石油会社と，1917年に設立されたフィリップスペトロリアムとが，2002年に合併して誕生した会社である。

さらには，欧米以外の新興諸国の国営石油企業，以下７社を総称して「新セブンシスターズ」と呼ぶようになっている。①サウジアラムコ（サウジアラビア），②ペトロナス（マレーシア），③ペトロブラス（ブラジル），④ガスプロム（ロシア），⑤中国石油天然気集団公司（中国），⑥イラン国営石油（イラン）⑦ベネズエラ国営石油（ベネズエラ）である。これら7社の原油生産シェアを合わせると，世界の30%を占めており，保有する油田の埋蔵量でも30%と，存在感を増してきている。

1.2　工業品

ジェフリー・ジョーンズによれば，第1次世界大戦開戦時の1914年において，大規模に多国籍展開していた主だった企業には次のようなものがあった。1830年以降，蒸気機関の実用化とともに，鉄道敷設が徐々に普及し国境をまたぐ工業化が進むようになった。多くはヨーロッパ域内に留まっていたが，重工業が起きる第2次産業革命期になると，スエズ運河が整備されたこととも相まって，多国籍化の範囲は広がっていった。

[表6-1]　大規模多国籍製造企業（1914年頃）[5)]

会　社	国　籍	製　品	1914年時の海外工場数	海外工場立地拠点
シンガー	アメリカ	ミシン	5	アメリカ，カナダ，ドイツ，ロシア，オーストリア・ハンガリー
J&Pコーツ	英国	綿糸	20	アメリカ，カナダ，ロシア，ベルギー，イタリア，スイス，ポルトガル，ブラジル，日本
ネスレ	スイス	コンデンスミルク ベビーフード	14	アメリカ，英国，ドイツ，オランダ，ノルウェー，スペイン，オーストラリア
リーバ・ブラザーズ	英国	石鹸	33	アメリカ，カナダ，ドイツ，スイス，ベルギー，フランス，日本，スペイン，オーストラリア，南アフリカ
サンゴバン	フランス	ガラス	8	ドイツ，ベルギー，オランダ，イタリア，スペイン，オーストリア・ハンガリー
バイエル	ドイツ	化学	7	アメリカ，英国，フランス，ロシア，ベルギー
アメリカン・ラジエーター	アメリカ	ラジエーター	6	カナダ，英国，フランス，ドイツ，イタリア，オーストリア・ハンガリー
ジーメンス	ドイツ	電機	10	英国，フランス，スペイン，オーストリア・ハンガリー，ロシア
L.M. エリクソン	スウェーデン	電話機器	8	アメリカ，英国，フランス，オーストリア・ハンガリー，ロシア

プラントエンジニアリング

19世紀から20世紀初頭にかけての多国籍企業の花形は，化学・電気・機械で，主にプラント型（装置産業）であった。ドイツの化学染料の代表的企業であったBASF，バイエル，ヘキストは，1870年代からロシア・フランス・米国等に進出し始めた。これらの企業は，医薬品事業も手掛けるようになり，バイエルのアスピリンは米国でも生産されていた。

スイスの化学企業も同様の動きを見せ始めていた。ただスイス企業は，ドイツ・フランス・英国・アメリカに工場を所有し稼働させてはいたが，大規模なものではなかった。やがて，チバ，ガイギー，サンドといった企業が規模を拡大させていくことになるが，チバとガイギーが統合してチバガイギーに，その後1996年にサンド社も組み入れられ，現在では，多国籍展開するスイスの製薬企業は，ノバルティス１社になっている[6)]。

重電分野では，ドイツのジーメンスとAEG（アルゲマイネ・エレクトリツィテート・ゲゼルシャフト），米国のGEとウェスティングハウスが，世界的規模で市場を寡占していた。第１次世界大戦が開戦された1914年時点で，ジーメンスは５カ国10拠点に海外生産工場をもっていた。他方AEGは，ロシア・オーストリア・ハンガリーでの工場買収を皮切りに，イタリアではGEと，ロシアではジーメンスと合弁会社を設立した。

アメリカのGEは子会社のトムソンヒューストンが中心となって，いうなれば間接的に，海外展開を行っていた。それに対してウェスティングハウスは，英国のマンチェスターをはじめ，直接投資によって，海外に多数の工場を所有していた。1914年時点の進出先には，ドイツ・フランス・ロシア・カナダ等があった。しかし，第１次世界大戦期には，同社はヨーロッパの製造事業から撤退した。

アセンブリー

組立型（アセンブリー）製品においても，多国籍化が19世紀の中頃には起きていた。プラント工場での量産とは違い，組立型製品は，労働集約的な要素が

5） Jones（2005），p.81。＜ジョーンズ（2007），p.109。＞

6） 1996年12月，チバガイギー社とサンド社が合併し，ノバルティス社となる。この際，チバガイギーの染料などの化学品部門はチバ・スペシャリティケミカルとして分離される。

ある。すなわち，現地での組立てという工程を要する。本国からの部品を輸入し，現地で組み立てるノックダウン生産から，やがては部品の現地生産・供給が求められるようになる。その先駆けとなったのが，シンガーミシンである。

シンガーミシンは，1850年代に大衆向けのミシンを発明し，1867年にはグラスゴー（スコットランド）に海外工場を建設した。当初はノックダウン方式での生産だったが，重量のある土台の現地生産を皮切りに徐々に現地化を進め，最終的には全てのミシン部品を現地化によって調達できるようにした。カナダ・オーストリア・ドイツ・ロシアへと多国籍展開していった。

組立型製品としての代表格は何といっても，自動車である。しかし，自動車は欧州での受注生産体制ということもあって，多国籍展開はなかなか行われなかった。国ごとに生産されていたといったほうが適切だと思われる。

こうした状況を一変させたのが，フォード自動車だ。第3章「生産と供給の管理」のところで詳しく説明したように，世界初の大量生産システムを構築し，米国の自動車産業を隆盛へと導いた。後を追っていたGMは，社長スローンによる組織革新（事業部制導入）によって，フォードから米国自動車産業におけるリーダーとしてのポジションを勝ち取ることになった。1920年代の話である。

このころ，世界の自動車保有台数は約20百万台で，うち17百万台を米国が所有していた。1950年代においても世界の自動車保有台数80百万台のうち，約60%を米国が所有していた。1920年代からGMとフォードは，買収を伴う多国籍展開を積極化した。GMによる独オペル，英ボクスホールの買収は有名である。GM及びフォードともに，ヨーロッパ以外の地域（オーストラリア・メキシコ・ブラジル・アルゼンチン）でも組立事業を展開していった。

自動車という製品は，多数の部品を組み立てることによって生産される。したがって，当然のことながら，サプライヤーの多国籍展開も促すことになる。米国の自動車メーカーの部品内製率は，約7割と言われているが，残り3割は外部調達をしなければならない。タイヤ・ホイール・バッテリー・ローラーベアリング等々はサプライヤーからの調達になる。とりわけタイヤは，仏ミシュラン・英ダンロップ・米ファイヤーストーン・米グッドイヤー等々が積極的にメーカーに追随した。

1.3 サービス

サービスという商品は，経済発展の段階に応じて，高度化・ハイブリッド化していくものだ。近年のIT，金融，各種サービスが連携することによって，その高度化・ハイブリッド化はあらゆる国において展開されるようになってきているが，やはり経済発展の段階によって，その程度は異なる。

商　社

国や地域を超えての多国籍展開は，やはり，交易と海運に始まると思われる。交易ということで世界的に活躍したのは，日本の総合商社だ。日本で最初の総合商社は三井物産（1876年）であるが，丸善のような専門商社ということであれば，1868年の明治維新以降数十社が誕生した。三井物産は，1877年に上海に最初の海外支店を開設し，日本の石炭を中国で販売することを目的としていた。同社は，1914年の第１次世界大戦開戦までに，アジア・ヨーロッパ・米国に30超の支店を有し，120品目を超える商材を扱っていた。

日本における総合商社の発展は，徳川時代の２世紀にも及ぶ鎖国政策が影響している。軍需製品をはじめとする先端品や奢侈品のほとんどは輸入品によって賄われ，こうした海外との交易の素地から総合商社が発展することになった。

では，交易の先進国の欧州あるいは米国はどうであったかというと，欧州においては産業革命の影響で，先端品を内製化することに成功する。そのため，輸出することも商社を通すというよりも，メーカーが独自で行うようになり，それは米国においても同様だった。日本のように，商社が大規模化し，それが財閥を形成するまでに発展するというのは，世界的に見てもまれなことであった[7)]。

銀行・保険（金融サービス）

交易が行われ，また植民地支配が拡大していくと，金融サービスも国際化した。国際銀行業の系譜をたどれば，中世イタリアの銀行家にまでさかのぼることができ，16世紀の南ドイツの銀行家からの流れは，18世紀のオランダの銀行家へと続いたとされている[8)]。19世紀の初頭になると，英国において多国籍

7）米川伸一（1983）。

展開する銀行業が現れるようになる。貿易金融は外国為替業務を専らとし，出張地でのリテールバンキングを行うようになるのは，工業における多国籍展開が行われるようになってからで，すなわち第1次世界大戦後のことである。

これに対して保険業は，比較的早い段階から多国籍展開を行っていた。18世紀後半から英国のフェニックスアシュアランスが欧州諸国で代理店を開設し，1804年にはニューヨークで，海上火災保険の代理店を開店していた。保険会社が海外市場にアクセスする際に採用した方式は複数あった。まったく自社ブランドを伏せて，仕向け地の代理店にあたかもOEM方式で販売するものもあれば，現地企業とジョイントベンチャーで販売企業を設け販売していたもの，あるいは直接投資で代理店を設けていたものもあった。

インフラ

エネルギーや通信といったインフラ産業の多国籍展開は，欧州を中心に，またその植民地へと展開していった。動力源が火力や蒸気に代わって，ガス，さらには電力ということになり，国際化は一挙に進んだ。いわゆる技術輸出をベースにした多国籍展開である。

英国のインペリアルコンチネンタルガスアソシエーションは，1825年に英国で設立され，ガス灯を欧州諸国に供給していた。また，南米ブラジルやメキシコの電化と路面電車網を整備したのは，カナダの企業であった。

サンパウロトラムウェイ・リオデジャネイロトラムウェイ・ライトアンドパワー等，ブラジルには19世紀末には複数の会社が設立されていた。それらの会社を所有していたのが，トロントに本社がある持株会社ブラジリアントラクションライトアンドパワーだった。同様にカナダ企業であったメキシカンライトアンドパワーは，メキシコシティにおいて大規模水力発電システムと路面電車網を整備した。

また，通信分野では，電信から電話へと技術革新が進む中，例えばイースタンテレグラフ等の英国通信企業は，北米大陸と大西洋を海底ケーブルで結び大英帝国の構成国間を電信で結ぶ取り組みを1850年代には始めていた。そして，アメリカで発明された電話は，欧州のみならず，世界中での設備投資を生むことになった。

8）Jones (2005), p.113。<ジョーンズ（2007），p.155。>

そうしたなか，20世紀に入ると，インターナショナルテレフォンアンドテレグラム（ITT）が急速に国際展開を始めた。ITTは米国市場から資金調達し，海外での電話会社の買収や設立を積極化させただけではなく，設備や機器を供給できるようにすべく，ウェスタンエレクトリック社の国際事業部門を買収し，ヨーロッパをはじめ南米・オーストラリア・日本・中国へと進出し，設備・機器の提供を含むサービスを開始した。1920年代のことである。

その他サービスの主だったものとして建設もあるが，他のサービスの多国籍展開同様，先端技術の海外普及であり，普及プレミアム（技術独占による余剰利得）を得ることが可能である。工業品のように，モノの消費であれば，高関税をかけて自国産業を守るということも可能だが，サービスの場合，現地消費になるので，一旦サービス提供を行える仕組みを導入しなければならない。その際供給者側が技術を独占しているため，導入者側は価格交渉力をほとんど持ち合わせない。もちろん，サービスが普及することを考えて，供給者側も現地価格を設定することになるが，やはりプレミアム価格の設定が可能になるのである。

第2節　国際経営モデルの類型

国際経営におけるモデル類型として，今もなおよく参照されるのは，バートレット=ゴシャールの4類型[9]である。ところが，この研究は，ストップフォー

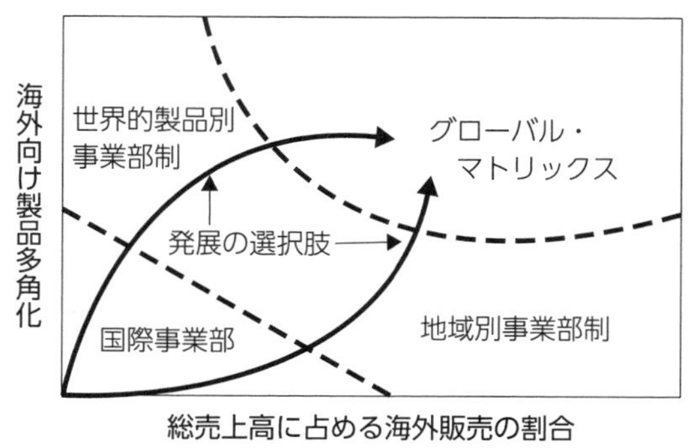

［図6-1］　ストップフォード=ウェルズにおける国際的組織機構の段階モデル[10]

ド=ウェルズの多国籍企業の組織論を批判的に発展させたものといっても過言ではない[11]。

海外展開を行う初期段階において，多国籍企業は国際事業部が中心となって，仕向け地に製品・サービスを提供する。海外仕向け地での製品多角化と，仕向け地での販売量によって，**図6-2**に示されているように，「製品別事業部制」か「地域別事業部制」かのいずれかのパスを通って，「グローバル・マトリックス」組織へとたどり着く，というのがストップフォード=ウェルズの仮説である。

事実，重電・エネルギー・巨大プラントを手掛けるスイスのABB社は，グローバル・マトリックス組織を随分と以前から採用しているし，製品の多角化と海外販売高が増えれば増えるほど，こうした組織を採用する多国籍企業は少なくない。ただ，一概にはそうはならない，というのがバートレット=ゴシャールの立場である。

彼らが注視しているところは，ストップフォード=ウェルズのような組織構造論ではなく，マネジメントプロセスである。**図6-2**に示されているように，オペレーションの統合度及び仕向け地への適合度は，経営資源と権限の集中／分散に大きく依存するため，結果マネジメントプロセス論にならざるを得ない，というのがバーレット=ゴシャールの立場である。以下，詳しく見ていこう。

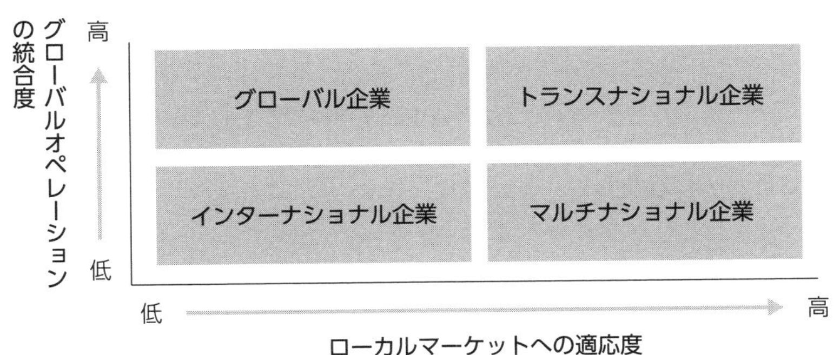

[図6-2]　バートレット=ゴシャールの4類型[12]

9）　Bartlett & Ghoshal (1989)。<バートレット=ゴシャール（1990）>
10）　バートレット=ゴシャール（1990），p.41，図2-2による。
11）　Stopford & Wells (1972)。
12）　出所：paddle design company HP（https://www.paddledesign.co.jp/point/post-135.html）（最終閲覧日：2021年6月2日）

⑴ グローバル

グローバルタイプの経営モデルは，世界市場でのニーズをほぼ同一とみなし，経営資源と権限を本社に集中したうえで，製品開発を優先する。そのため，海外子会社の権限は制限される。したがって，グローバル統合度が高く，ローカル適応度が低くなり，各国市場には標準化された商品が展開される。集中的な大量生産からのスケールメリットを活かし，新市場での販売チャネルの獲得を狙う。自動車をはじめとする工業製品の多くはこのタイプにあたる。

本社のマネジメントプロセス及びバリューが拠点国に移植され，拠点国は本社のクローンとして操業することになる。要するに「クローンモデル」である。

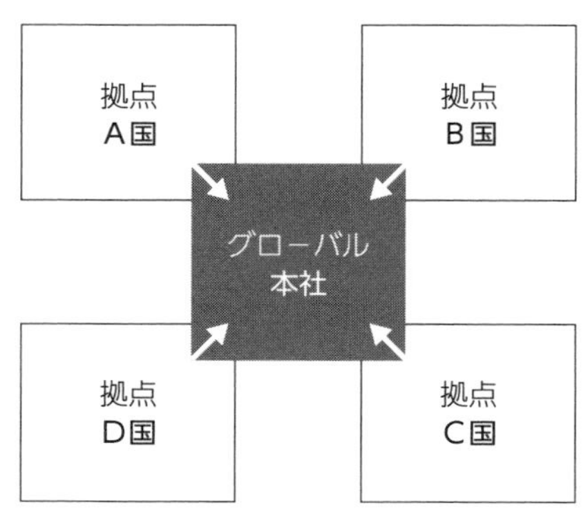

[図6-3]　グローバルタイプ[13)]

⑵ マルチナショナル

マルチナショナル型の経営モデルは，各国・地域ごとの市場ニーズに対応し，それぞれの国・地域での優位性を追求する事業・商品を展開しようとする。このため，各国・地域の子会社が独立的に事業を行うことになる。結果，企業としては各国・地域ごとに分権的に経営される現地子会社の集合体として連邦的に運営されることになり，グローバル統合度が低く，ローカル適応度が高くなる。サービスの海外展開を行う場合，このタイプが比較的多くなる。

分権度の高い事業部制経営が国際的に行われていると考えると理解しやすい。収益性・成長性等の経営指標によって評価される程度である。

---

13)　同上。

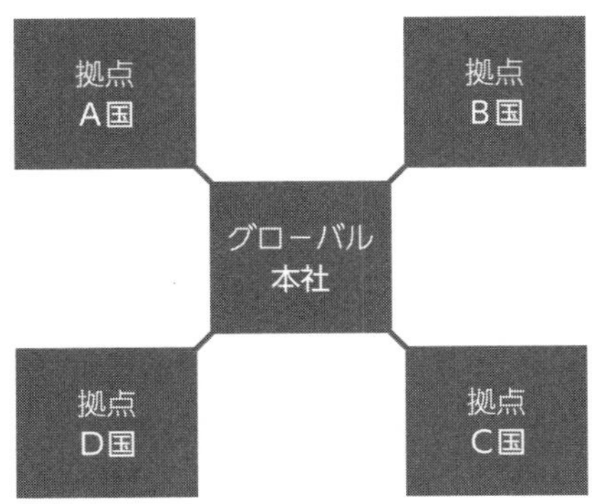

[図6-4]　マルチナショナルタイプ[14)]

(3)　インターナショナル

インターナショナル型の経営モデルは，グローバルとマルチナショナルの中間的なもので，グローバル統合が求められる製品と，ローカル適応が求められるサービスの混合程度に依存する。したがって，ケースバイケースで資源や権限の委譲があり，グローバル組織よりは海外資源や意思決定権を海外子会社に委譲しようとするが，重要な経営資源と意思決定権は親会社が保持しようとする。

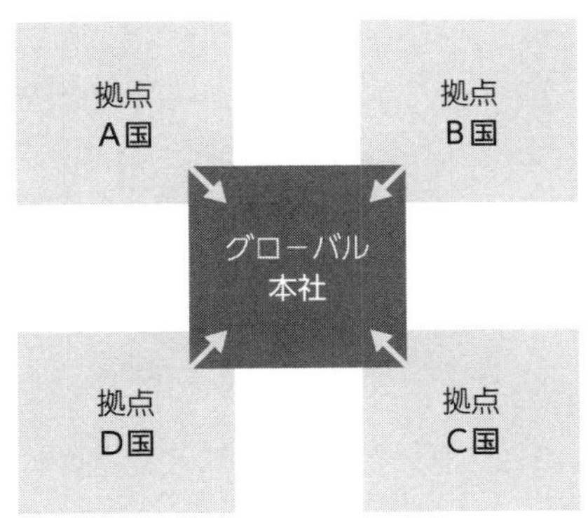

[図6-5]　インターナショナルタイプ[15)]

---

14)　同上。
15)　同上。

技術重視に徹し，知識と専門的能力を後進地域に移転・共有し適応させることで，売上向上とコスト削減を図り，シェアの獲得を目指す。また，グローバル規模での学習を繰り返すことで，常にオペレーションの改善を図ろうとする。

(4) トランスナショナル

以上３つの類型は現実に存在するが，トランスナショナルというのは，バーレット=ゴシャールのいうなれば理想型とも呼べるもので，グローバル，インターナショナル，マルチナショナル，いずれの系からもその発展型として位置づけられている。しかし，筆者の理解では，むしろこの類型は現実には存在しないといっても過言ではない。その理由は，国籍に伴う権利や義務に企業は縛られ，経営資源の無国籍化はほぼ不可能だからだ。

そうしたことをさておき，理想型だけを唱えるとすれば，**表6-2**に示したように，組織に属する経営モデルは，グローバル統合の効率性とローカル適応の競争優位性の両立を目指し，各子会社に独自の専門的能力が構築されるよう経営資源を分配し，自立化を進めていく。親会社と子会社，さらに子会社間での双方向的な連携が図られ，親会社はそれら取り組みの調整や統制を図る，ということになる。

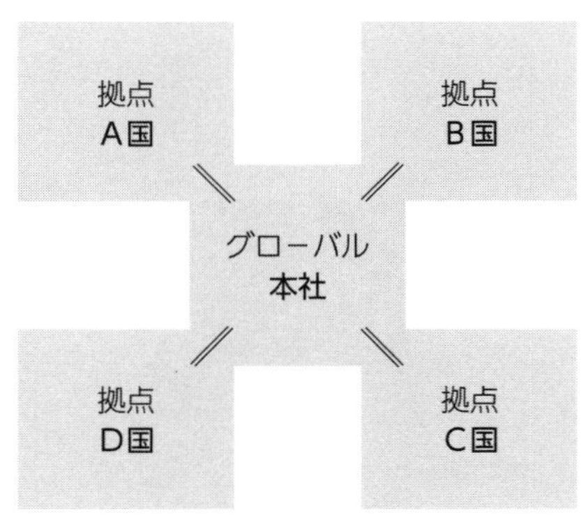

[図6-6]　トランスナショナルタイプ[16)]

16）同上。

[表6-2]　トランスナショナルの諸特性[17)]

戦略的能力	組織の特徴	運営上の課題
グローバルな競争力	組織力・能力は分散し相互依存する。	多様な経営見通しと能力を正当化する。
マルチナショナル的柔軟性	子会社の役割は分化し専門化している。	複数の柔軟な調整法を開発する。
世界的学習	知識を共同で開発し世界中で分かち合う。	共通のビジョンと個人的コミットメントを構築する。

因みに，トランスナショナル以外の３つの類型に関する諸特徴を整理すると，**表6-3**のようになる。「能力と組織力の構成」とは，本社の分権と集権程度を表すものである。それ以外の項目については，記載内容の通りで詳述は不要であろう。現地の役割として，マルチナショナルは，市場ごとのチャンスを活かす権限も有している。他方グローバルでは，同一製品の販売促進が鍵になり，インターナショナルは，親子間での調整が重要となる。

[表6-3]　類型における諸特徴[18)]

組織の特徴	マルチナショナル企業	グローバル企業	インターナショナル企業
能力と組織力の構成	分散型 海外子会社は自立している。	中央集中型グローバル規模	能力の中核部は中央に集中させ，他は分散させる。
海外事業が果たす役割	現地の好機を感じ取って利用する。	親会社の戦略を実行する。	親会社の能力を適応させ活用する。
知識の開発と普及	各組織単位内で知識を開発して保有する。	中央で知識を開発して保有する。	中央で知識を開発し海外の組織単位に移転する。

17)　バートレット=ゴシャール（1990），p.91，表4-3による。
18)　同上，p.79，表4-1による。

第3節　新潮流：リバースイノベーションとBOP

3.1　リバースイノベーション

上記トランスナショナルに近い経営として，「リバースイノベーション（reverse innovation)」という考え方がある[19]。天然資源は別にして，製品・サービスの一般的な流れは，先進国から新興国へと展開する。技術開発が先進国で行われ，その恩恵を受けた商品が，新興市場へと向かうからだ。

その逆がリバースイノベーションである。新興市場で生じた新たなイノベーションが，先進市場に持ち込まれ，先進市場でのビジネスモデルさえも改変させる，それがリバースイノベーションだ。そのためには，本国・本社は，ローカルイノベーションのグローバルな伝播者として機能しなければならない。それこそトランスナショナル経営の特徴の1つである「世界的学習」である。以下象徴的なケースを2，3紹介しよう。

GE超音波診断装置

GEヘルスケアは，2010年に，超音波技術を用いた携帯電話サイズの画像形成装置「ヴィースキャン」を発売した。電池式で手軽に扱え，持ち運びが可能なエコー機で，価格も破格的に安いものであった。このイノベーションを誕生させたのは，中国の農村部である。

中国人の90％以上は，地方の農村部にいて，資金力の乏しいローテクの病院か診療所で医療サービスを受けている。農村地帯の診療所には，CTやMRIといった高度な画像装置はなく，かといって患者が都市部にまで出かけていくことも不可能であった。そこで注目されたのがエコーだが，専門医もいない状況では，簡単に使える装置に改良する必要があった。

そもそも，なぜ，こうした市場への参入をGEは決定したのか。1980年代から大型で高性能・高価格なエコー診断装置のパイオニアであったGEは，その成長を刺激するために，中国市場に目を付けた。当社は，先進国で販売していたグローバル製品を中国においても販売するために，営業拠点と集配センター

19）Govindarajan & Trimble (2012)。<ゴビンダラジャン=トリンブル（2012)>

を設置した。いわゆるグローカリゼーションである。

10年が経過しても売上高は，500万ドル程度にしか伸びず，抜本的な現地での製品開発が求められた。2002年，小型エコー検査装置が開発され，その後コスト削減によって価格も下げ続け，2008年には低価格帯従来品の15%，すなわち15,000ドルにまで価格を下げることに成功した。

安くて，小型で扱いやすいローカル製品は，先進国市場での新たなセグメントを開拓することになった。救護員が救急車内や遠隔地の事故現場で小型エコー装置を利用することが可能になり，救急救命室においても，高額な検査を受けさせる必要があるか否かの事前判断には欠かせない装置としても利用されるようになった。

また，手術室においても，麻酔科医は，エコー装置が軽量小型化されたため，針やカテーテルを挿入しやすくなった。このようなニッチセグメントでの活用によって，小型エコー機の売上高は，2002年から8年の間に，400万ドルから2億7800万ドルへと急増し，年平均成長率は，数10%にまで跳ね上がった。

このサクセスストーリーを理解するうえで必要なのは，85%引きの売価を実現するために行われたことである。まず，性能が極端に落とされた。高価な特注ハードウェア（ASIC）[20]を，性能が劣るソフトウェアに代替し，処理速度的には先進国市場ではとても許容できない，50%レベルにまで落とした。しかしながら，量産化が追い付いてくれば，やがては，同じコストでの性能向上が可能になるとプロジェクトリーダーは読んでいた。

GEヘルスケアが中国本土で行ったことは，「破壊的イノベーション（disruptive innovation）」の社内版にほかならない。第3章でもふれたが，破壊的イノベーションとは，技術としての新規性は乏しいものの，むしろ使い古された技術でありながら（性能的には劣位），小型化や使いやすさ等の新しい市場価値をもとに，ニッチセグメントを形成し，そこでの販売量増に伴う持続的な性能向上によって，やがてはメインストリーム市場での性能要件を満たすようになり，その市場での既存のビジネスモデルを破壊してしまうイノベーションのことをいう[21]。

20）ASICとは，特定用途向け集積回路（application specific integrated circuit）のことである。

21）Christensen（1997）。<クリステンセン（2001）>

こうしたイノベーションを社内で実施することは，企業に根付いた価値観と事業プロセスのゆえに難しいとされており，一般的には，社内技術のスピンアウトか，外部技術のM&Aかによって，イノベーションを起こさせる，とされてきた。それでも，社内で行おうとするならば，既存の価値観と事業プロセスに縛られない「重量級チーム」を編成し，予算と権限を大幅に委譲したうえで，プロジェクトリーダーにその開発を任さなければならない，ということであった。

事実，GEヘルスケアでは，オマール・イシュラクという人物をリーダーに据え，予算も権限も大幅に委譲した。また，イスラエルの開発チームに協力を仰ぐなど，これまでの事業プロセスでは行われなかった部門横断的なコラボレーションも実現し，加えて，中国本土が米国本社から距離的にかなり離れているということも手伝って，社内にて破壊的イノベーションを実行に移すことが可能になったのだ。

P&Gナチュレラ

P&Gの生理用品「オールウェイズ」ブランドは，1980年代では，アメリカをはじめ他の先進国市場では，大ヒットした製品であった。吸収性に優れたかさばらない新素材が用いられていて，ナプキンを下着に固定する接着用のウイングも導入されていたからだった。P&G社は，このオールウェイズブランドを新興国においてもグローバルに展開しようとしたが，ほどなく行き詰まりを迎えた。その顕著な例がメキシコであった。

P&Gの製品開発は，商標と特許で保護された技術の確認から始まり，そののち市場ニーズに合わせた製品開発を行う技術プッシュ型か，あるいは明らかになっている市場ニーズに合わせてそのソリューションを提案する市場プル型との間で，バランスをとって行われていた。ただ，そのほとんどは前者であった。もちろん，オールウェイズも技術プッシュ型の製品であった。

しかし，メキシコという新興国市場においては，グローバルブランド，オールウエイズは予想以上に受け入れられなかった。原因を探るべく，P&Gは，市場ニーズの洗い直しから始めた。新興市場で成長していくには，富裕市場とは違うニーズがある，ということを突き止めなければならなかったからだ。そのもとで，ローカルグロースチーム（LGT）は，次のようなニーズを突き止めた[22)]。

- 公共の交通機関を使った長時間の通勤に耐えなければならないことが多い。
- 衛生的な公共トイレになかなか行けない。
- 先進国で消費者が享受している類いのプライバシーが守られない，小さな家やアパートで暮らしていることが多い。数人の家族が同じベッドで寝ることも珍しくなかった。

女性たちは長時間ナプキンをつけていなければならず，高温多湿の生活環境では，皮膚の不快感や炎症を起こしがちであったため，化学物質など自然素材ではない，ハイテク技術による解決よりも，皮膚にやさしい，やや柔軟な素材を望んでいた。そして何よりも彼女たちが気にしていたのは，長時間使用による液体の滞留からの臭いだった。ほかの人たちが臭いに気づくことにとりわけ強い不安を覚えていたのであった。

他方，オールウェイズが依拠していたコア技術は，ドライメッシュというもので，肌に接触する面積をメッシュ状にすることで少なくし，吸収性能を高めることによって，ドライ感が長時間継続するというものであった。薄型でありながらも吸収性能が高かったために，むしろ現地ニーズに合っているようにさえ思えた。しかし，ドライメッシュの表面が「ビニールっぽい」のと，薄型に対する先入観から，現地での消費を伸ばせなかった，というのがLGTの結論だった。

このニーズを叶えようとすると，P&G社内において1つ重大な問題が懸念されることになった。それは，ドライメッシュというコア技術を放棄する，ということに繋がりかねないことだった。しかしながら，LGTはそう考えなかった。オールウェイズと新製品（ナチュレ）とは競合しない，つまりカニバリゼーション（共食い）は起きない，なぜなら顧客層が違うからだ，というように考えた。事実，メキシコの一部の富裕層の間では，オールウェイズは売れていたが，その他一般大衆には売れていなかった。

オールウェイズは高価格帯セグメントに位置しており，一般的な生理用品の価格帯は，それよりも15～20%割安だった。その価格帯でも利益が出せる製品開発が求められた。新製品ナチュレは，既存技術を用いて，原材料にはベビーケア部門（おむつ事業部）のものを採用し，肌を保護するためのローションや

22）　ゴビンダラジャン=トリンブル（2012），p.154。

クリームはビューティー製品部門から，炎症と臭いの両方を食い止めるために，スキンケア部門からカモミール油配合の皮膚軟化剤を調達した。さらにLGTは，コスト削減のためにカナダにある遊休生産ラインを活用した。ナチュレは，価格のみならず，現地メキシコのすべてのニーズを満たして市場投入された。

結果はもちろん上々で，瞬く間にオールウェイズの売上高を超え，ナチュレは，メキシコ生理用品のメインストリーム市場を押さえることに成功した。南米を中心に，新興国にも大いに受け入れられ，大ヒット製品となった。

ナチュレLGTのリバースイノベーションが何であったのか。それは，技術プッシュ型の製品開発だけではない，市場プル型の製品開発の重要性を社内で実証したことだ。そのために，LGTに大胆な権限移譲が行われていることも指摘しておかなければならない。

EMC：リバースイノベーション人材の育成

2016年に総額約670億ドル（約８兆円）の巨額買収によって，ITストレージ（メモリーやHDD等の記憶装置）の雄・EMCコーポレーションは，Dellコンピュータの子会社となり，非上場会社となった。この吸収合併に伴い，EMCは，社名をDell EMCと改め，Dell Computerは，Dell Technologiesに社名を変更した。

EMCの創業は1979年，米国マサチューセッツ州ホプキントンで，創業当初は，オフィス家具の再販業者としてスタートしたが，紙の文書を収めるファイルキャビネットを販売する代わりに，アナログ情報をデジタル情報に変換してそれを収納するコンピュータの記憶装置（ストレージ）の販売へと特化することで，一躍成長を遂げることになった。

創業者は，リチャード・イーガン（Richard Egan），ロジャー・マリノ（Roger Marino），ジョン・カーリー（John Curly）の３人で，EMCは彼らの姓のイニシャルを繋げたものだ。しかし，皮肉にもCurlyは創業前に離脱することになるのだが…。

ロゴは，EMC Corporationの略称EMCCによるEMC^{2}であった。当初はメモリボードを製造販売していたが，その後HDDへと事業を拡大し，さらには巨大データセンターの運営を行うまでになった。EMCは順調に成長を続け，21世紀初頭のITバブル時には積極的な買収戦略を展開する（**表6-4**）。それが功を奏して，最終的には，Dellに買収されるに至った。

[表6-4]　EMCによる主なM&A[23]

年　月	買　収　先	備　　考
2001年4月	FilePool	この買収によって，EMCは，データアーカイブ製品Centeraを開発。
2002年9月	Prisa Networks	ストレージエリアネットワーク（SAN）を管理する製品VisualSANを有していた。
2003年7月	Legato Systems	企業向け総合データ管理システム
2003年10月	Documentum	企業向けコンテンツ管理システム
2005年8月	Rainfinity	ストレージの仮想化を実現。
2006年9月	RSA Security	セキュリティソフトウェア
2007年7月	X-Hive Corporation	X-HiveのJavaベースのXML製品とそのノウハウは，DocumentumへのXMLツール統合に利用され，EMCとしてのXML基盤の強化に貢献。
2008年6月	Iomega	コンシューマー／小規模企業市場におけるデータストレージや情報管理技術
2009年7月	DataDomain	次世代ディスクベースのバックアップ技術
2010年7月	Greenplum	特定ハードウェアに依存しないデータウェアハウス専用ソフト「Greenplum Database」技術を保有。
2011年11月	Isilon	スケールアウトNAS市場のリーダー

そうした中，2006年7月，EMCは中国上海に研究開発拠点を設け，中国の急成長する労働力を活用し，将来の中国市場の拡大に積極的に取り組もうとした。このことについては，IT分野における中国市場の特性が大きく影響していたと思われる。

中国は，固定電話よりも携帯電話網が発達していることからも窺い知れるように，近代化の遅れもあって，有線ネットワークは脆弱で，ケーブルテレビのインフラも整備されていない。しかしながら，無線ネットワークは津々浦々にまで浸透し，PCやスマホ端末によるエンターテインメントコンテンツの利用は相当なものである。

さらに，中国のユーザーは，自由主義経済のユーザーと違い，国家等による監視によってプライバシーが厳しく規制されている。そのことの裏返しで，ど

23）Dell Technologies HP（https://corporate.delltechnologies.com/en-us/newsroom/announcements/）（最終閲覧日：2021年6月3日）等，各種報道資料をもとに筆者作成。

こかのSNSに適当にアクセスしてストリーミング視聴するというようなことは行えない。こうした環境から，ホームでのユーザーでありながらも，ストレージの使用量は，西側のユーザーをはるかに凌ぎ，また，データの保存のされ方も無茶苦茶であった。いうなれば，中国市場は，ストレージ利用という観点からすれば，周回遅れの「トップランナー」とみなすことができたのだ。

こうした流れを作ったのは，実は，EMC社内における研究開発のオフショア化にある。まずはインドで，開発と品質保証の作業を行ったが，そのことが単なるコスト削減に留まらず，現地ニーズの吸い上げ，ローカル製品の開発，新興市場での売上増，という好循環を作り出す契機となった。

結果，開発と品質保証のセンターは，ローカルにおけるCOE（センターオブエクセレンス）へと格上げされ，インド・中国・シンガポールへと範囲のみならず規模も拡大していった。2007年6月7日，EMCは，シンガポールに15,000平方フィートの研究開発拠点を，1億6000万ドルをかけて開設し，同年中に運用を開始した。

ローカルネットワークの活用は，世界中の大学との研究協力体制を構築し，さらに発展を続けている。とりわけ中国では，北京大学，上海大学といったトップクラスの大学での人材活用も進んでいる。IT分野におけるソフトウェア化はますます顕著になり，技術的なレベルでは，西側も東側も同レベルといっても全く過言ではない状況にある。だからこそ，トップクラスの大学の人材活用が重要になるのだ。

EMCは，インド・中国・シンガポールをはじめとするローカルでのCOE化を推し進め，それをグローバルに展開するというプロセスを実行してきた。もちろん，こうしたことが可能になったのは，IT分野におけるソフトウェア化の流れ（それに伴う技術格差の解消）と，「最先端」のローカルニーズがあったからだ。リバースイノベーション人材の育成というところにまで視野が行き届いていたところが，EMCの強みであったと考えられる。

3.2 BOPの可能性

1998年，C.K. プラハラードは，S・ハートとともに，BOPという概念を提起した[24)]。BOPとは，Bottom（Base）of the Pyramidのこと[25)]で，世界の経済ピラミッドの底辺を構成する40億人ともいわれる貧困層のことを指す。この層の潜在市場規模は，５兆ドルにも上ると言われている[26)]。

1998年あるいは2002年の論文発表当初のBOP層は，平均年収が1,500米ドル以下とされていたが，その後2007年の国際金融公社の世界資源研究所（World Resources Institute, International Finance Corporation）の調査報告をもとにした日本貿易振興機構（ジェトロ）の資料（**図6-7**）によれば，富裕層の人口は若干増え，中間層の所得は3,000米ドルと増加傾向にあるものの，依然として，BOPの人口及び所得は変わらないままとされていた。要は，問題提起から10年後も経済発展の恩恵はBOPには波及していなかった，ということであった。

どのように展開していけば良いのか。それがプラハラードの課題であった。彼の考えでは，BOPビジネスを新興国で展開することによって，2050年には，**図6-7**の右側のような状態になる，と考えていた。そのためには，富裕層やアッパーミドルをターゲットとしたこれまでのビジネス展開では限界があり，上で述べてきたリバースイノベーション以上の新たなパラダイムシフトが必要だ，というのが彼らの考えであった。

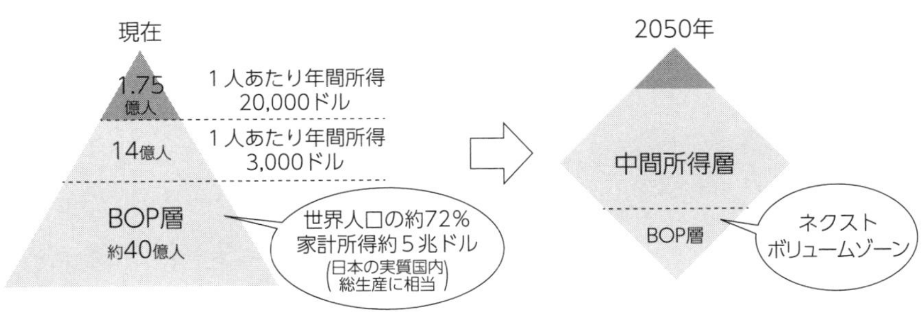

［図6-7］　BOPビジネスに伴う将来展望[27)]

24）　C.K. Prahalad & Stuart L. Hart（2002）, "The Fortune of the Bottom of the Pyramid", *Strategy and Business*, No. 26として公刊されているが，オリジナルは，ディスカッションペーパーとして次のサイトに掲載されている。その公表年は，1998年であることから，このように記述した。（https://www.researchgate.net/publication/260943834_The_Fortune_at_the_Bottom_of_the_Pyramid）（最終閲覧日：2021年６月３日）

25）　プラハラードは，「貧困」ということを意図するために，あえて「Bottom」という用語を用いるが，ハートは差別的意味合いが強いとして，「Base」を用いる。事実，プラハラードは，序論の脚注において，「スチュアート・ハートは同じ40億人の貧困層の呼称としてBase of the Pyramid（ピラミッドの土台）という用語を作った。この方が知性的に響く」（訳書，p.34）と述べている。C.K. Prahalad（2009）　<C.K. プラハラード（2010）>

26）　詳しくは，Allen L. Hammond *et al.*（2008）, "The Next 4 Billion: Characterizing BoP Markets," *OPEN KNOWLEDGE REPOSITORY*（WORLD BANK GROUP）。（http://hdl.handle.net/10986/4539）（最終閲覧日：2022年２月２日）

では具体的にどのようにすれば良いのか。筆者たちが行ったインドネシア伝統市場[28]における購買に関する調査研究によれば[29]，BOP層への働きかけには，工夫がいることが明らかになった。所得レベルでいえば，BOPの中でも最下層の人たちに直接販促等で働きかけてもあまり効果を期待できず，むしろ，BOPの上に位置するローワーミドルと，アッパーBOPに積極的に仕掛けていくほうが消費性向としては高まることが明らかになった。簡単に研究内容を紹介しよう。

我々の調査は，2015年1月にインドネシアジャカルタの郊外において行われた。有効回答家計総数446，年収3,000米ドル以下のBOP層[30]が396，年収2万米ドル以下の中間層（MOP）が42，年収2万ドル超の高所得層（TOP）が8，という回答家計数であった。

*K*平均法（*K*-means clustering）分析の結果，4つのセグメントに分類することができた。第1セグメントの規模（回答家計数）は，25で，うちTOPが28.0%，MOPが64.0%，BOPが8.0%だった。第2セグメントは，39で，TOP 2.5%，MOP 53.8%，BOP 43.5%，第3セグメントは，204で，TOP 0.0%，MOP 1.4%，BOP 98.5%，第4セグメントは，177で，TOP 0.0%，MOP 1.1%，BOP 98.8%，という結果を得た。

第1セグメントの特徴としては，学歴が高く，持ち家率も高く，金融サービスへのアクセスも容易で，テレビはあまり見ずに新聞をよく読み，政治に関心があり，自分を高めるための努力を惜しまない，というものであった。BOP以外で92%の家計が構成されていたので，富裕層に近いセグメントだと考えられる。

第2セグメントで最も特徴的なのは，インターネット利用が多いということであった。平均的に日に3時間はインターネット閲覧を行っている。セグメントの多く（82%）が家や車のみならず，その他物品を購入するのに，ローンを利用していた。価格よりもブランドや品質を重視し，伝統的市場よりもスー

27）出典：日本貿易振興機構（ジェトロ）HP（https://www.jetro.go.jp/theme/bop/basic.html）（最終閲覧日：2021年6月3日）

28）伝統市場とは，近年のスーパーマーケット等とは違い，古くからある小規模な対面販売店が立ち並ぶ市場のことをいう。

29）Dahana, Kobayashi & Ebisuya (2018)。

30）インドネシアの首都ジャカルタにおける所得階層比率に従い，BOP層をこの年収以下とした。詳しくは，同上，pp.181-182を参照されたい。

パーマーケットでの買い物が多いという特徴があった。

第3セグメントは，テレビを見る時間が1日約2.4時間と長く，新聞を読む時間は1時間未満，インターネット閲覧は，テレビの約4分の3，という状況である。3分の2の家計は週末自宅で過ごすのだが，すべてのセグメントの中でこのセグメントが，仲間たちと一緒に過ごし交流意識が強いことが明らかになった。家や車といった高額のローンは組めないものの，バイクやその他耐久消費財のためのローンは積極的に利用していた。製品ブランドを重視しつつも，伝統市場やキオスクといった伝統的なチャネルを利用している家計が60%以上であった。

第4セグメントの家計は，テレビを見ることに多くの時間を使っていた。週末もほとんど自宅にいて，近隣やコミュニティの人たちともほとんど付き合わず，収入の50%超が食費に充てられていて，ローン等の金融サービスはほとんど受けられない。購買行動の情報ソースは，TVコマーシャルということだけあって，テレビで宣伝されている自分たちが購入しているものが最も好ましい商品である，というようにも思い込んでいた。

これまでのビジネスの対象となっていたのは，主に第1セグメントと第2セグメントの上位所得層であった。しかしながら，それではBOPビジネスは成立しないと我々は考えた。どうすれば良いのか。結論としては，第3セグメントに属する人たちを主たるターゲットとし，この層が積極的に購買できるような仕掛けを作っていくことが重要だと考えた。

第2セグメントもビジネスターゲットとしては悪くないが，やはり規模が小さい。第3セグメントになると，第2セグメントの約6倍になる。そして，このセグメントの際立った特徴は，仲間たちとの交流意識が強い，ということである。家や車のローンは組めなくても積極的に耐久消費財を，ローンを組んででも購入しようとしていた。実際，そうした内容を以下の事例は実証している。

ブラジル，カザスバイヤ

2020年，経済産業省から公表されたデータ等によると，ブラジルの所得階層は，**表6-5**（次頁）のような構成になっている。経済成長面では，リーマンショック以降低迷が続いていたが，2015年を底に拡大傾向を続け，2019年初頭までは順調に伸びてきていた。しかし，コロナ禍によってやはり再度停滞気味

［表6-5］ ブラジルの所得階層（2020年）[31]

階層	所得額（US＄）	比率（%）	
A	35,000〜	7.6	7.6
B	10,000〜34,999	36.2	36.2
C	7,500〜9,999	27.4	12.1
D	5,000〜7,499	32.4	15.3
	2,500〜4,999		17.1
E	1,750〜2,499	10.7	4.7
	1,000〜1,749		4
	750〜999		1.1
	500〜749		0.9

になっている。

2021年５月末時点でのレアル／米ドルは，１ドル5.22レアル程度だが，2013年以降はずっと下降傾向にあり，2020年はコロナ禍の影響もあって，5.81レアルの安値を付けるまでに下げ，ようやく持ち直し始めたところである。表は米ドル換算してあるが，Ｅクラスでは，月収23千円以下，Ｄクラスのトップで，月収69千円程度，Ｃクラスのトップで，月収92千円程度ということになる。Ｂの上位３分の１以上は，富裕層だと思われる。明らかに，ＥがBOP階層である。

さて，カザスバイヤ（Casas Bahia）だが，家具と家電販売を専門とするブラジルの小売チェーンである。ブラジル全土にいるBOPに対して，独自の信用販売方法を確立し，彼（女）らの購買力を高めている企業だ。カザスバイヤの顧客の70％は，正規の安定した収入がなく，主にメイドやコック，街頭の物売り，建築労働者として働き，平均月収は最低賃金の２倍にあたる400レアル程度である。ファベラという密集したバラック小屋のような建物の中に住んでいて，１世帯に数名（多いところでは，７名）が20平米の中で生活している。

そうしたBOP層に対してカザスバイヤはどのようにアプローチしたかというと，ローンによる割賦販売を充実させたのであった。「カルネ」という支払

31） 経済産業省（2021）「医療国際展開カントリーレポート新興国等のヘルスケア市場環境に関する基本情報 ブラジル編」（https://www.meti.go.jp/policy/mono_info_service/healthcare/iryou/downloadfiles/pdf/countryreport_Brazil.pdf）（最終閲覧日：2021年６月12日）の記載データをもとに筆者作成。

通帳を用い，顧客は少額の分割払いを行う。期間は1カ月から15カ月までの間だ。顧客はカルネと現金をもってカザスバイヤの店頭を訪れる。そこで店員との間に社会的な関係が形成されるのだ。カザスバイヤのカルネによる売上げは，総売上高の90％を占め，残り約6％が現金，約4％がクレジットカードである。

カザスバイヤ（家具部門）における債務不履行（デフォルト）率は，平均4.5％である。消費者金融に融資を任せている同業他社のデフォルト率と比較すると，3分の1程度だ。なぜ，このようなことになるのか。上記我々の研究成果が1つの答えである。第3セグメントは，家や車といった高額のローンは組めないものの，バイクやその他耐久消費財のためのローンは積極的に利用する。また，仲間たちとの交流意識が強い，という特徴を有している。月に1度店を訪れ，何気ない雑談を通して新たな商品情報が店から提供されたりすることで，「仲良く」なり，信頼関係を維持しようとするのだ。

カザスバイヤでは，知名度の高いブランド品を多く扱っている。それは，BOP層もブランド情報については，テレビやインターネットを通じて知っているからだ。BOP層はむしろブランド品を好むといっても過言ではない。そうしたBOP層の消費行動をカザスバイヤは捉えているのである。

メキシコ，セメックス

世界中どこのBOP層もほとんどといっていいほど持ち家はない。ブラジルのファベラがそうであるように，廃墟に近いようなところに雨露をしのぐために住んでいるといっても良いくらいだ。そうしたBOP層に，棲み処（すみか）を改修し持ち家らしくしていくという取り組みを行ったのが，メキシコのセメックス（CEMEX）である。

セメックスは，セメントを原材料とする各種派生商品（生コン，鉄骨材やクリンカー等）を製造販売している企業で，1990年代まではメキシコ国内における保護貿易制度のおかげで市場シェアは65％の状況にあった。しかし，90年代に市場開放が進むと激しい国際競争に巻き込まれることになるが，積極的にM&Aを推し進めた結果，セメントメジャーの1つに数えられるほどになった。

セメックスの市場開拓のすばらしさは，何といっても「インフォーマルセグメント」という層を見つけ出したことであった。インフォーマルセグメントとは，経済的に余裕がなく自分で家を改修・建築する層のことである。このセグメントの収益率はあまり良いとはいえない。建築業者等の専門業者によって改修・建築されるフォーマルセグメントのほうが収益率としては，圧倒的に上である。しかし，フォーマルセグメントは景気動向によって売上が左右される。他方，インフォーマルセグメントは，景気に左右されにくい特徴がある。塵も積もれば山となる，この層にセメックスは新規市場開拓を行ったのであった。

1998年セメックスは，「パトリモニオ・オイ（patrimonio hoy）」というプログラムを実験的に開始する。パトリモニオ・オイとは，「今日から遺産を」という意味のスペイン語だが，要するにBOP層の家づくり（資産形成）のための製品提供プログラムである。

メキシコに限らず，BOP層では日常的に貯蓄している家庭はほとんどない。メキシコでは，「タンダ」という方法で，近所の人や親せき，友人などが集まって，お金が残っているときに相互にお金を出し合って貯めておく。週に1度あるいは定められた間隔をあけて，メンバーの誰かがその貯蓄を得て利用することができるのだが，資金使途としては，家族に不測の事態（病気やケガ）が起きた時や，教育費用，あるいは住宅資金というものだ。

タンダのメンバーのほとんどは，女性たちで，その7割が，目的としては家の建築・改修費用のために貯蓄しているのだが，そうしたお金は，実際のところ建築費用に回ることは少なく，男たちの呑み代に消えていくことが多かった。そこで，パトリモニオ・オイのチームはこのタンダの改良をまず手掛けた。

パトリモニオ・オイ・プログラムに参加する顧客に「ソシオ」という3人組を形成してもらう。要するにこの3人でタンダを形成し，誰かが貯蓄できないような状況に陥らないように相互チェックする仕組みである。3人組は，毎月交代で1人が他の2人からお金を集めて毎週360ペソ（1人当たり120ペソ）をプログラムに支払う。うち45ペソ（1人当たり15ペソ）は会費として徴収され，残り105ペソが資材代金に充当される。

5週間この貯蓄と会費を支払い続けた後，5週目の終わりにプログラムから，10週分3,150ペソ（1人当たり1,050ペソ）相当の建築資材が配給される。前の5週間分は，先払い，後の5週間分は，後払い，ということになる。10週までの第1段階をクリアできれば，ソシオはほぼ間違いなく，第2段階へと進む。

第2段階も10週単位だが，70週までである。第2段階からは，2週先払いすれば，8週後払い，ということになる。すなわち，12週目の終わりに，20週目分までの資材が配給され，次に22週目の終わりに，30週目までというように，32週目，42週目，52週目，62週目，に資材が配給されるようになる。

70週といえば，1年を超える長丁場だが，70週を連続して払い続けることは，3人組の連帯責任の成果だと考えられる。ソシオの1人に病気やケガの臨時出費があった場合，相互に助け合って，プログラムへの支払いを継続していこうとするのだ。もちろん，ソシオの複数に臨時支出があり，ソシオとしては途中で「休憩」せざるを得ないこともある。しかし，1人でならば，そのままずるずるとドロップアウトしてしまうことにもなりかねないが，3人での連体制によって，ドロップアウトが回避されるのだ。

さらに，パトリモニオ・オイ・プログラムで重要な役割を担っているのが，「プロモーター」と呼ばれる職種である。プロモーターのほとんど（98%）は女性で，多くは，ソシオの卒業生あるいは現役生である。プロモーターの収入は歩合制で，入会させたソシオの数，そのソシオがプログラムに在籍した期間に応じて定められる。基本的に入会者数が多ければ多いほど，そしてプログラム在籍期間が長ければ長いほど，歩合は高くなっていく。

このプロモーター制度で最も重要なことは，プロモーターの多くは，ソシオ経験者だということだ。要するにBOPに留まらず，より高収入を得られる職種をパトリモニオ・オイ・プログラムは用意しているのだ。歩合の度が過ぎればマルチ商法のようになってしまうが，おそらくソシオからの会費を原資としていると思われるで，120ペソのうちの15ペソ，すなわち12.5%が歩合の限度だと思われる。

プログラムとしては，単に建築資材を提供するだけではなく，技術上のアドバイスやサポートも必要になるので，そうしたフリンジの提供のことも考えると，会費を全額，プロモーターたちへの奨励費とすることは無理だろう。したがって，適度な販促費，というように捉えても問題ないと思われる。

この事例においても分かるように，BOP層の消費を増やすためには，社会的関係性の構築をもとに，貯蓄（ローン）と消費をうまく調和させることによって，消費拡大を促進し，生活質の改善につながるような仕組みづくりが重要だ，ということだ。パトリモニオ・オイ・プログラムにおいては，所得も増加するチャンスがあるというところが素晴らしい。当プログラムは，メキシコ全土に広がっているのみならず，フィリピンにも展開されている。

E+Coと，テクノソル（Tecnosol：ニカラグア）

E+Coは，米国ニュージャージー州ブルームフィールドに本拠を置く非政府組織（NGO）であり，1994年の設立から2012年の再編に至るまで，発展途上国に250を超えるクリーンエネルギー投資を行ってきた。E＋Coは，1990年にロックフェラー財団からの認可を受け，新興国での農村エネルギーの提供と充実，それに伴う経済発展と社会的利益の拡大，さらには環境保全の好循環（**図6-8**参照）を可能にする枠組み作りに勤（いそ）しんできた。ミッションとしては，「クリーンで近代的なエネルギーを，現地発，市場重視の手法で世界の貧困層に提供する」（プラハラード，p.590）を掲げていた。

一般に新興国向けのエネルギー援助プログラムといえば，大規模なプロジェクト型投資で，セントラルタイプの発電所を建設し，そこから送電線を使って遠隔地にまで電気を供給するシステムを構築しようとする。しかし，この方式だと，プロジェクトが終了してしまうと，追加的な設備投資に莫大な費用がかかるため，現地の経済力では難しく，持続可能な発展を望むことが難しくなってしまうのであった。

そこで，E＋Coは「地域社会には，現地の市場ニーズと向き合いながらエネルギー事業を作り上げてきた小規模な起業家がいる。しかし，援助プログラムが突然安い値段で提供されると，彼らのビジネスはつぶれてしまう。もうすぐ（配給プログラム）がやってくることがわかっているので，自分の収入の大半

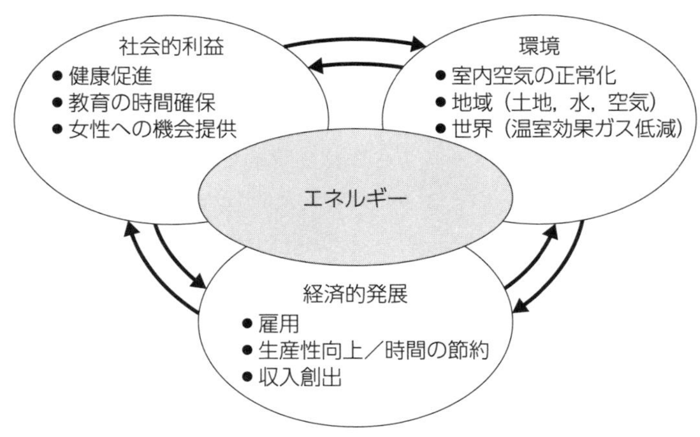

［図6-8］　近代的エネルギーの役割[32)]

32）　プラハラード（2010），p.591。

に匹敵する商品やサービスに金を払うものなどいない」（同上，p.590）と考え，現地社会のエネルギーニーズに合った新製品やサービスを開発する意欲のある起業家を探し出し，投資することにした。

現地起業家とE＋Coは，現地のトレーニングセッションで初めて接触し，ビジネスプランの練り上げ等を通じて，投資対象となる案件と起業家が絞り込まれていく。投資対象に選ばれるのは，約20人に１人だ。「EDS（企業開発サービス）」と呼ばれるこの仕組みには，ビジネスや技術に関する教育を含め，事業計画（ビジネスプラン）や財務計画作成のサポートも含まれている。

EDSのプロセスを経て起業家は，事業に必要ないわゆる種資金の融資あるいは投資をE＋Coから受けることになる。融資の場合は，市場金利よりも極端ではないものの低金利で，貸付期間も長く返済スケジュールも柔軟で保証人についても状況によっては不要になる。E＋Coからの投資となると，やはり選りすぐりの案件で，融資に比べるとその数はずっと少なくなる。

初回融資額は地域によって異なり，平均的に十数万米ドルと言われているが，E＋Coからの金額だけで，事業が賄えるものではなく，むしろ他の金融機関等に対する与信創造の意味合いが強い。事業が計画通りに進み実績が出てくれば，「次段階の資金調達の支援」が行われ，他の金融機関への資金調達の支援をE＋Coは行う。

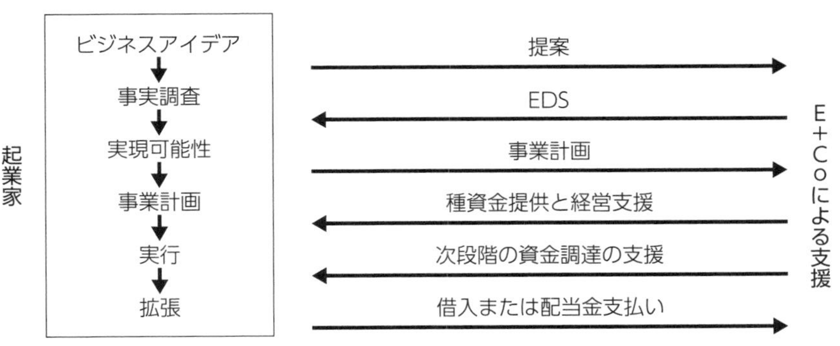

［図6-9］　E＋Coのビジネスプロセス[33)]

33）　同上，p.595。

こうしたプロセスの中から育ってきた優等生にニカラグアのテクノソルがあった。ニカラグア全土で主に農村の非電化地域を対象に，太陽光・風力・水力による発電システムを販売・設置している。テクノソルのビジネスのエッセンスは，まさに，「ラストワンマイルに電力を届ける」ことだ。上でも述べた大規模な発電所からの配電システムでは，人里離れた奥地には高圧電線は通っていても，なかなか電力は供給されない。電力を小口化するのが禁止的に高くつくからだ。

そこでテクノソルは，市場調査とE＋Coからのアドバイスをもとに，太陽光パネルを用いたソーラー発電システムを農村地域に販売していった。農業規模に応じた４つの主力商品によって構成されており，14ワット・50ワット・75ワット・100ワットのソーラー発電システムである。販売開始当時（2003年），それぞれの価格は，350ドル・590ドル・790ドル・1,150ドルであった。数万円から十数万円の価格帯である。

この発電システムに加えて，農家にとって収益を生み出す派生商品に，冷蔵システム・冷凍システム・用水ポンプシステム・照明／用水ポンプシステム，といったものがある。価格としては，10数万円から40万円当たりである。主力商品・派生商品ともに，現地の価値としては，その10倍程度に及び，結構な設備投資ということになるが，農作物を冷蔵・冷凍することができれば，より多くの利益を生み出せることもあって，需要は絶えない。

テクノソルの発展を支えているもう１つの原動力は，販売店ネットワークだ。どの販売店も，テクノソルの本社があるマナグアから２日で到着できる場所にある。販売店として認められた店舗は，テクノソルの名を掲げて商品を陳列し，宣伝することが許される。ブランド使用料は無料である。販売される商品によってマージン（利益率）は変化するが，デフォルトがなければ徐々に与信枠が拡大していく。

すなわち，デフォルトがない状況が一定期間継続すると，与信枠として5,000ドル程度が販売店に与えられ，その額の在庫を持つことができる。そうなれば，随時３，４基のシステムと各種部品・周辺機器を手元に置けることになり，顧客へのサービス品質を向上させることが可能になる。製品需要は強く，与信枠の拡大を求める声が聞かれる。

「マナグアからかなり離れたところに住んでいる。大体週に２，３基のパネルが在庫から出ていく。客は電力設備欲しさに６時間もかけて店まで来てくれるというのに，必要なパネルを切らしてしまっていて，帰ってもらうことがよくある。在庫を補充しに街まで出かける回数が減れば，客にもっと良いサービスを提供できるのだが」（同上，p.602）というのが，一般的な販売店のニーズのようだ。

このE＋Coとテクノソルケースのエッセンスは，起業家に対するファイナンス及び事業支援を通じて，環境にやさしいだけでなく，貧困地の持続可能な産業発展を促している，ということである。文字通り，SDGsとBOPの双方を達成しているところに大きな意義があるように思える。

◆参考文献

1　本村眞澄（2014）「ロシアの石油・ガス開発は欧州市場とともに発展してきた」『石油・天然ガスレビュー』Vol. 48，No. 6，pp.1-8.

2　米川伸一（1983）「総合商社形成の論理と実態―比較経営史からの一試論」『一橋論叢』第90巻，第3号，pp.319-343.

3　Christopher A. Bartlett & Sumantra Ghoshal (1989), *Managing Across Borders: The Transnational Solution* (Harvard Business School Press) <クリストファー・A. バートレット=スマントラ・ゴシャール（著）／吉原英樹（監訳）(1990)『地球市場時代の企業戦略　―トランスナショナル・マネジメントの構築』（日本経済新聞社）>

4　Wirawan D. Dahana, Toshio Kobayashi & Azusa Ebisuya (2018), "Empirical Study of Heterogeneous Behavior at the Base of the Pyramid: The Influence of Demographic and Psychographic Factors," *Journal of International Consumer Marketing*, Vol. 30, No. 3, pp.173-191.

5　Vijay Govindarajan & Chris Trimble (2012), *Reverse Innovation: Create Far From Home, Win Everywhere* (Harvard Business Review Press) <ビジェイ・ゴビンダラジャン=クリス・トリンブル（著）／渡辺典子（訳）(2012)『リバース・イノベーション　新興国の名もない企業が世界市場を支配するとき』（ダイヤモンド社）>

6　Geoffrey Jones (2005), *Multinationals and Global Capitalism: from the nineteenth to the twenty-first century* (Oxford University Press) <ジェフリー・ジョーンズ（著）／安室憲一・梅野巨利（訳）(2007)『国際経営講義：多国籍企業とグローバル資本主義』（有斐閣）>

7　Karl Moore & David Lewis (1999), *Birth of the Multinational:* 2000 *Years of Ancient Business History－from Ashur to Augustus* (Copenhagen Business School Press)

8　C.K. Prahalad（2009）, *The Fortune at the Bottom of the Pyramid: Eradicating Poverty Through Profits, revised and updated* 5th*anniversary edition*（Pearson Prentice Hall）＜C.K. プラハラード（著）／スカイコンサルティング（訳）（2010）『ネクスト・マーケット〔増補改訂版〕―「貧困層」を「顧客」に代える次世代ビジネス戦略』（英治出版）＞

9　John M. Stopford & L.T. Wells Jr.（1972）, *Managing the Multinational Enterprise: Organization of the Firm and Ownership of the Subsidiary*（Basic Books）

第7章

多元的価値社会の中での経営：ESGそしてSDGsへ

第1節　株主主権から利害関係モデルへ

1.1　初期の株式会社

資本主義社会の発展は，株式会社の発展といっても過言ではない。現代の株式会社は，第1章でも述べたように，株主に対しては出資額だけの有限責任を負わせ，株主には会社の負債の請求は直接及ばない。また，株式は，一般的には譲渡売買も自由で，経営規模に応じて増やすことも減らすこともできる。このため，株主＝投資家たちは，株式会社に投資（出資）し，利益分配（配当）を受け，あわよくばキャピタルゲイン（購入価格以上の価格で株式を売却することで得られる利益）をも得ようとする。このため資本が資本を呼び，幾何級数的に株式会社の社会に与えるインパクトは大きくなった。

16～17世紀の大航海時代，貿易・植民地経営のために，英国の東インド会社のような大規模な会社が設立された。同社は，イギリス絶対王政時代（1600年）にロンドンの商人たちが組織し，エリザベス1世や議会からの特許状を請け，アジア貿易を独占的に行った会社である。これらの会社のほとんどは，「ジョイントストックカンパニー（joint stock company）」と呼ばれる資本形態で，譲渡可能な出資持分（株式に相当）を出資者（株主）たちは所有しつつも，株主たちは，全員無限責任を負わされた。合名会社あるいは合資会社の形態を踏襲しつつ，リスクヘッジの観点から荷為替同様に，権利の譲渡可能制は取り入れられていた。

当時の会社は，ほとんどがプロジェクトファイナンス的な会社であった。すなわち，航海や交易のたびに出資金を募り，それが終われば，清算・配当を行っていた。そして，持分（株式）については，会社が存続している間（航海や交易期間中）は，公開市場で売買することが可能であった。そうした中でも1602年に設立されたオランダの東インド会社は，資本を継続的に維持する（要するに，プロジェクトごとに解散・清算しない）ということから，株主の無限責任というきまり以外は，形態として実質的に世界初の株式会社であった。

英国東インド会社を典型として，当時の会社は，帝国主義が民間資本を取り込み，国としての覇権を拡大させつつ，投資家たちの利潤追求をも可能にする枠組みから重宝されていた。例えば，スペイン領アメリカに黒人奴隷を供給する「特権」（アシエント）をもとに設立された英国の南海会社は，本業は芳しくなかったが，英国の国債全額を同社が引き受けると公示され，それに併せて新株が発行される（1720年）となると，同社の株価は数カ月後には約10倍にも高騰した。

同社の新株発行株式計画に併せて，国王や議会からの特許を与えられていない会社がロンドンで無秩序に設立されるようになり，株式会社への投資ブームは，一挙に“投機”へと変貌していった。そこで，こうした投機マネーの独占を狙った南海会社は，議会と結託して，国に「泡沫会社禁止令（Bubble Act, 1720)」を発令させる。このことで市場は急速に冷え込み，同社の株価は暴落し，投資家たちは非常に大きな損失を被ってしまった[1)]。まさに，バブルが崩壊し，悪銭身に付かず，の状態に陥ったのだ。

こうした特権，すなわち国王や議会によって特別に許される権利（特許権）をもとに，企業を設立し，インフラ等を整備させていくやり方は，植民地アメリカにおいても展開された。その方式は，独立後の米国においても，州政府が特許権の授与主体になり継承されたのだが，特許権の内容自体を州政府の都合の良いように書き換えるなどして，投資家たちの間では，非常に評判が悪いものであった。このようなことから，投資家保護をどのように進めていけば良い

1） 南海泡沫事件の新規発行株式の株価は，額面100ポンドだったものが，1720年４月新株発行予約時点で価格は，300ポンドまで高騰した。株式が売買されるようになり，翌５月には，700ポンド，その翌月６月には，高値の1,050ポンドにまで急騰した。９月に「泡沫会社禁止令」が発布されると暫くの間，取引停止になるものの，取引再開後は，禁止令と会社としての業績不振が明らかになり，株価は，額面価格近くまで急落した。その後国有化もあり，140ポンドあたりで落ち着くことになった。12月には株価は 124ポンドに低落して破産者が続出した。その結果，閣僚のなかから汚職の嫌疑に問われる者もあって内閣は倒れ，1721年，R. ウォルポール内閣が成立した。内閣はイングランド銀行とイギリス東インド会社に，南海会社の株を１株１ポンド８シリングで引取らせることによって国家の信用を回復した（出典：ブリタニカ国際大百科事典小項目事典）。

のか，というのがコーポレートガバナンスの出発点であった。

1.2　有限責任から巨大企業の誕生へ

投資家保護の初歩的な形態が有限責任である。フランスでは，1807年の商法典で，「株式合資会社（société en commandite par actions）」という新しい形態の会社が認められるようになった。経営に関与しない出資者には有限責任が認められるようになったのである。現在の合資会社をイメージすれば良いように思われる。米国では1830年にマサチューセッツ州議会が公共事業と関係のない会社にも有限責任制度を認めるようになった。

一方英国はといえば，1844年に株式会社法が成立するが，登記だけによる設立は認められたものの有限責任については認められなかった。しかしながら，英国の会社が，規制緩和していたフランスで登記して設立されるようになると，1856年の株式会社法では，有限責任制を自由に導入できるようにした。そこには，最低資本金の規制もなく，７人の個人が定款に署名し，事務所を登記のうえ，社名に「Ltd.（有限責任）」を入れれば設立できるようになった。その後，ドイツでも1870年に有限責任制の下での会社法の整備が進められた。

現在の株式会社制度における出資について，出資者は出資額以上の責任を会社に対して負う必要はなく（有限責任），仮に会社が債務超過に陥り債権者から返済を求められたとしても，株主には直接返済義務は生じない間接責任である。そうした現行制度に近づく契機になったのが，鉄道の敷設である。鉄道網の整備には，莫大な資本を必要とする。鉄道会社は，新規の株主を募るために，有限責任の優先株を発行するようになり，そうした株式が取引所で売買されるようになった。

鉄道敷設からの経済発展は，国土が巨大な米国においては，その規模も英国を大きく上回った。1849年にゴールドラッシュが米国西海岸で起きると，欧州からの流入者は一挙に増え，Go Westの掛け声のもと，人口を増大させ経済規模を拡大させていった。鉄道の敷設は，鉱工業のみならず，郵便や電報といった通信サービスをも発展させ，さらには自動車をはじめとする一般消費財，金融へと産業の発展をいざなった。カーネギー，ロックフェラー，モルガン等々，個人にして巨万の富を築く企業家たちの登場がその象徴であった。

彼らのやり方は，基本的に同じで，中小規模の同業他社を買収によって寄せ集め，スクラップ&ビルドを通じて，大規模化を図り，株式を公開して新たに資金調達するというものだ。例えば，カーネギーは，1901年にカーネギースチールを4億8千万ドルでモルガンらに売却したが，モルガンは同社に200社ほどの中小企業を合併させ，株式公開し，USスティールとして14億ドルの時価総額にまで高めたのであった。

1.3 専門経営者の台頭とエージェンシー問題

企業規模が巨大化してくることによって，経営管理も標準化されるようになった。ROIやROE等の経営指標に基づく事業部制経営が普及するようになったのだ。そうなると，経営を専門とする職業経営者が多数登場した。GMのスローン，IBMのワトソン，フォード及びクライスラーを再建したアイアコッカ，GEのウエルチ等々は，その代表者たちだ。

こうした専門経営者たちが中心となって，企業の規模を拡大すべく，直接金融（企業が一般投資家から資金を直接集めること）を積極的に展開した。そのことによって，ますます所有と経営の分離が進んでいった。所有とは，投資家による経営権の所有で，経営とは，所有者である投資家からの委託を受けて専門的に事業運営を行うことである。

資本規模が拡大するにつれて，1株主の持分比率はどんどん低下していった。現行投資家保護がずいぶんと進んだ日本の会社法においては，「株主総会の検査役選任請求権」（会社法306条）や「株主提案権」（同法303条・305条）であれば，議決権総数の1％以上，「株主総会招集請求権」（同法297条），「会計帳簿閲覧請求権」（同法433条），「役員解任請求権」（同法854条）等が議決権総数の3％以上，「会社解散の訴え提起権」（同法833条）になると，10％以上，というように，少数株主保護が会社法では謳われている。しかしながら，巨大企業の資本構成において，10％はもとより，3％所有でも大株主であるのが実情である。それゆえ，分散化された所有状況では，所有と経営の分離傾向はますます進むことになった。

そうなると，株主からの委託を受けた専門経営者に対して，エージェンシー問題を指摘する声が，米国において上がり始めた。1960年代の合併ブームと70年代の業績悪化・株価下落から「コングロマリットディスカウント（conglomerate discount）」，すなわち多角化企業の価値が個別事業の価値の総和よりも劣るという状況から，専門経営者たちによる「帝国建設（empire building）」が株主利益を毀損させているという批判が注目されるようになった。その際援用されたのが，エージェンシー理論である。

エージェンシー理論は，「取引費用の経済学（economics of transaction cost）」の一部をなすもので，取引主体の特性を「限定合理性（bounded rationality）」と「機会主義（opportunism）」に置く。そうした主体間取引は，「情報の非対称性（asymmetry of information）」「埋没原価（sunk cost）」「資産特殊性（asset specificity）」といった状況に陥りやすく，このため主体間双方の効用極大化は望めない。情報優位をベースに埋没原価の多いほうあるいは取引に特殊な資産を有しているほうが取引上劣位になり，自らの効用を相手によって毀損されることになる。これがエージェンシー問題である。

巨大化した企業の一般株主（プリンシパル）はごくわずかな持分のもとで，専門経営者（エージェント）に経営を委託せざるを得ない。この関係のもとで，経営現場の情報を掌握しているのは，当然のことながら，専門経営者である。そうすると，株主の利益よりも経営者の利益を優先するようになる。これでは株主＝投資家は保護されていない，ということからコーポレートガバナンスへの関心が高まることになったのである。

1.4　コーポレートガバナンスへの関心の高まり

コーポレートガバナンスの出発点は，上記からも分かる通り，投資家保護と，経営者に対する規律付けから出発している。ところが投資家（株主）だけに留まらず，会社には多くの利害関係者が存在する。従業員・債権者（銀行等）・供給業者・顧客・地域社会・政府等々である。それぞれ異なる利害関係から企業経営を律しようとするスタンスのことを「ステークホルダー・アプローチ（あるいはモデル）」と呼ぶ。ステークホルダー（stakeholder）とは文字通り，利害関係者のことである。

そうすると，立場の違いゆえに，利害対立が発生する。例えば，従業員は，労働分配率（賃金）の上昇を求めるし，株主は純利益増からの配当増を求める。地域社会は，地域住民の生活向上を求め，会社にさまざまな負担を要求する。そうしたことは会社にとっては負担増になり，株主だけに留まらず，従業員や債権者との利害とも一致しない。対立する利害関係を落ち着かせることによっ

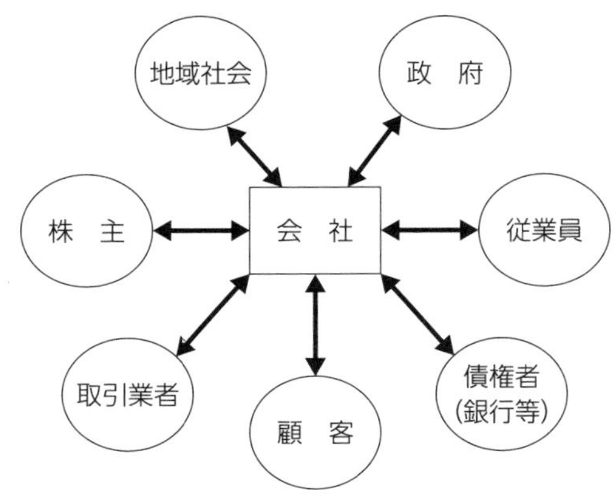

［図7-1］　ステークホルダー・アプローチ

て，経営者の規律付けが可能になるというのが，ステークホルダー・アプローチ（**図7-1**）である[2)]。

この発想がさらに進むと，企業の社会的責任（corporate social responsibilities：CSR）へと発展していくことになる。すなわち，企業，会社に関係する人たちとの間で果たさなければならない責任を果たしていくことが企業の社会的責任で，そのためには経営者を規律づける「ガバナンス経営」が求められる，というロジックになる。

図7-2及び**図7-3**（p.242）は，CSRに基づくガバナンス経営を未来志向的に捉えたものである。ステークホルダーを株主・従業員・顧客の３者に絞っているが，これが７者に拡大しても本質的な違いはない。要するに，現在顕在化している利害関係者たちの関係を企業の社会的責任の立場から全うし，仮に利害関係者間での対立があったとしても，それを首尾よく収めることによって，潜在的な顧客，株主，従業員への掘り起こしにつながる，という考え方である。

なぜ，現行利害関係者間での対立をうまくコントロールすることが将来の利害関係者たちを引き入れることになるのか。それは，現行株主，現行従業員，現行顧客は，それぞれ口コミを展開する仲間やグループを有しているからだ。

2）　小林敏男編・新しい企業統治研究会（2007）。とりわけ第４章「関係性ガバナンスと企業価値」を参照されたい。

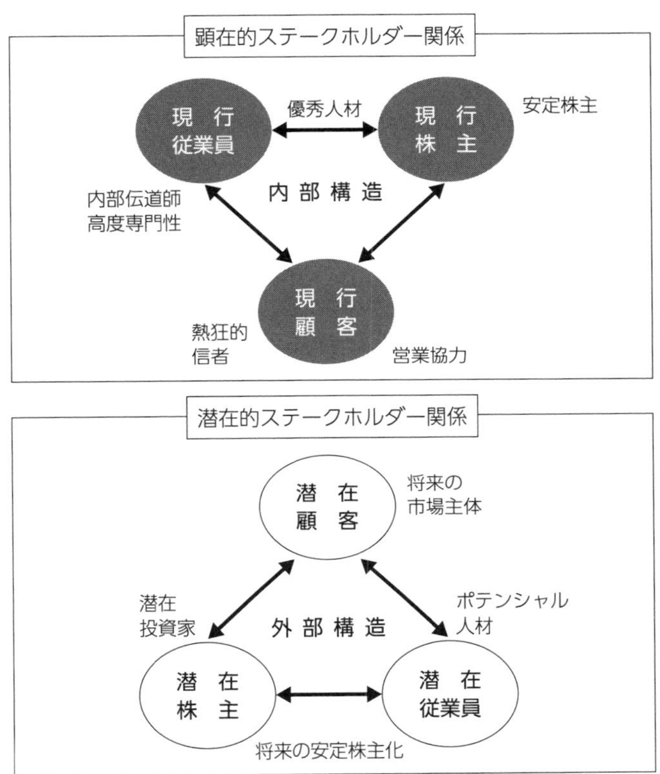

[図7-2]　顕在的・潜在的ステークホルダー関係

すなわち，彼（女）らはそれぞれの立場から，企業の価値について情報発信する。現行従業員による製品の差別化情報のみならず，現行株主による企業の成長性や配当性向，さらには，現行顧客による顧客対応情報等が，潜在顧客・潜在株主・潜在従業員へと伝播していくのである。

次頁，**図7-3**の「内部伝道師化」「企業価値提供」「モニタリング支援」「プロパガンダ」「市場情報提供」は，現行者たちに立場の違いはあるものの，潜在者たちに対して，企業価値・企業成長を訴えかける動きであり，それらに応じて，潜在者たちが，「安定株主」「ニーズ提供」「利益機会提供」「シーズ提供」「満足機会提供」「モニタリング強化」といった好反応を示せば，企業価値のさらなる向上・企業発展に繋がる，ということを示している。

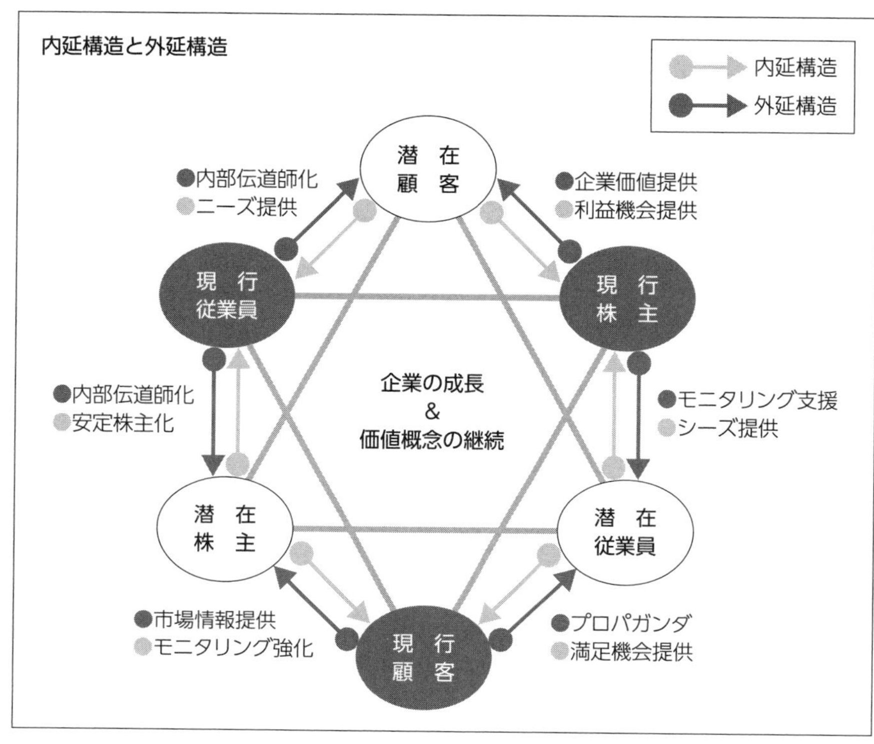

［図7-3］ 関係性ガバナンスからのCSR構造

第2節 会社法上のコーポレートガバナンス

CSRの思想を推し進めていくうえで重要なことは，その責任を社会においてどのように規定するのか，ということだ。要するに，単なる思想として留めるのではなく，その実効性を担保するために，法律あるいはそれに準ずる準則等によって，責任の中身を明確にしようというスタンスである。

企業における不祥事は，リコール隠しや不正経理・会計のみならず，経済犯罪と言えるものまで各種各様だ。そうした中，コーポレートガバナンスという事柄を強く意識させ，経営者の規律付けに関する諸制度が施行されるきっかけになったのは，2001年に米国で起きたエンロン事件だといっても過言ではない3)。

2.1　エンロン事件

エンロンは，数社のエネルギー（ガス・電力・パイプライン）関連企業が集まって1931年に結成されたノーザンナチュラルガスがその母体であった。エネルギー関連企業を買収することによって成長し，粉飾に留まらず数々の不正経理・虚偽報告を行い続けた。2007年に債務処理に終止符が打たれるまで，本社は，米国テキサス州ヒューストンにあった。

ガス・石油・石炭をはじめとするエネルギー資源の生産・供給のみならず，非鉄金属や木材等のコモディティ財，加えて，金融商品の信用リスク・天候・ネットワーク帯域・排ガス排出権，さらにはそれらの実物取引のみならず，1980年代の終わり頃からはそれらの金融派生商品（デリバティブ）取引に至るまで，エンロンオンラインという形でインターネット上にマーケットプレースを設け，Webサイトでの取引サービスを行っていた。そのころから粉飾会計に手を染め始めたと言われている。

1990年代には，レーガン政権によるエネルギー産業に対する規制緩和が追い風となり急成長し，2000年度の売上高は1110億ドル（全米第７位），2001年の社員数は21,000名という，全米でも有数の大企業となった。1990年代には，金融派生商品（デリバティブ）を規制するための時価主義会計を逆手にとり，見かけ上の利益を増大させていった。1998年には利益に占めるデリバティブ比率が８割を超えていた，といわれた。そのため，連結決算対象外の子会社である特別目的事業体（special purpose entity：SPE）に取引損失を付け替え，簿外債務にすることも積極的に行っていた。

2001年夏頃にインド・ダボール発電所やアズリックス（水道事業）など，海外での10億ドル単位の大規模事業の失敗等が明るみにでるようになり，株価も緩やかに下落し始めた。そして，2001年10月17日にウォールストリートジャーナル紙がエンロンの不正会計疑惑を報じたのをきっかけに株価は急落し，また証券取引委員会（SEC）も調査を行い，ついに巨額の不正経理・不正取引による粉飾決算が明るみに出た。2001年12月２日に米連邦破産法第11条（いわゆる会社更生法）の適用を申請し，エンロンは破綻した。

3）　金融情報サイトiFinance（https://www.ifinance.ne.jp/glossary/world/wor018.html）（最終閲覧日：2021年６月４日）

エンロン事件と呼ばれるようになったのは，その単体としての負債総額（一説では，300億ドルとも，400億ドルとも言われている）の大きさからだけではなく，大手監査法人のアーサーアンダーセン（Arthur Andersen）が深く関与し，ワールドコム（電気通信事業），Kマート（小売），グローバルクロッシング（海底ケーブル通信）等の破綻，さらには，ウェイストマネジメント（廃棄物処理）等々あまた大企業の不正経理・虚偽報告が明るみに出たからだった。

監査法人アーサーアンダーセンは，当然のことながら解散へと追い込まれたが，この事件を契機に，米国において，コーポレートガバナンスが強く求められることになり，2002年に企業の不祥事に対する厳しい罰則を盛り込んだ「サーベンス・オクスレー法（通称，SOX法）」が制定された。世界に冠たる大企業を有する国がコーポレートガバナンスを強く意識・規制することになったので，そうした潮流は瞬く間に世界中に広まった。

2.2 日本におけるメインバンク制

ところで，日本におけるコーポレートガバナンスはどうであったのか。このことについて，少し説明しておこう。結論から言えば，財閥一族によるグループ経営の流れの中から銀行が中心的存在となり，グループ企業をコントロールする，いわゆるメインバンク制というシステムの下で，コーポレートガバナンスは維持されていたと思われる。

このメインバンク制は，富国強兵を目指した政治による財閥への資本集中と，敗戦後財閥解体に伴う財閥家からの株式放棄の帰趨である。三菱・三井・住友・富士・三和・第一といった6大都市銀行は，各財閥における中核銀行として位置付けられていた。そのことから，財閥解体時にGHQ（連合国軍最高司令官総司令部）による財閥家保有株式の放棄命令に際しても対応した。

敗戦後，日本の株式市場は，ほとんど機能しておらず，財閥家から放出される株式の引き受け手など存在しなった。銀行が肩代わりすることは，実体的にも資本的にも不可能なことで[4)]，そこで考え出されたのが，グループ企業間での「株式相互持合い」であった。こうすれば，外資などからの買収を回避で

4） 実体的には，結局，財閥家に代わって，銀行が財閥を形成することになり，「資本的に」とは，財閥すべての企業の株式を保有するほどの資本力はなかった，ということを意味する。

き，旧財閥グループとして存続することが可能となる，ということであった。

安定株主工作としての株式相互持合いによって，旧財閥はルースな資本関係の下での企業グループへと変貌を遂げた。しかしながら，日本の資本市場は，企業が株式市場から直接金融によって資金調達できるような状態になく，企業は銀行からの間接金融（いわゆる借入）によってしか資金調達ができない状態が続いた。それゆえ，企業グループにおける金融は，ほぼ6大銀行がそれぞれのグループをコントロールすることになり，企業経営はメインバンクによって規律付けられていた。

旧財閥系グループが行った株式の相互持合いによる安定株主工作は瞬く間に産業界に普及し，1990年にバブルがはじけるまで，日本の経済成長の原動力の1つとなった。メインバンクによるチェックに審査合格となれば，他行もそれに追随することが許容されるようになり，協調融資の枠組みも出来上がった。これにより，メインバンク以外の銀行は，その企業に対するモニタリングコストを軽減させることが可能になったのだ。

株式相互持合いからのメインバンクによるコーポレートガバナンスは，資本市場としての国際化・健全化，ということからすれば，問題点がないわけではない。事実，1980年代後半からの日本におけるバブル経済は，この株式相互持合いという仕組みがその一因であったといっても過言ではない。

80年代の日本経済は好調で，企業の海外進出も進み，海外市場での成功も相まって，企業が海外市場で資金調達を容易に行えるようになっていた。そうなると，メインバンクは企業に対するコントロール力を失うだけでなく，預金の貸出先がなくなってしまう。カネ余りになった銀行は，資金運用のために，不動産や株式に投資する。そして，相互持合いの状況では株式の流動性が低いため，株価はどんどん高値を付けるようになる。そこで得た資金が不動産や株式に再投資され，というような過程を経てバブルが発生した。

バブル崩壊に伴い，株式の相互持合いは解消に向かった。個別の企業経営において余裕がなくなったからだ。そうなれば，企業としての本当の実力が問われることになる。また，海外からの資本を呼び込まなければ，今後の日本経済の発展はない。そうした考えから，株式市場の国際化・健全化を図るべく，商法，会社法等の法令改正が複数回行われ，今日的なコーポレートガバナンスが制度化されるに至ったのである。

2.3 現代におけるコーポレートガバナンス

1990年日本のバブル経済崩壊，そして2000年には米国の金融市場を揺るがすエンロン事件が待ち受けていた。コーポレートガバナンス強化が声高に叫ばれ，そのことに大々的に対応したのが，2014年６月に成立した会社法の改正である。まさに，コーポレートガバナンスの強化と，親子会社に関する規律付け等の整備が主な目的であった。

日本の会社法についていえば，会社法は2005年６月29日に成立し，同年７月26日に公布されたが，会社法が作られる前は「商法第２編会社」,「株式会社の監査等に関する商法の特例に関する法律（商法特例法)」及び「有限会社法」という３つの法律の中から当てはまる条文等が選び出され，事象に適用されてきた。しかしながら，これら３つの法律がバラバラであることの体裁の悪さや，条文間の整合性を整える必要性から，商法改正と合わせて，会社法は2005年に新たに制定された。

2014年の第一次改正に加えて，社外取締役設置の義務化等に関連して2019年12月にも再改正が行われた。そうした流れから，以下の３点（改正会社法，スチュワードシップコード，及びコーポレートガバナンスコード）について紹介していこう。

(1) 改正会社法

まず改正会社法において，社外取締役設置の義務化は，経団連等からの猛反対の結果，見送られることになった。しかし,「社外取締役を置くことが相当でない理由」を事業報告に記載することが求められるようになった。そのもとで，どのような機関設計が求められるのかということが問題になるが，経営者側にとって，これまでの慣行からして最も受け入れやすいのが,「監査役会設置会社」(**図7-4**) であった。

単なる監査役の設置ではなく，複数名からなる監査役が選任され監査役会を構成し，その会は「１名以上常勤監査役」「半数以上社外監査役」「取締役等との兼任禁止」が条件とされる。会計監査人と連携をとりながら，取締役会の構成・運営，それに事業執行の内容を監査する，いわば業務全般に関する監査を行う会である。

しかし，この機関設計では経営をチェックする立場としては弱い，と言わざ

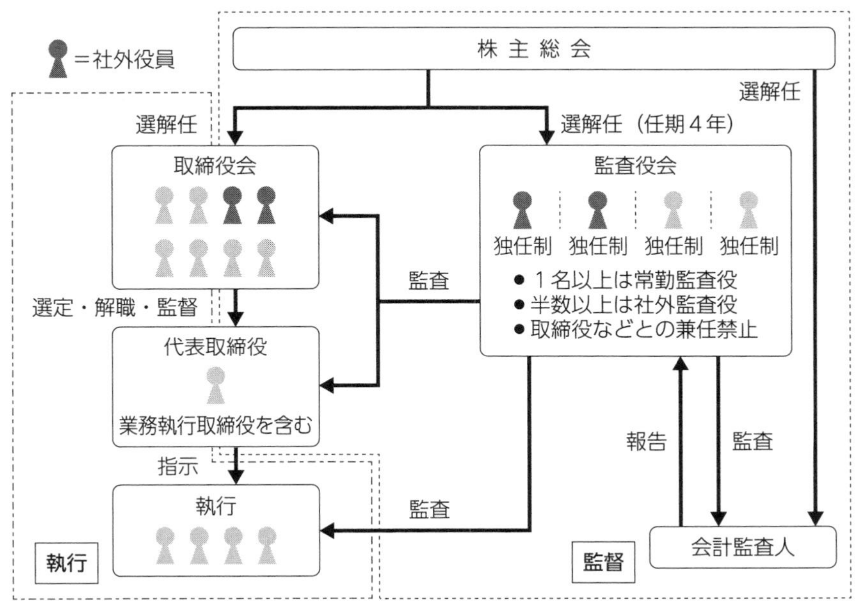

［図7-4］　監査役会設置会社の機関設計[5)]

るを得ない。なぜなら，監査役会の報告義務は，株主総会にあり，定時株主総会は１年間に１度開催されるにすぎない。その間，不正に気付いていたとしても，明らかにできない。加えて，会計監査人同様，監査役会は，取締役会及び業務執行の内部者でないため，情報の非対称性が懸念される。外形的には，監査役会が主に業務監査を行い，経営を規律付けるというようには見えるが，運用面ではいかがなものか。こういう批判が上がるのが，監査役会設置会社である。

これに対して，コーポレートガバナンスを強化した米国流の機関設計がある。それが「指名委員会等設置会社」である（次頁，**図7-5**）。ここまでやれば，確かにガバナンスは強化されると思われる。取締役会は，各種委員会を内包し，それぞれの委員会は，過半数の社外取締役によって構成される。このため取締役会は，社外取締役が過半数になり，いきおい取締役会議長には社外取締役が

5）　松田千恵子（2015），p.37。

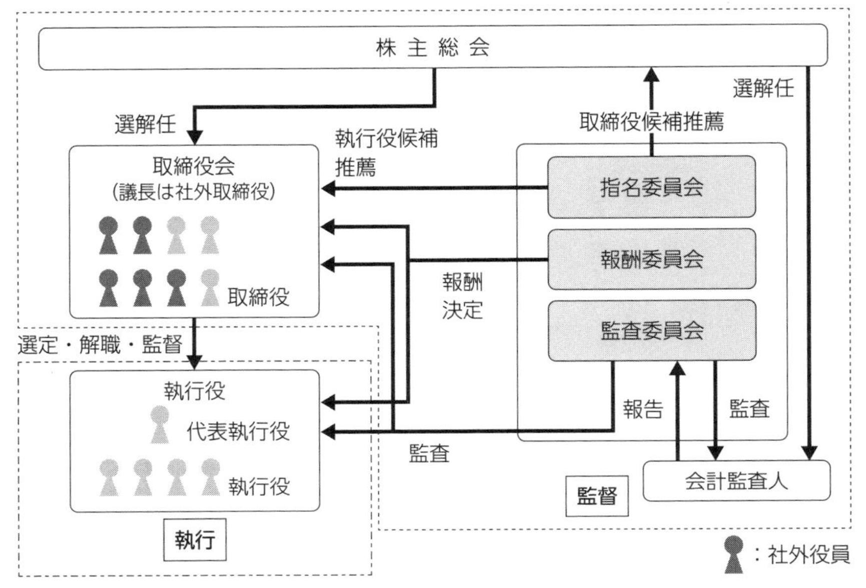

［図7-5］　指名委員会等設置会社[6)]

就任することになる。取締役会は，業務執行の監督者として機能し，原則，取締役は業務を執行できない。

日本の会社法における指名委員会等設置会社は，ここまでガバナンスが強固なものではない。委員会メンバーの過半数が社外取締役であることには変わりないが，どの委員会にも属さない取締役を置いても差し支えない。したがって，取締役会議長は内部者が就任することが可能となる。加えて取締役が執行役を兼務することも可能となっている。

要は取締役会内部に，過半数の社外取締役によって構成される各種委員会を設置し，取締役会の人選，経営判断や意思決定について，さらには執行役の業務運営をチェックするのが，指名委員会等設置会社である。しかし，この日本的に緩和された制度であっても採用している会社はあまり多くない。2019年末の上場会社数3,706社のうち77社，僅か２％である[7)]。

そうなるのも分からなくはない。監査のみならず，人事や報酬の決定にまで

6）　同上，p.38。

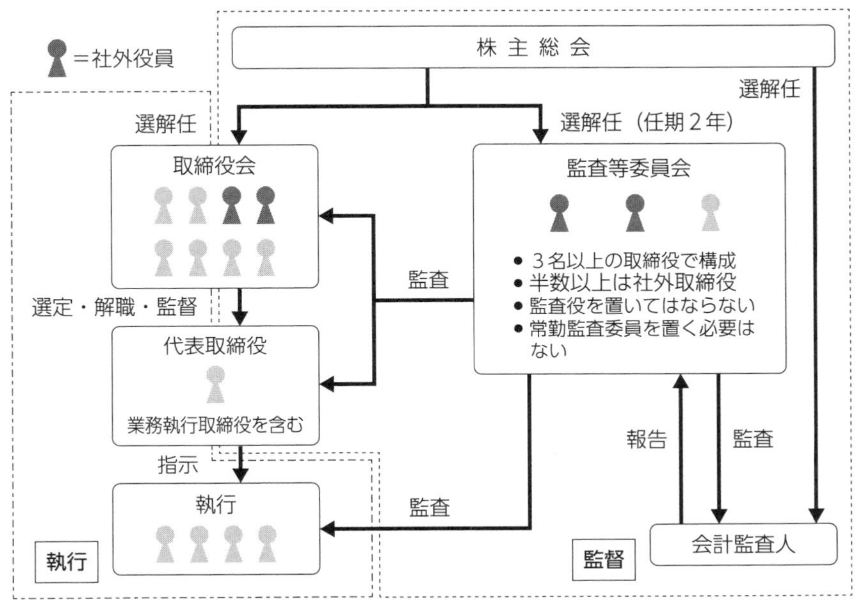

［図7-6］　監査等委員会設置会社[8)]

外部者に委ね，究極的には取締役会の議長も社外取締役に任せる，ということは，会社を自分たちの「家」と考えている経営者からすれば[9)]，承諾できないように思われる。結局，家としての精神や伝統を失ってしまうと考えるのではないだろうか。

そこで，監査役設置会社と指名委員会等設置会社との間をとって，いうなれば妥協の産物的に制度設計されたのが，「監査等委員会設置会社」である（**図7-6**）。2019年６月末時点での三井住友信託銀行調べによると，上場企業3,739社に占める監査等委員会設置会社数は1,027社で３割ほどの比率である[10)]。指名

7）　上場会社数については，日本取引所グループ公表資料（https://www.jpx.co.jp/listing/co/tvdivq0000004xgb-att/tvdivq0000017jt9.pdf）に基づき，指名委員会等設置会社数については，日本取締役協会2020年４月３日公表資料（https://www.jacd.jp/news/opinion/jacd_iinkaisecchi.pdf）を参照した。いずれも最終閲覧日は，2020年７月９日である。

8）　同注５，p.35。

9）　詳しくは，三戸　公（1991）を参照されたい。

10）　2019年７月13日付日本経済新聞夕刊

委員会等設置会社に比べれば，格段にその数は増えている。

機関設計としては，指名委員会等設置会社と同様に，取締役会の内部に「監査等委員会」を設置する。この委員会は，３名以上の取締役によって構成され，過半数は社外取締役によって構成されなければならない。監査役を内包することはできず，常勤監査委員を置く必要はない。要するに，取締役会内部にあって，監査役会の規律付けに努める，というのがこの機関設計の狙いだ。監査役会設置会社よりも，取締役権限によって，監査役会そのものを規律付け，他面指名委員会設置会社ほどには，とりわけ人事に関する規律付けを求めないというものである。

以上，会社法上のコーポレートガバナンスに関する機関設計について紹介したが，これを補完する制度が日本にはある。それらが以下のスチュワードシップコードとコーポレートガバナンスコードだ。「コード」なので，法律ではない。しかしながら，金融庁及び東京証券取引所がこれらコードの制定事務局を務め，機関投資家や会社に対してその実行を求める行動準則なのである。

⑵　スチュワードシップコード

スチュワード（steward）とは，執事や財産管理人といった意味である。金融機関をはじめとする機関投資家たちに対して，株式投資に際しての規律を求めるのが，スチュワードシップコードだ。金融庁において，2014年２月26日に第１弾が制定され，2017年５月29日に改訂，2020年３月24日に再改訂された内容が有識者検討会で確定された[11]。その内容は以下の通りである[12]。

①　機関投資家は，スチュワードシップ責任を果たすための明確な方針を策定し，これを公表すべきである。

②　機関投資家は，スチュワードシップ責任を果たす上で管理すべき利益相反について，明確な方針を策定し，これを公表すべきである。

③　機関投資家は，投資先企業の持続的成長に向けてスチュワードシップ責任を適切に果たすため，当該企業の状況を的確に把握すべきである。

11）　金融庁HP，「スチュワードシップコード（再改訂版）の確定について」（https://www.fsa.go.jp/news/r1/singi/20200324/01.pdf）（最終閲覧日：2020年７月11日）

12）　同上資料，p.10。

④　機関投資家は，投資先企業との建設的な「目的をもった対話」を通じて，投資先企業と認識の共有を図るとともに，問題の改善に努めるべきである。
⑤　機関投資家は，議決権の行使と行使結果の公表について明確な方針を持つとともに，議決権行使の方針については，単に形式的な判断基準にとどまるのではなく，投資先企業の持続的成長に資するものとなるように工夫すべきである。
⑥　機関投資家は，議決権の行使を含め，スチュワードシップ責任をどのように果たしているのかについて，原則として，顧客・受益者に対して定期的に報告を行うべきである。
⑦　機関投資家は，投資先企業の持続的成長に資するよう，投資先企業やその事業環境等に関する深い理解のほか運用戦略に応じたサステナビリティの考慮に基づき，当該企業との対話やスチュワードシップ活動に伴う判断を適切に行うための実力を備えるべきである。
⑧　機関投資家向けサービスの提供者は，機関投資家がスチュワードシップ責任を果たすにあたり，適切にサービスを提供し，インベストメント・チェーン全体の機能向上に資するものとなるように努めるべきである。

この中で最も重要なフレーズは，上記④の「投資先企業との建設的な『目的をもった対話』」という箇所で，英語としては「エンゲージメント（engagement)」に相当する用語である。なぜ，このようなスチュワードシップ責任を機関投資家に求めることになったのか。

簡単に言ってしまえば，機関投資家の短期的な利益追求によって，企業経営が近視眼的な利益志向に陥り，いきおい株主以外の利害関係者に対する社会的責任を果たせなくなってしまう蓋然性が高まってきたからだ。現代における金融市場において，機関投資家は，メジャープレーヤーである。巨額な運用資金を抱え，多額の投資を行う。投資ファンド・投資銀行・銀行・保険会社・年金機構等が機関投資家である。一説では日本の上場企業の株式の８割を機関投資家が保有していると言われている。

機関投資家にとって，企業の株式は，金融商品の１つでしかない。この商品の価値を高められる余地があれば，積極的に動く。その典型例が企業買収だ。株価が低く時価総額が，純資産の時価評価より下回っているとなれば，買収して資産を売却すれば，投資によるリターンは大きくなる。村上ファンドの阪神電鉄の買収劇は，この典型例であった。

このようなことをされたら企業経営者はたまったものでない。会社防衛のために，敵対的買収に対抗するさまざまな方策（「ポイズンピル」や「黄金株」等々）を繰り出そうとする[13]。こうした買収とそれへの企業側による対抗は，市場を荒らすし，従業員や取引先等のその他利害関係者を不安にさせる。このような市場における動揺を回避し，健全な会社成長を促すには，株主側にも投資における倫理が必要だということから定められたのが，スチュワードシップコードである。

「企業側のこうした（コーポレートガバナンスを強化する）責務と本コードに定める機関投資家の責務とは，いわば「車の両輪」であり，両者が適切に相まって質の高いコーポレートガバナンスが実現され，企業の持続的な成長と顧客・受益者の中期的な投資の確保が図られていくことが期待される（括弧内筆者補足）」[14]ということのようだ。

(3) コーポレートガバナンスコード

スチュワードシップコードに続いて，2015年には会社法を補強すべく，金融庁はコーポレートガバナンスコードも制定した。基本原則としては，次の５つである[15]。

【株主の権利・平等性の確保】

1．上場会社は，株主の権利が実質的に確保されるよう適切な対応を行うとともに，株主がその権利を適切に行使することができる環境の整備を行うべきである。

また，上場会社は，株主の実質的な平等性を確保すべきである。少数株主や外国人株主については，株主の権利の実質的な確保，権利行使に係る環境や実質的な平等性の確保に課題や懸念が生じやすい面があることから，十分に配慮を行うべきである。

13） 敵対的買収の対抗策としては，一般に19種類あるとされている。ポイズンピル（毒薬）はその１つで，敵対的買収が行われる可能性がある場合に新株予約権を発行することで買収を阻止しようとする。また，黄金株とは，会社の合併などの議案について拒否できる特別な株式のことで，市場に流通している普通株式が買収されていても，この黄金株を発行しそれが譲渡されないようにしておけば，買収を阻止できるというものだ。いずれも，株主総会における承認が必要になるので，買収が行われる前から準備しなければならない。

14） 注12資料「スチュワードシップコード（再改訂版）の確定について」，p.6。

15） 金融庁HP，平成30年３月26日付「（別紙１）コーポレートガバナンスコード改訂案」（https://www.fsa.go.jp/news/30/singi/20180326-1/02.pdf）（最終閲覧日：2021年６月４日）

【株主以外のステークホルダーとの適切な協働】

2．上場会社は，会社の持続的な成長と中長期的な企業価値の創出は，従業員，顧客，取引先，債権者，地域社会をはじめとする様々なステークホルダーによるリソースの提供や貢献の結果であることを十分に認識し，これらのステークホルダーとの適切な協働に努めるべきである。

取締役会・経営陣は，これらのステークホルダーの権利・立場や健全な事業活動倫理を尊重する企業文化・風土の醸成に向けてリーダーシップを発揮すべきである。

【適切な情報開示と透明性の確保】

3．上場会社は，会社の財政状態・経営成績等の財務情報や，経営戦略・経営課題，リスクやガバナンスに係る情報等の非財務情報について，法令に基づく開示を適切に行うとともに，法令に基づく開示以外の情報提供にも主体的に取り組むべきである。

その際，取締役会は，開示・提供される情報が株主との間で建設的な対話を行う上での基盤となることも踏まえ，そうした情報（とりわけ非財務情報）が，正確で利用者にとって分かりやすく，情報として有用性の高いものとなるようにすべきである。

【取締役会等の責務】

4．上場会社の取締役会は，株主に対する受託者責任・説明責任を踏まえ，会社の持続的成長と中長期的な企業価値の向上を促し，収益力・資本効率等の改善を図るべく，

(1)　企業戦略等の大きな方向性を示すこと

(2)　経営陣幹部による適切なリスクテイクを支える環境整備を行うこと

(3)　独立した客観的な立場から，経営陣（執行役及びいわゆる執行役員を含む）・取締役に対する実効性の高い監督を行うこと

をはじめとする役割・責務を適切に果たすべきである。

こうした役割・責務は，監査役会設置会社（その役割・責務の一部は監査役及び監査役会が担うこととなる），指名委員会等設置会社，監査等委員会設置会社など，いずれの機関設計を採用する場合にも，等しく適切に果たされるべきである。

【株主との対話】

5．上場会社は，その持続的な成長と中長期的な企業価値の向上に資するため，株主総会の場以外においても，株主との間で建設的な対話を行うべきである。

経営陣幹部・取締役（社外取締役を含む）は，こうした対話を通じて株主の

声に耳を傾け，その関心・懸念に正当な関心を払うとともに，自らの経営方針を株主に分かりやすい形で明確に説明しその理解を得る努力を行い，株主を含むステークホルダーの立場に関するバランスのとれた理解と，そうした理解を踏まえた適切な対応に努めるべきである。

会社法における機関設計と合わせて，上記のような姿勢で企業経営者は臨んで欲しい，ということのようだ。そこにおける哲学は，「Comply or Explain」である。「遵法せよ，さもなければ説明せよ」というもので，法律に従いつつも，それだけでは不足する場合は，合理的に説明することによって，株主をはじめとする利害関係者との間で企業経営に関する理解を深めるべきだ，ということが謳われている。

少数株主や外国人株主への保護，株主以外の利害関係者との協働，情報開示とその透明性確保，取締役会としての責任，株主との対話，ということによって，会社法を補完する内容であることは一目瞭然である。

第3節　ESGのもとでのSDGs

3.1　PRI[16)]

企業のCSR概念を中心に，会社法及びソーシャルコードによって，コーポレートガバナンスは実践されてきた。それをさらに推し進めたのが，国連である。2006年，当時の事務総長であったアナン氏が，「ESG」という概念をもとに，「国連責任投資原則（principles for responsible investment：PRI）」を打ち出した。

ESGとは，environment（環境），social（社会），governance（ガバナンス）の頭文字で，要するに，地球環境にやさしく，社会に対して責任を負い，企業としての利害関係者間での統治能力に優れた経営を企業が行うことが求められている，ということである。そのためには，ESGを理解し責任ある投資行動を

16)　本文中に記載したPRIに関する図表は，すべてPRIのHP（https://www.unpri.org/）より引用したものである（最終閲覧日：2021年６月４日）。

行う投資家たちが重要になる，ということからPRIが打ち出された。スチュワードシップコードに，地球環境への配慮，さらに企業の社会的責任が組み込まれたものになった。原則は６つあり，以下の通りである。

① 私たちは投資分析と意思決定のプロセスにESG課題を組み込みます。
② 私たちは活動的な所有者となり，所有方針と所有習慣にESG問題を組み入れます。
③ 私たちは，投資対象の企業に対してESG課題についての適切な開示を求めます。
④ 私たちは，資産運用業界において本原則が受け入れられ，実行に移されるよう働きかけを行います。
⑤ 私たちは，本原則を実行する際の効果を高めるために，協働します。
⑥ 私たちは，本原則の実行に関する活動状況や進捗状況に関して報告します。

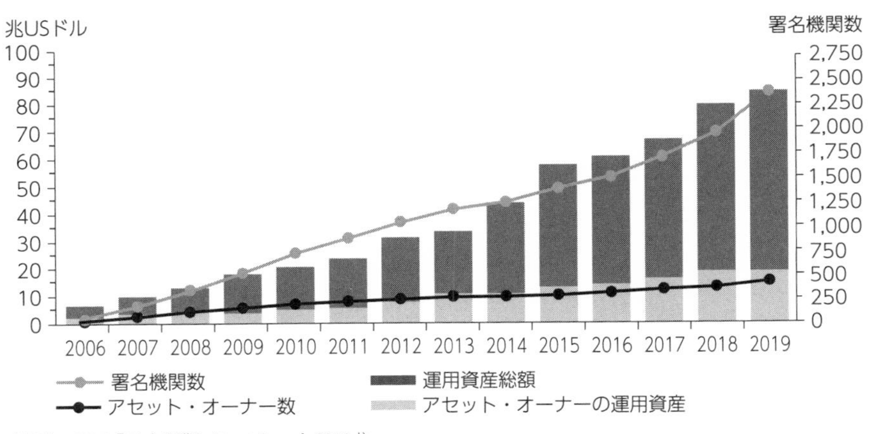

(出所：PRI「日本語版パンフレット2019」)

[図7-7]　PRIに対する関心の高まり

国連は，このPRIに賛同し批准する機関投資家を募った。**図7-7**にある通り，PRIに則って投資活動を行う機関投資家（署名機関投資家）数と，運用実績総額は顕著な右肩上がりになっており，関心の高さが窺える。2021年（HP上）では，コロナ禍の影響もあって，署名機関投資家数は，3,000の大台を超え，運用投資残高も，110兆USドルを優に超え急伸している。

3.2 ESGからSDGsへ

表7-1は，PRIのもとでのESGの主要業績指標（KPI）である。

［表7-1］ ESGの主要業績指標（KPI）

環　　境	● 環境マネジメントシステムの品質 ● エネルギー消費，環境変動に対するアクション ● 廃棄物管理 ● 水質管理 ● 生物多様性管理 ● 空気汚染 ● 温室効果ガス排出
社　　会	● 雇用の進化 ● 社会情勢（ストライキ，欠勤，労働災害の日数） ● サプライチェーンにおける社会的標準 ● 地域人口に関するコンサルテーションの存在 ● 住民による苦情のメカニズムの存在
ガバナンス	● 監督評議会及び取締役会の独立性 ● 各種専門委員会の存在 ● 内部監査，罰金，及び討議

（出所：PRIホームページ）

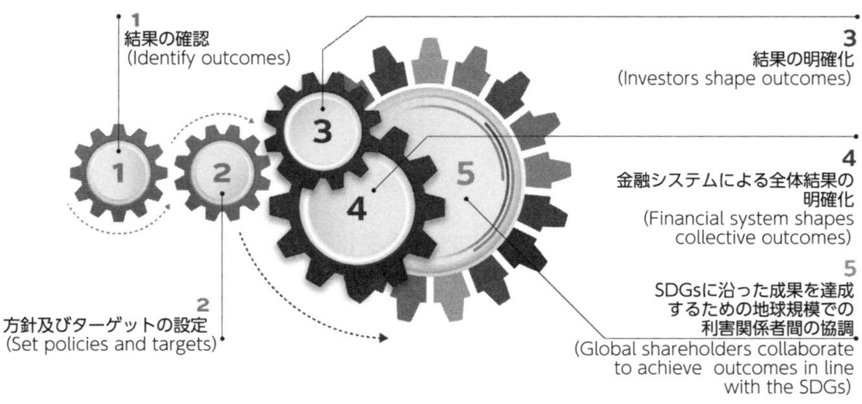

［図7-8］ 投資家向け５パート枠組み

このKPIに基づき，機関投資家たちの間で，PRI準拠の枠組みを広げていこう，というのが，「投資家向け５パート枠組み」である。**図7-8**に示されている通り，Part１：結果の確認（Identify outcomes）から始まり，Part２：方針及びターゲットの設定（Set policies and targets），Part３：結果の明確化（Investors shape outcomes），Part４：金融システムによる全体結果の明確化（Financial system shapes collective outcomes），そしてPart５：SDGsに沿った成果を達成するための地球規模での利害関係者間の協調（Global shareholders collaborate to achieve outcomes in line with the SDGs）へと続く。

Part１及び２は，個別投資家におけるステップだが，Part３になると，Part２の下での成果を明確にし，諸目標に向けての進捗度合を国連に報告しなければならない。そして，Part４では，格付機関，指数提供者，議決権行使助言者，銀行，保険業及び多国間金融機関といった各グループの金融システムとしての集合結果が明確にされ，その結果をもとに，Part５においてSDGsの実現に向けた取り組みを個別業界及び全体として考える，という流れになっている。

よく知られているとは思うが，以下が，SDGs（Sustainable Development Goals）の17の目標であり，その下に169のターゲットを，そしてさらに244の評価指標が設定されている。目標がターゲットに細分化され，それらを244の項目から評価される，というように理解すればよい。CSRの流れから，ESGの重要性を謳い，そこに機関投資家を巻き込むこと（PRIへの署名・参加）によって金融セクターを動かしたことが，国連の何よりの功績だと思われる。

目標１：　貧困をなくそう
目標２：　飢餓をゼロに
目標３：　すべての人に健康と福祉を
目標４：　質の高い教育をみんなに
目標５：　ジェンダー平等を実現しよう
目標６：　安全な水とトイレを世界中に
目標７：　エネルギーをみんなに　そしてクリーンに
目標８：　働きがいも経済成長も
目標９：　産業と技術革新の基盤をつくろう
目標10：　人や国の不平等をなくそう
目標11：　住み続けられる街づくりを

目標12：　つくる責任　つかう責任
目標13：　気候変動に具体的な対策を
目標14：　海の豊かさを守ろう
目標15：　陸の豊かさを守ろう
目標16：　平和と公正をすべての人に
目標17：　パートナーシップで目標を達成しよう

ESG関連ファンド

図7-7からも窺えるように，金融セクターのなかからもSDGsの観点から投資先企業を選択すると喧伝する機関投資家が多く現れ，投資ファンド等を運用するようになり始めた（**表7-2**）。そうしたことが企業経営にも好影響を与え始め

［表7-2］　ESG関連ファンド[17)]

	ファンド名	運　用	特　色
1	朝日ライフSRI社会貢献ファンド	朝日ライフアセットマネジメント	国内上場株式を主要投資対象とし，ビジネスを通じての社会的課題に積極的に取り組む社会貢献型企業の株式に投資する。
2	eMAXIS ジャパンESGセレクト・リーダーズインデックス	三菱UFJ国際投信	MSCIジャパンESGセレクト・リーダース指数[18)]（配当込み）に連動する投資成果を目指している。
3	三井住友・日本株式ESGファンド	三井住友DSアセットマネジメント	主として，ESG投資の拡大が期待される日本株式を投資対象とする。
4	世界インパクト投資ファンド	三井住友DSアセットマネジメント（実質的な運用は，ウエリントンマネージメントカンパニーLLPが行う）	マザーファンドへの投資を通じて，主に世界の株式の中から社会的課題の解決にあたる革新的な技術やビジネスモデルを有する企業に実質的に投資する。
5	ブラックロック・インパクト株式ファンド	ブラックロック・ジャパン	各企業の社会的インパクトに着目しながら，先進国の企業または先進国に主要な業務基盤ある企業の株式並びに株式関連商品（デリバティブ含む）等に投資する。
6	ニッセイSDGsグローバルセレクトファンド	ニッセイアセットマネジメント	日本を含む世界各国の株式に投資。SDGs達成に関連した事業を展開する企業の中から，株価上昇が期待される銘柄を厳選し投資する。
7	シュローダー・アジアパシフィック・エクセレント・カンパニーズ	シュローダー・インベスト・マネジメント	日本を含むアジアパシフィック諸国の株式を実質的な主要投資対象とする。銘柄選定にあたってはESGの観点を加味する。
8	SBIグローバルESGバランスファンド	SBIアセットマネジメント	ESG投資及びインパクト投資の手法により，世界の株式及び債券等（社債，政府保証債，政府機関債，国際機関関連債等）に投資を行う。基本投資割合は，原則，株式50%，債券50%。

ている。

以前だと，CSRといっても名ばかりで，やはり経済性（収益）を企業経営は強く意識していた。しかしながら，PRIに批准する機関投資家が増え始めると，これまでとは態度を大きく変えなければならなくなった。企業はESGの内容を有価証券報告書の中でも積極的に開示し（いわゆる非財務情報の積極開示），現場での改革及びその内容を紹介し始めた。

さらに，最近では，非財務情報に関する精査（虚偽開示がないかどうか）を社会的に進めるべく，ISA（国際監査基準）を定めるIAASB（国際監査・保証基準審議会）が，「統合報告書」等の自主的開示書類の非財務情報をチェックする際の基準（ISAE3000）のガイダンスを策定するプロジェクトを進めている。2019年２月には，そのコンサルテーションペーパーが公表された[19)]。このことから窺えるように，いまやSDGsに基づく企業経営は，世界標準という状況になり始めている。以下，日本企業の取り組み事例を紹介しよう。

ケース１：花王「いっしょにeco」

花王株式会社（以下，「花王」という。）は，2009年６月に「環境宣言」を発表し，製品の生産から使用・廃棄に至るまでのプロダクトサイクル全体を通じて，消費者をはじめ，ビジネスパートナー（サプライヤーや製造委託先など）や社会（地域社会，NGOや行政など）など，さまざまなステークホルダーと協働で「いっしょにeco」を推進していくことを表明した[20)]。花王によれば，「中・長期的な経営戦略として「環境への負荷低減をベースとしたモノづくり」を進め，化学物質を取り扱う企業としての責任を果たしながら，自然と調和するエコロジー経営を推進すべきだという基本方針」に基づくものだとしている。

具体的な活動としては，**表7-3**（次頁）のようにまとめることができる。協働相手ごとに活動内容を設け，具体的な項目に落とし込んでいる。それらがさ

17）　出所：日本経済新聞社編著（2019），pp.68-71。

18）　MSCIは，米国NY証券取引所株式上場企業である。社名は，「モルガン・スタンレー・キャピタル・インターナショナル」に由来する。株価等の各種指数を算出し，それらを金融機関にライセンスすることによって，主に収益を上げている。

19）　国際会計士連盟HP（https://www.ifac.org/system/files/publications/files/EER-Consultation-Paper.pdf）（最終閲覧日：2020年７月28日）

20）　花王HP，「環境宣言資料」（https://www.kao.com/content/dam/sites/kao/www-kao-com/jp/ja/corporate/sustainability/pdf/environmental-statement.pdf）（最終閲覧日：2020年７月27日）

らに，2020年中期目標として，**表7-4**のようにまとめられているが，具体的な数値基準ということからすれば，CO_2削減及び水の使用量低減が一歩進んだ指標となっていることが窺える。

［表7-3］　花王環境宣言　3つの『いっしょにeco』

協働相手	活動内容	具体的項目
お客さま	製品をとおして，日常的に無理なく続けていただくeco。環境に配慮し，節約にもつながる製品を提案する。	●節水・省エネ型製品 ●詰め替え・つけ替えなど省資源型製品 ●コンパクト化，濃縮化による省資源型の製品
ビジネスパートナー	原材料調達，生産，物流，販売などのビジネスパートナーの皆さまと共にすすめるecoを提案する。	●回収PETボトルの樹脂の使用 ●製品の配送の効率化（配送頻度の低減，梱包材料の省資源化） ●植物系原料など持続可能な原料への転換の加速
社　　会	ひろく社会全体の環境活動と連携したeco活動を積極的に行う。	●環境保全活動の支援（みんなの森づくり活動） ●業界，行政，および関連団体と共にすすめる環境活動

［表7-4］　花王環境宣言・中期目標

2020年中期目標

CO_2	消費者向け製品　35%削減〔国内〕 （全ライフサイクルベース，売上高原単位，2005年基準）
水	製品使用時の水　30%削減〔国内〕 （売上高原単位，2005年基準）
化学物質管理	SAICM（国際的な化学物質管理のための戦略的アプローチ）に沿って，積極的に化学物質の管理に努めます。
生物多様性	原材料の調達などの面で，その保全に努めます。

＊産業界向け製品についても，顧客企業と共にCO_2削減，省資源などに努めてまいります。
＊上記目標をファーストステップとして設定し，今後順次，よりレベルアップした環境活動に努めてまいります。
（出所：花王HP）

ケース２：オムロン―ESGインデックス連動型取締役報酬の導入

制御機器メーカーのオムロン株式会社（以下，「オムロン」という。）は，SDGsを常に意識するために，ダウジョーンズのサステナビリティ指標（DJSI）

に一部連動させた取締役報酬制度を導入している。2017年度にスタートした中期経営計画VG2.0に盛り込まれ端緒についたばかりで，実際の報酬額にはほとんど影響しないとは思われるが，こうした取り組みは，SDGsに向けて取締役が積極的に関与するということから，評価できると思われる。

オムロンのHP（ホームページ）を参照すると[21]，同社では，「報酬諮問委員会」が設置され，同委員会は，取締役会議長からの諮問を受け，「取締役報酬の方針」について審議し，取締役会に答申する。その答申に基づき，取締役会は「取締役報酬の方針」を審議・決定する。報酬方針の大枠は次の通りである。

［表7-5］　オムロン取締役報酬の方針

項　目	内　　容
基本方針	●企業理念を実践する優秀な人材を取締役として登用できる報酬とする。 ●持続的な企業価値の向上を動機づける報酬体系とする。 ●株主をはじめとするステークホルダーに対して説明責任を果たせる，「透明性」「公正性」「合理性」の高い報酬体系とする。
報酬構成	●取締役の報酬は，固定報酬である基本報酬と，業績に応じて変動する業績連動報酬で構成する。 ●社外取締役の報酬は，その役割と独立性の観点から，基本報酬のみで構成する。
基本報酬	●基本報酬額は，外部専門機関の調査に基づく他社水準を考慮し役割に応じて決定する。
業績連動報酬	●短期業績連動報酬として，単年度の業績や目標達成度に連動する賞与を支給する。 ●中長期業績連動報酬として，中期経営計画の達成度や企業価値（株式価値）の向上に連動する株式報酬を支給する。 ●短期業績連動報酬および中長期業績連動報酬の基準額は，役割に応じて定める報酬構成比率により決定する。
報酬ガバナンス	●すべての取締役報酬は，報酬諮問委員会の審議，答申を踏まえ，取締役会の決議により決定する。

（出所：オムロンHP）

その方針のもとで，取締役報酬は，基本報酬と短期業績連動報酬，それに中長期業績連動報酬に区分され，その比率は，１：１：1.5である（次頁，**図7-8**）。

21）オムロンHP，「役員報酬」（https://www.omron.co.jp/about/corporate/governance/compensation/）（最終閲覧日：2020年７月29日）

短期業績連動比率の内訳は，「役位別の基準額」に「業績評価（営業利益目標値50%，当期純利益目標値50%の加重平均）」及び「ROIC[22]評価（ROIC目標値から算出）」をかけ合わせたものである。

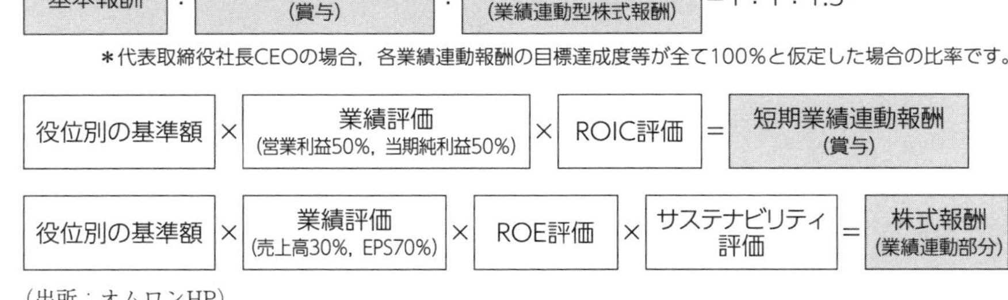

（出所：オムロンHP）

［図7-8］ オムロン取締役報酬制度の概要

そして，最後の項目が，自社株式報酬で，いわゆるストックオプションである。ここに，ESG／SDGsが絡んでくるのだ。役位別の基準額に，「業績評価（売上高の目標値30%とEPS（1株当たり利益）の目標値70%の加重平均）」，「ROE評価」，及び「サステナビリティ評価」を掛け合わせることによって求める。その報酬額は，基本報酬の0～200%の範囲で変動する。

この評価は，Dow Jones Sustainability Indices（DJSI）に基づくもので，DJSIは長期的な株主価値向上の観点から，企業を経済・環境・社会の3つの側面で統合的に評価・選定するESGインデックスである。これによって，オムロンの取締役は，一部公（おおやけ）に評価されることになる。売上高，EPS，ROE（自己資本利益率）といった財務要素に，ESGといった非財務要素が加わり，ESG諸指標が，もし非常に悪いものになった場合，株式報酬が減額され

22） Return On Invested Capitalの略で，一般的には，投下資本利益率と訳される。
ROIC＝(営業利益×（1－実効税率)）÷(株主資本＋有利子負債)
企業は，株主資本（自己資本）と銀行などから借り入れた他人資本を投下して事業を行う。株主資本に対する当期純利益の割合を示すROE（自己資本利益率）に対して，投下資本利益率は，他人資本である有利子負債も含む実質的な投下資本からどれだけ効率的に利益を稼いだかを測るための指標である。

るというのがポイントだと思われる。

こうした役員報酬とESG／SDGsとを連動させる取り組みは，最近広がりを見せ始めている。産経新聞 THE SANKEI NEWS（2019年６月13日アップロード）によれば[23)]，戸田建設は2019年度から，業績連動型報酬制度の評価基準に，二酸化炭素（CO_2）排出量削減目標の達成度合いを加えた。

同じく，アサヒグループホールディングスは，「役員報酬制度を，単年度の業績に応じて決まる年次賞与と，３年間の中期経営計画に連動して決定する中期賞与の２本立てに変更した。中期賞与制度の指標の６割は財務目標に関する達成度合いだが，残り４割は社会的価値向上についての評価で決まる仕組みとした。社外での各種表彰制度での入賞や，第三者機関の評価などを加味して決定していく」[24)]ということのようである。

◆参考文献

1　小林敏男編・新しい企業統治研究会著（2007）『ガバナンス経営―「守りすなわち攻め」の体制とは』（PHP研究所）

2　日本経済新聞社編著（2019）『日経MOOK　SDGs，ESG　社会を良くする投資』（日本経済新聞社）

3　松田千恵子（2015）『これならわかる　コーポレートガバナンスの教科書』（日経BP社）

4　三戸　公（1991）『家の論理１　日本的経営論序説』及び『家の論理２　日本的経営の成立』（文眞堂）

23）　産経新聞 THE SANKEI NEWS（https://www.sankei.com/economy/news/190613/ecn1906130018-n1.html）（最終閲覧日：2020年７月29日）

24）　同上。

補論

学習する組織

本書を結ぶにあたって，「学習する組織（learning organization）」を取り上げようと思う。その理由は，今日，多元的な価値社会において経営に最も求められることは，社会性と国際性であり，価値観の対立・葛藤からの組織の分断を防ぐには，組織学習に原点回帰しなければならないと考えるからである。以下，第4章の内容と若干重複するところもあるが，組織学習・組織開発の第一人者，ピーター・M. センゲの所説[1)]を紹介していきたいと思う。

第1節　組織における学習障害

センゲは，学習する組織を育成するには，組織における「学習障害（learning disability）」を「第五の教義（the fifth discipline）」の観点から除去しなければならないという。その第五の教義のことを「システム思考（systems thinking）」と定義している。他の4つの教義，すなわち「自己マスタリー（personal mastery）」「メンタルモデル（mental models）」「共有ビジョン（shared vision）」「チーム学習（team learning）」，を束ねるのが第五の教義である。この教義については，後ほど詳述するとして，まずは，組織における学習障害について，説明していこう。

(1)「私の仕事は……だから」

組織はそのメンバーに忠誠心を植え付けるべく，それぞれの仕事に忠実であるように教育する。こうした教育の徹底によって，メンバーは職務と「自分が

1） Senge (2006)。<ピーター・M. センゲ (2011)>　なお，本文中の引用頁番号は，翻訳本のものである。

何者であるか」を混同しがちになる。例えば,「私は経理です」のような具合である。このような心理態勢で問題となるのは,自分が属する事業全体の目的については語らない（語れない）ことだ。限られた範囲の権限と責任に忠実になるあまり,全体を見失ってしまいがちになるのだ。

米国のとある自動車メーカーが,ある日本車を解体したところ,エンジンブロックに同じ規格のボルトが3カ所で使われていることに気付いた。これに対してそのメーカーは,3カ所とも異なるボルトを取り付けていた。そうなると,取り付けレンチも3種類必要になるし,ボルトの在庫も3種類に積み上がる。そうなったのは,米国メーカーの設計組織が3つの技術者グループに分かれていたためだからだ。それぞれがバラバラに動く。これが組織内部に見えない「壁」を作ってしまう。

⑵ 「悪いのはあちら」

こうした状況が悪化すると,「悪いのはあちら」ということになる。この「あちら」は単に組織内部の他の部署だけに留まらない。むしろ,競合を一面的に捉えて,値下げで挑んでくる悪い「競合」に勝つために価格競争に拘泥してみたり,あるいは,海外の低賃金,労働組合,規制等々で自社を裏切る「顧客」のせいにしてみたり,というようにさまざまな理由付けに用いられる。しかしながら,競合,市場,顧客,といった外部環境を悪者扱いし始めると,学習障害の程度は相当進んでいるといわざるを得ない。組織全体として自己肯定あるいは現実逃避を行っているからだ。

⑶ 先制攻撃の幻想

「悪いのはあちら」という発想と同軸上に「先制攻撃の幻想」というものがある。難題に直面した時には先制攻撃が必要で,その意味するところは,「困難な問題に立ち向かい,ほかの誰かが何かをするまで待つのをやめて,その問題が危機に発展する前に解決すべき」（p.61）で,よって積極的に動かなければならない,ということだ。

しかしながら,「先制攻撃」と「積極的に動くこと」が果たして同じなのかと問えば,定かでないように思われる。むしろセンゲは,「たいていの場合,積極的に見えても実は受身なのである」と言う。

> ビジネスであれ，政治であれ，「あちらにいる敵」と戦おうとしてより攻撃的になるとき，私たちは―私たちがそれを何と呼ぼうと―受身なのである。真の積極策は，私たち自身がどのように自身の問題を引き起こしているかを理解することから生まれる。それは私たちの感情の状態からではなく，私たちの考え方から生み出されるものなのだ。(pp.61-62)

極端な言い方をすれば，「私たち」を棚に上げて，「悪いのはあちら」だから「あちらにいる敵」と積極的に戦おうとしてもなんの解決にもならない，むしろ事態を悪化させる，とセンゲは考えるようである。

(4)　出来事への執着

上記(1)ないし(3)へ至るプロセスにおいて共通するのは，可視的な短期の出来事を重視する本能が原因なのかもしれない，ということだ。生き残っていくのには，宇宙に思いを巡らすよりも，目下の現実に機敏に反応したほうが，それこそサイモン流に限定合理的なのだろう。そうすることによって，「私の仕事」「あちらの仕事」「悪いのはあちら」「先制攻撃」という流れが出来上がってくる。要するに，自分たちで自分たちにとって都合の良い解釈枠組みを構築していくのである。しかしながら，センゲは言う。

> 今日，組織にしても社会にしても，私たちが生き残るうえでの最大の脅威は，突然の出来事によってではなく，ゆっくりとした緩やかなプロセスによるものだ。軍拡競争，環境破壊，公教育制度の衰退，企業のデザイン・製品の品質低下（競合他社の品質に対する相対的な）はどれもゆっくりと緩やかに進行するプロセスである。(p.63)

本能と環境変化との根本的な食い違いによって，我々は学習障害を起こすという考えをセンゲは有しているのであろう。

(5)　ゆでガエルの寓話

ゆでガエルの話は，皆さんよくご存じであろう。徐々に進行する脅威に対して，システムが不適合を起こすことは，ごく一般的だということを寓話にしたものであるが，要するに，熱い湯の中にカエルを入れたら，瞬時に飛び出そうとするが，徐々に温度を上げていってもカエルはじっとしたままで，最終的にはゆで上がってしまう，ということのたとえ話である。

この寓話に関連付けられるビジネス話としては，米国ビッグスリー（自動車メーカー）が一般的だ。1962年当時，ビッグスリーは日本車が自分たちの生死を握る存在になるなどとは全く考えていなかった。当時の日本車のシェアは，日本車全体でも，4％にも満たない程度であった。それが5年後には，10％近くにまで伸びるが，この時も，そして1974年の15％程度まで日本車のシェアが伸びてきても，動じなかった。

それが1980年代前半，日本車のシェアが20％を超えたあたりから，米国は「通商摩擦」という形で政治問題化し，日本政府及び日本メーカーに対して，日本市場の開放と米国への積極的な直接投資を求めた。しかし，結果はその逆で，1990年には日本車のシェアは25％に達し，2005年には40％近くにまで迫ることになってしまった。

2009年には，GMとクライスラーが会社更生法の適用を申請し，事実上の倒産を迎えるまでになってしまった。ゆで上がったカエルには，財務の健全化策を打ち出すほどの体力は残されていなかったのだろう。

⑹ 「経験から学ぶ」という幻想

この学習障害は，非常に深遠な哲学的考察から生まれてきている。C・アージリスが問題視した組織における個人人格の発達阻害（第4章参照）とも密接に関係している。

> 最も力強い学習は直接的な経験から得られる。たしかに，私たちが食べることやハイハイすること，歩くこと，意思を伝達することを学んだのは，直々の試行錯誤，つまり，ある行動をとり，その行動の結果を見て，新たにまた別の行動をとることによってである。だが行動の結果を観察できないときは何が起こるのだろうか？　行動の結果が現れるのが遠い先のことであったり，私たちの営みを含めたより大きなシステムの遠く離れた部分であったりする場合はどうなるのだろうか？　私たちの一人ひとりに「学習の視野」がある。つまり私たちは，時間的にも空間的にも，ある一定の幅の視野の中で自身の有効性を評価するのだ。行動の結果が自身の学習の視野を超えたところに生じるとき，直接的な経験から学ぶことが不可能になる。

> ここに，組織の前に立ちはだかる学習のジレンマの核心がある。つまり，私たちにとって最善の学習は経験を通じた学習なのだが，多くの場合最も重要な意思決定がもたらす結果を私たちが直接経験できないのだ。(p.65)

管理は，分業（特化），階層制（命令の連鎖），指揮一元制，統制の幅の原則によって，組織が効率的に機能するようにする。このため，課業とその意思決定は細分化され，調整の容易さを確保するため権限を特定の個人（管理者や経営者）に集中する。このため，「多くの場合最も重要な意思決定がもたらす結果を私たちは直接経験できない」ことになる。

ではサイモン流に考えて，管理（administration）とは，個人の限定合理性の範囲，すなわち慣習領域（habitual domain），を拡大させるために，正の刺激の役割と賞罰を利用して，事実前提（知識）と価値前提（価値観）の教化を進めることではなかったのか，というように反論することもできる。しかしながら，教育による間接的な慣習領域の拡大は，どこかに不十分さを残しているのかもしれない，とアージリスとセンゲは言いたげである。

(7)　経営陣の神話

さらに，センゲはアージリスの言葉を引いて，「熟練した無能（skilled incompetence)」に「経営陣（management team)」は陥りやすい，と言う。水面下では縄張り争いをしていながらも，経営陣は，あたかも「まとまっているチーム」であるかのように振る舞い，意見の不一致をもみ消そうとする。共同決定は全員が容認できるような骨抜きの妥協案であったり，１人の意見が押し付けられたものであったりする。意見の不一致の根底にある前提や経験の違いが詳らかにされて議論されることはまずない。要するに，マネジメントチームにおいても，集団力学のネガティブな側面がつきまとう，というのがセンゲの悲観論である[2)]。

2）　このことについて，センゲは，Tuchman (1984)。<タックマン（1987)>を援用している。

第2節　システム思考

第五の教義，すなわちシステム思考は，センゲの言葉を借りれば，全体を見るためのディシプリンであって，「物事ではなく，相互関係を見るため，静態的な『スナップショット』ではなく，変化のパターンを見るための枠組み」(p.123) である。そして，サイバネティクスの「フィードバック」概念と「サーボ機構」という2つの工学理論をそのルーツとする。サーボ機構は，フィードバック制御のための1つの手段で，要するに，物体の位置・方位・姿勢などを制御量として，目標値に追従するように自動で作動する仕組みのことをいう。例えば，ドラム式ブレーキは，ペダル入力から作動した油圧による制御から自動的に発生する摩擦熱を利用すること（サーボ機構）で，ブレーキの効きがよりよくなる。

フィードバックについては，入出力を持ち，入力に対してある操作を行ったものを出力とするシステム（系）を前提とし，出力が入力や操作に影響を与える仕組みがあるときに，これをフィードバックと呼ぶ。ここで，ある瞬間の入力と出力の関係を増幅率といい，特にフィードバックが行われていない場合の系の増幅率を「裸の増幅率」という。また，フィードバックして戻ってきた値が，最初の入力に対して何倍になっているかを「ループ利得」という。

出力が増加しそのことによって，入力や操作を促進する場合のことを「正(ポジティブ)」フィードバックといい，他方出力の増加が入力や操作を阻害することを「負（ネガティブ)」フィードバックという。なお，ループ利得はポジティブ・フィードバックの場合，正の値に，ネガティブ・フィードバックでは負の値になる。

ポジティブ・フィードバックの状態では，系の増幅率は裸の増幅率より大きな値となり，特に系のループ利得が1を越える場合，何らかの破綻が起こるまで出力は増大し続ける。これを避けるには，出力の増大に従ってループ利得が1以下となるような仕組み（例えば，サーボ機構等）を導入する必要がある。また，ループ利得が1以上の時の特徴的な振る舞いとしては，入力が途切れても出力し続ける，ということがあげられる。

他方ネガティブ・フィードバックが働く状態では，系の増幅率は裸の増幅率より小さな値になる。出力の増加は出力を減少させるように働き，逆に出力の低下は出力を増大させるように働くので，出力の変動を抑えることができる。ネガティブ・フィードバックのほうが，系の破綻がないことから応用範囲も広い。

これらの特徴を踏まえて，センゲは，ポジティブ・フィードバックのことを「自己強化型（増強型）」フィードバックと呼び，ネガティブのほうを「バランス型（平衡型）」と呼ぶ。前者は，加速度的な成長や衰退を呼び起こす。あるものが雪だるま式に膨れ上がったりする状態のことである。他方後者は，系には系の目指すところがあるというように考え，ホメオスタシス（恒常状態）に落ち着こうとするフィードバックを有しているとみなす。例えば，我々人間には望ましい体温というのがあって，衣類を調整することによって，体温を一定の状態に保とうとする，というのがこの一例である。

そして，センゲがもう１つシステムを見るうえで重視しているのが，「遅れ」である。フィードバックの遅れ，というように理解してもよいと思う。自己強化型フィードバックの場合，遅れは，いわゆる「加熱」を冷却する期間となるが，バランス型の場合，遅れは恒常状態を失いかねない。この遅れというものをどういうように扱うのかは，システムを考えるうえで，重要だ。例えば，第３章「生産と供給の管理」で取り上げたビールゲームは，この対応の遅れによって，バランス機能がうまく作用せず，システムが破綻してしまった典型的なケースである。

こうした基本的な考え方のもとで，センゲは，第五の教義（システム思考の教義）の法則として，以下の法則（教訓）を列挙する[3)]。ほとんどが平易な内容だと思われるが，あえて１つ説明をつければ，⑧の「レバレッジ」（次頁）であろうか。レバレッジとは，梃子のことで，最も力を発揮する作用点は見つけづらい，ということである。

①　今日の問題は昨日の「解決策」から生まれる
②　強く押せば押すほど，システムが強く押し返してくる
③　挙動は，悪くなる前に良くなる
④　安易な出口はたいてい元の場所の入口に通じる
⑤　治療が病気よりも手に負えないこともある
⑥　急がば回れ

3）　詳しくは，センゲ（2011），第４章「システム思考の法則」を参照されたい。

⑦　原因と結果は，時間的にも空間的にも近くにあるわけではない
⑧　小さな変化が大きな結果を生み出す可能性がある——が，最もレバレッジの高いところは往々にして最もわかりにくい
⑨　ケーキを持っていることもできるし，食べることもできる——が，今すぐではない
⑩　１頭のゾウを半分に分けても，２頭の小さなゾウにはならない
⑪　誰も悪くはない

第３節　学習する組織の構築

以上のシステム思考の教訓をもとで，学習する組織を構築するのに必要になるのが，組織メンバー個々人が持つべき意識である。以下，それらについて説明していこう。

3.1　自己マスタリー（personal mastery）

当たり前の話だが，個人が学習しなければ，組織は学習しない。それゆえ，組織学習には，個人としての（パーソナルな）練達に対する意識（マスタリー）が必要になる。パーソナル・マスタリーとは，平たく言えば，自分の「道」を究めるということだ。芸術家や武道家に限らず，「独創的な仕事として自分の人生に取り組み，受身的な視点ではなく，創造的な視点で生きる」（p.195）ことが大事だ，ということである。

練達（mastery）は，単に技能の習熟（proficiency）とは異なる。自己マスタリーに達した人は，ビジョンと目標の背後に特別な目的意識を持ち合わせている。「天命（calling）」とも呼べるような意識だ。天命ゆえに，高みへ高みへと自己を向かわせる。それが練達である。「なぜそれを目指すのか」と問われても，そこに「山」があるから，という答えしか返ってこないのが自己マスタリーである。

ところが，この考えを企業内で浸透させようとすると，抵抗にあうことは必至である。職務規定に基づく個人と企業との契約関係をベースに考えれば，当然のことなのかもしれない。自己超越的にマスタリーを進めていくことは，職

務規定をも超越してしまうことになりかねない。さらに言えば，こうした態度あるいは姿勢が，哲学的・宗教的であることから敬遠され，悪くすれば冷笑されることも起こりうる。

しかし，次項以下で説明するメンタルモデルや共有ビジョン，それにチーム学習は，この自己マスタリーなくしては成立しない。システム思考のもとで，この自己マスタリーのディシプリンをどのようにすれば獲得することができるのか。そこに到達するために必要となる教訓（lessons）を紹介していこう。

①　個人ビジョン

ビジョンと目的とは異なる。目的は方角のようなもので，全体的な進行方向を示すのに対して，ビジョンは具体的な目的地，望ましい未来像である。例えば，出生率を高めて経済成長を目指す，のは目的だが，2030年までに出生率を1.8人にまで引き上げGDP 5 %成長を目指す，とすれば，ビジョンになる。

確かに目的意識や使命感が伴わないビジョンは，絵に描いた餅になるが，逆にビジョンのない目的は，単なる空想にほかならない。目的意識や使命感を掘り下げていくうえで，明確なビジョンは必要不可欠だし，そのビジョンの実現可能性研究（feasibility study）を行うことで，本当の目的や使命について，「気付き」が得られる。

> これぞ人生の真の喜びと言えるのは，偉大な目的だと自分自身が認める目的に仕えること……自然界の力となることだ。世の中が自分を幸福にするために身を捧げぬと愚痴をこぼす，熱に浮かされた，利己的でちっぽけな，病と不平不満の塊になることではない。（p.204）

と，バーナード・ショーをセンゲは引く。「人が心からめざしたいもの，すなわちビジョンに絶えず焦点を当てたり，新たな焦点を当て直したりするプロセス」（p.206）なくして，自己マスタリーの領域には進めない，ということのようである。

②　創造的緊張を維持する

ビジョンと今の現実との乖離は活動エネルギーの源である。「創造的緊張（creative tension）」こそが，自己マスタリーの境地を拓く。しかしながら，ビジョンが高すぎて，緊張の糸が切れてしまうのも問題だし，それを避けるためにビジョンを低くしてしまうのはさらに問題だ。そうなってしまえば，ビジョンを別の課題にすり替えることになってしまう。

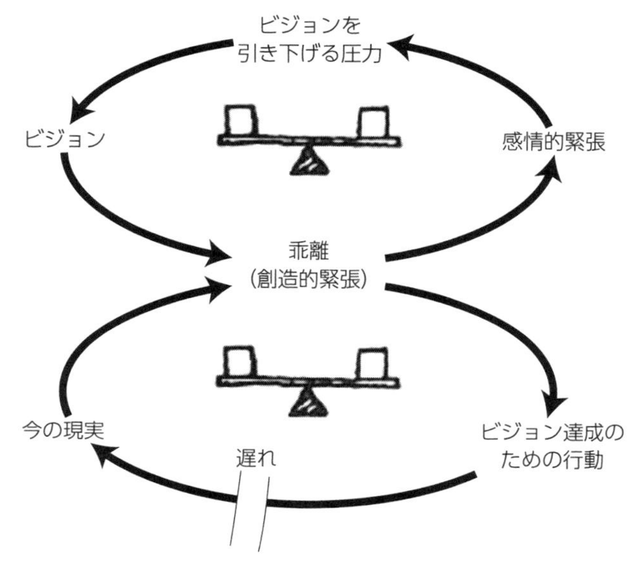

[図補1]　創造的緊張と感情的緊張[4)]

創造的緊張とは，本来，感情を抜きにした概念だが，感情の動物，人間がすることなので，現実との乖離に「感情的緊張（emotional tension）」を持たせてしまう。創造的緊張から感情的緊張が派生し，そのためビジョンを引き下げる圧力に抗（あらが）えなくなりやすい（**図補1**）。また，創造的緊張のもとでビジョンを達成するための行動の結果が今の現実に反映されるには時間を要する，ということも留意しておかなければならない。

要するに，まず，創造的緊張と感情的緊張は切り離さなければならない。もっと言えば，創造的緊張に感情は持ち込んではならない。次に，時間をかけて，ストイックに自分を見つめ直す自分が必要になるのだ。

4）　同上，p.209. 図中，シーソーの絵が表記されているが，本補論第2節「システム思考」でいうところの「バランス型（平衡型）」フィードバックを意味している。

にもかかわらず，組織にいる場合，感情に，拙速に，左右されがちとなる。人間関係論やグループダイナミクスが力説するところだ。皆が皆，冷静に状況を分析し，感情を抜きにして意思決定することは組織において至難の業である。

少し前の話で申し訳ないが，ID（important data：データ重視）野球を唱え，1990年から勇退する1998年までの9年間で，万年最下位あるいは5位に低迷していたヤクルトスワローズをセ・リーグ優勝4回（うち3回は日本一）に導いた野村克也監督は，「勝ちに不思議の勝ちあり，負けに不思議の負けなし」を座右の銘とし，「失敗と書いて，『せいちょう』と読む」という語録を残した。

手法としては，古田敦也捕手（現・野球解説者）に，対戦相手の打者への配球を徹底的に教え込むことを通じて彼を信奉者とし，データに基づいた場面ごとの守備と攻撃を伝授することで徐々に信奉者の輪を広げ，感情に左右されないID野球の徹底を図った。センゲもNBAのボストン・セルティックスの伝説的センタープレーヤー，ビル・ラッセル（13年間に11回の優勝を導いた）を取り上げ，試合ごとに自分のプレーを自己採点し，自己採点が65点を超えることはなかった，ということを紹介している。そのもとで，センゲは次のように言う。

> 創造的緊張に熟達すれば，「失敗」に対する見方も一変する。失敗とは，単なる不足，ビジョンと今の現実との間に乖離があることを示すに過ぎない。失敗は学びのチャンスでもある―現実の把握が不正解であることについて，期待したほどうまくいかなかった戦略について，ビジョンの明瞭さについて学ぶチャンスなのだ。（p.211）

こうしたものの見方が備わってくると，今の現実（ビジョンからの乖離）は，敵ではなく味方になってくる。そうなれば，洞察力も鋭くなってくる。洞察力が鋭くなれば，現実把握も正確になり，ビジョンからの感情的緊張は減少していくことになるのだ。

③　構造的対立―無力感から生まれる支配力

それでもなお，人は，自分には能力がない，あるいは自分は望みを叶えることはできない，といった創造する能力を否定する無力感に支配されがちになる。自分は無力である，自分には価値がない，というのがその根底にある2つの信条である。

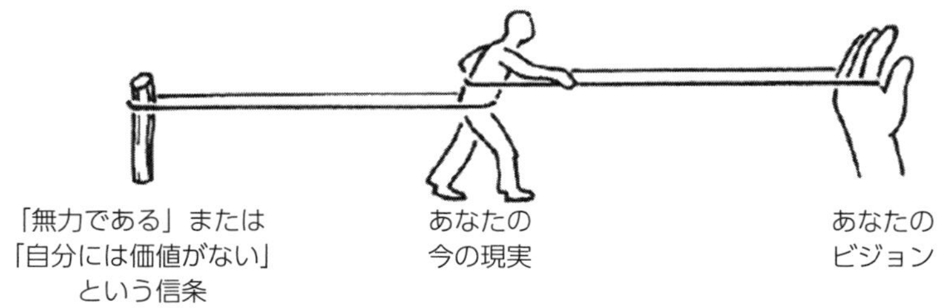

［図補２］　無力感に関する信条の作用（p.215）

１本のゴムバンドによって，あなたはビジョンに引っ張られるが，他方ビジョンに強く引っ張られれば引っ張られるほど，無力あるいは価値がないという信条に強く引き戻される（**図補２**）。「構造的対立」によるこうしたジレンマから抜け出す基本戦略には，別の論者によれば３つあるとのことだが，どれも限界がある，とセンゲは考えている。

第１は，ビジョンが損なわれるままにする，というもので，第２は，「対立操作」と呼ばれるものである。後者は，例えば，失敗を心配ばかりしている人に対して，望ましい結果が得られなければどんなひどい状況が待ち受けているかを指摘し，ビジョンの達成に駆り立てさせようとすることであり，反喫煙・反中絶・反原発・反核などはその典型例である。そして，第３は，自分自身の意志力に期待するものである。

第１の戦略に限界があることは，容易に理解できよう。この方法では，一旦失敗を受け入れ，体制を整えてから再度チャレンジする，ということになるだろう。そして失敗は繰り返される。第２の対立操作は，「無力」「価値がない」という意識を結果として強く意識することになってしまう。第３の意志力に頼ることは，視野狭窄を招くリスクを高める。ビジョンと無力感，双方からのハイテンション状況にありながら，双方を意志によって感じなくすることは，一種の「仮構」に意識態勢を追い込むことになりかねないからだ。

④　真実に忠実であれ

ではどうすれば良いのか。そこでセンゲが提案するのが，「真実に忠実であれ」である。そう言われても何をもって真実とするかどうかも定かでない場合はどうすれば良いのか，つまり，絶対的な真理や法則の探索が時間的にも能力的にも不可能な場合，どうすれば真実に忠実になれるのか，という疑問が当然沸き起こってくる。

それに対してセンゲは，「むしろ，自分を抑えたりだましたりしてありのままの姿を見ないようにするやり方をきっぱりやめること，（それは，）なぜ物事が現状のようになっているかについての持論を絶えず疑うことを厭わない姿勢を意味する。それは自分の気づきの状態を広げ続けるということだ」（p.219。括弧内筆者補足）と答える。

自分の問題を何かほかのことや他人のせいにしてはいないか，その背後には，できない，無理，といった逃避はないか，そこから「意志力」を頼りに強引に進んでいないか，「何もかも自分でやらなければならない」と思い込んでいないか，と自問することを通じて，最終的には構造的対立に潜む「無力」「価値がない」という意識をも考察の対象とすることで，構造的対立の呪縛からの解脱を可能にする，としている。いささか宗教的な話になり始めているが，センゲは次のように締め括っている。

> 真実の力，現実をできるだけありのままに見ること，認識のレンズの曇りをぬぐうこと，自らの陥った誤認識から目を覚ますことは，世界中の偉大な哲学体系や宗教体系のほぼすべてにおける共通の原理を異なった形で表したものだ。仏教徒は現実を直接見る「純粋観察」の境地に達しようと努める。ヒンドゥー教徒は精神を分離した境地で自分自身とその人生を観察する「観照」について語る。真実の力は，…初期のキリスト教思想では同様に中心的な原理であった。（p.222）

3.2　メンタルモデル（mental models）

メンタルモデルとは

メンタルモデルについて，センゲは明確には定義していないが，認知科学（cognitive science）に言及していることからして，認知科学あるいは認知心理学における「認知枠組み（cognitive schema）」の概念に近いものであると考えられる。その認知枠組みだが，断片的な情報を整理する枠組みであり，一旦そうした枠組みが構成されると，逆に，その枠組みに沿った情報だけを収集する，つまり見たいものだけを見ようとする認知特性を有するようになる。このことから考えていくと，メンタルモデルとは，認知枠組みに基づく個人的なイメージということになる。それゆえセンゲは，「メンタルモデルを管理するディシプリン—世界はこういうものだという頭の中のイメージを浮かび上がらせ，検証し，改善する—が学習する組織の構築にとって重要なブレークスルーになる」（p.240）と言う。

この発言の要点は，「検証し，改善する」にある。それこそ，認知枠組みは，固定観念も生み出す。アンデルセンの童話「裸の王様」は，その極端な例だし，米国自動車産業の重役たちが，日本の自動車工場の見学に行ったときに，「どの工場にも一切（工程間）在庫がなかったので，本当の自動車工場は見せて貰えなった」と発言したことも固定化されたメンタルモデルに基づくものだ。重役たちは，「30年以上製造業に携わってきたので，（工程間）在庫がない工場など存在しない」，だから日本の自動車メーカーは「偽物の工場を見学用に設えたのだ」，と思ってしまったのだ。

工程間在庫をなくすジャストインタイム生産方式については，第３章で詳しく述べたとおりだ。これぞまさに日本の自動車産業さらには製造業において確立された，最も効率的な生産システムであり，1990年代以降，「リーン生産体制」の名のもとに世界中に広がった。そのことを簡単に見過ごすのも，メンタルモデルのダークサイドということになる。

そしてこのメンタルモデルの厄介なところは，自分たちがそれを意識的に構成したという感覚がないところにある。米国自動車の重役たちは，工程間在庫がない工場を見たことがなかった，ということだけなのだが，それが固定観念を生み出すことになったのだ。固定観念は，固定観念であることを気付かせてくれない。「〇〇のメンタルモデル」ということが対峙化（客体化・表面化）されていたのであれば，随分と違う展開にはなりえる。

メンタルモデルを表面化する

そこで，メンタルモデルを表面化させるために，センゲは極端な方法を１つ紹介している。「左側の台詞（セリフ）」と呼ばれるものである。**表補１**にある右側は，実際の発言で，左側がその発言の背後にある考え・意識である。実際に口に出してしまえば，相手（ビル）は傷つくと思うので敢えて控えめに発言しようとしているが，実際には，「左側の台詞」を見れば分かる通り，主に２つの憶測によって成り立っている。

その憶測の１つは，「ビルは自信に欠けていて，プレゼンテーションがうま

［表補1］　左側の台詞（p.267．括弧内筆者補足）

私が（頭の中で）考えていたこと	（双方が）口に出したこと
みんなプレゼンは大失敗だったと言っているぞ。	**私**：プレゼンはどうだった？
どれほどひどいプレゼンだったか本当に分かっていないのであろうか？　それともそれに向き合う気がないのか？	**ビル**：さあ，どうかな。どうこう言うには早すぎるさ。それに，新しい分野を開拓しているのだから。 **私**：まぁね，これから何をすべきだと思う？君が提示しようとしていた問題は重要だと思うけど。
真実を認めるのが本当に怖いんだな。もっと自信さえ持てば，今回のような状況から学べるだろうに。	
僕らが仕事を進めるのにあのプレゼンがそんなに致命的だったなんて信じられない。こいつの尻を叩く方法を見つけなくちゃ。	**ビル**：どうかな。とりあえず成り行きを見守ってみようよ。
	私：それでいいかもしれないけど，ただ待っているより，もっとやるべきことがあるんじゃないかな。

くいかなったことに向き合えていない」という憶測，それが発展して，第2に「ビルには決断力が欠けている」というものである。後者の憶測のゆえに，最後の発言が導き出されることになるのだ。この「ビルは決断力に欠けている」という憶測は1つのメンタルモデルである。

そのことに気付かずに，すなわちメンタルモデルを客体化せずに突き進んでいくと，「ビルは何も具体的な行動方針を示さない。これはビルの怠慢であり，あるいは決断力の不足だとみなす」というようになり，「ビルに圧力をかけて，行動に駆り立てなければならない」ということなる。そうなると，軍拡競争ではないが，相互に態度を硬化させてしまう事態に陥りかねない（次頁，**図補3**）。

ところが，「ビルは決断力に欠けている」ということを1つのメンタルモデルだと意識したとする。このモデル（仮説）は正しいのであろうか，このモデルを実証するデータは揃っているのであろうか，というような考えに至り，仮に決断力に欠ける状況にビルが陥っていたとしても，なぜ決断力を鈍らせているのか，ということを考慮する可能性が出てくる。なぜなら，メンタルモデルは，1つの仮説に過ぎないからだ。

「左側の台詞」は，メンタルモデルを浮き上がらせるための「振り返りのスキル」の1つである。センゲはこの振り返りのスキルには，口で言っているこ

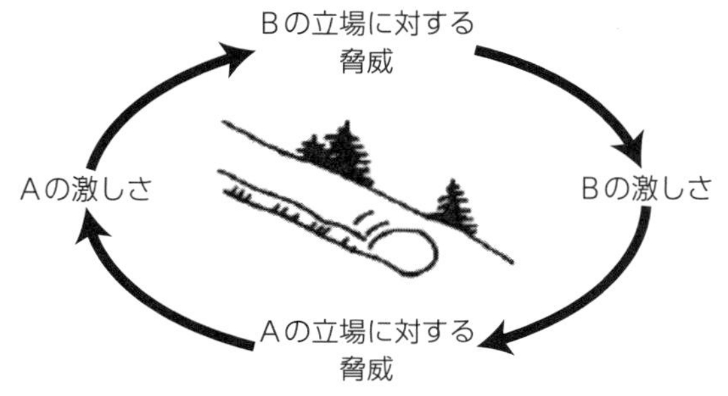

［図補 3］　脅威の連鎖[5)]

とと実際の行動との乖離を捉えることも含まれるという。口で言っていることは「信奉理論（espoused theory）」に基づき，実際の行動の背後には「使用理論（theory-in-use）」がある。メンタルモデルはこの使用理論に準じているので，両者の乖離からメンタルモデルを浮かび上がらせようとするやり方である。日本的な解釈でいえば，信奉理論＝建前，使用理論＝本音，ということだろうか。

「本音」と「建前」のギャップに気付くとき，メンタルモデルを見直すチャンスが得られる。見直しは両方向で起こり得る。建前を重視して，本音を改めなければならないという方向性，あるいは本音を重視して過剰な建前を見直そうする方向性，いずれもあり得るが，どちらかというと，前者の方向性のほうが優位に働くのが一般的だ。なぜなら，建前は自らが信奉しているからだ。

メンタルモデルは，収集してきたデータの一般化あるいは抽象化の結果，構築される。一般化・抽象化することによって認知枠組みの効率的構築に自然と努めようとするからだ。最近よく問題になる「女性は○○」あるいは「男性は××」という発言も，一種の一般化であり，抽象化である。こうした拙速な一般化・抽象化が問題であることは誰にでも分かることだと思うが，日常茶飯で生じている。こうした現象をセンゲは「抽象化の飛躍（leaps of abstraction）」と呼ぶ。

ところが，これが組織で共有されるようになると大問題になる。「顧客は価格で製品を買うのであり，サービスの質は購買要因ではない」という命題がま

5）　同上書，p.270．図の中央に「雪崩」が描かれているが，本補論第 2 節「システム思考」での「自己強化型（増強型）」フィードバックを意味している。

かり通ると，それはもう組織としての「事実」になり，誰も疑おうとしなくなる。「抽象化の飛躍はないのか」，この問いを発することが，メンタルモデルを浮かび上がらせることにつながるのである。

探求と主張のバランス

メンタルモデルを表面化し，それを検証して改善する作業は，本人の内面においては，システム思考に欠落さえなければ，比較的容易に行える。ところが，これに他者が関与してくると，もっと言えば，他者のメンタルモデルを改善させようとすると，相当厄介なことになる。下手をすると，**図補 3** の状況に陥りかねない。それこそ，「そういうあなたはどうなの⁉」状況である。

これとは逆に，最も生産的な学習は，一般的には主張と探求が融合された場面で生じる。いわゆる「相互探求」だ。その場に参加する皆が内省した自らのマインドモデルをさらけ出し，相互に検証するのだ。一方が他方に対して一方的に主張するのではなく，相互に探求を促すようにする。その方法について，センゲは次のようにまとめている。

［表補 2］　相互学習の方法論（pp.273-274）

自分の考えを主張する場合
◇あなたの推論を明らかにする（つまり，どのようにしてあなたはその考え方にたどりついたか，その根拠になっている「データ」は何かを説明する）
◇相手はあなたの考えを精査するように促す（たとえば，「私の推論に何かおかしなところがありませんか？」と尋ねる）
◇相手に別の意見を出すように促す（たとえば，「私とは違うデータや違う結論がありませんか？」と尋ねる）
◇相手があなたとは違う考えをもっていれば，それを積極的に探究する（たとえば，「あなたの考えはどうでしょうか？」「どのようにしてその考えにたどりついたのですか？」「私が検討したデータとは違うデータがあるでしょうか？」と尋ねる）
相手の考え方を探求する場合
◇もしあなたが相手の考えについて何か仮定しているなら，その仮定をはっきり述べ，それが仮定であることを認める
◇あなたの仮定の根拠になっている「データ」を提示する
◇相手の反応に本当に興味がないなら，質問する必要はない（相手への礼儀として質問したり，自分の考えの優位性を示すために質問したりしない）

袋小路にぶつかったら（もはや相手が自分の考えの探求を受け入れるようには思えない場合）
◇どんなデータや論理があれば考えが変わり得るのか聞いてみる
◇新しい情報が得られそうな実験（もしくは何かほかの探求）を一緒に考える道があるかどうか聞いてみる
あなたか相手が自分の考えを表現したり，ほかの考え方を試したりするのをためらうのなら
◇相手（もしくはあなた自身）になぜ話せないのかを話すように促す（つまり，「オープンなやりとりを難しくしているのは，この状況のどういう点か，自分や相手のどういうところか？」）
◇もし双方がそうしたいと望むなら，協力して障壁を克服する方法を考えてみる

そのうえで，「合意は重要か？」といえば，むしろ合意や意見の一致は必ずしも重要でない。このことを強く意識すべきである。それこそ，集団浅慮やグループシフトに陥ったら大変なことだ。重要なのは，組織全体が「真実に忠実であること」であり，自己マスタリーの精神からそれは導き出されてしかるべきだ，ということである。

3.3 共有ビジョン（shared vision）

共有ビジョンとは「自分たちは何を創造したいのか？」という問いに対する答えだ，とセンゲは言う。そして，彼は欲求5段階説のマズローの晩年の研究[6)]，優れた成果を上げるチームの研究から導き出された結論「任務はもはや自己と区別がつかなかった…むしろ自己がこの任務と強く一体化しているため，その任務を抜きにして本当の自己を語ることはできなかった」を引用する。

少々脱線するが，このマズローの研究のタイトルは，原題で「eupsychian management」と記され，「eupsychian」はマズローの造語で，卓越した心境，それこそ仏教的な意味での「悟り」に至るような心理態勢，を意味する。翻訳では「自己実現（self-actualization）」というように訳されているが，自己実現へと向かう意識態勢が，eupsychianの意味するところである。したがって，共通ビジョンは単なる共通目標を超えて，個々人の内発的な動機づけに支えられたもの，という理解に至る。いきおい，共有ビジョンがあれば，「あの人の会社」

6） Maslow（1965）。＜マズロー（1967）＞

ではなく「自分たちの会社」になる。

さらに言えば，共通ビジョンは長期的な物事へのコミットメントを可能にするポテンシャルを秘めている。長期的なコミットメントを組織において確保しにくいのは，一般に長期的な視点を保持しようとすると，「持たなければならない」というように思いがちになるからだ。しかし，共通ビジョンは，内発的動機に支えられた自己実現への道なので，そこに義務感はない。では，どのようにすれば共有ビジョンを構築することができるのか。

共有ビジョンを築くディシプリン

①　個人ビジョンを奨励する

共有ビジョンは，一個人のビジョンから生まれてくる。共有ビジョンを構築するうえで重要なことは，まず各人にビジョンを持つように奨励することだ。自己マスタリーの精神のもとであれは，個人はビジョンを持つようになる。そうしたビジョン間の相互作用から共有ビジョンが誕生する素地が作られる。

共有ビジョンは，個々人のビジョンが同一になったものではない。センゲはホログラムという用語を比喩的に用いて説明しているが，要するに，異なる光源（個人ビジョン）から発出されそれらが重なり合ってできる３次元像のようなもので，見る観点は各人（光源）ごとに異なるものの，同じ対象（像）を追い求めている，という状態のことである。「顧客第一主義の徹底」というビジョンが共有されたとしても，その見え方やアプローチは個人ごとに異なる，というように理解しても問題ないだろう。

②　個人ビジョンから共有ビジョンへ

共有ビジョンを構築するうえで，妨げになっているものとして，ビジョンはトップ，あるいは「上」から発出されるもの，または組織の制度化された計画立案プロセスから出てくるもの，という固定観念がある。ビジョンステートメントづくりに勤しむ経営陣の問題点は，社員個人のビジョンに基づかず，会社の戦略ビジョンを全面に押し出しがちな点だ。

もちろん，ビジョンが経営トップからは生まれない，ということでもない。むしろ，しばしば誕生してきているだろう。ここでの要点は，階層制の上から発出される，あるいは発出されなければならない，と考えるのではなく，ビジョンは，ありとあらゆるレベルから発出され共有される可能性がある，ということだ。

真に共有されるビジョンは一朝一夕には生まれない。「本当の意味で共有されるビジョンが生まれるには，継続的な対話が必要だ」とセンゲは考え，次のように続ける。

> その対話の中で個人は自分の夢を自由に表現できるだけなく，互いの夢に耳を傾ける方法を学ぶ。…聴くことは往々にして話すことよりも難しい。…聴くという行為には，多種多様な考えを受け入れるだけの並はずれた開放性と意志が必要である。これは，「より大きな目的のために」自分のビジョンを犠牲にせよという意味ではない。むしろ，多様なビジョンの共存を許したうえで，あらゆる個人ビジョンを超越し，統合するにはどの道を進むべきかを聴きとろうと耳を澄まさなければならない，という意味だ。(p.296)

③ ビジョンを普及させる―コミットメント・参画・順守

下表は，ビジョンの共感と共有度を表している。「コミットメント（commitment)」から「無関心（apathy)」までの7段階になっている。

［表補3］ ビジョンに対する姿勢の7段階[7)] (p.299)

コミットメント commitment	それを心から望む。あくまでもそれを実現しようとする。必要ならば，どんな「法」（構造）をも編み出す。
参画 enrollment	それを心から望む。「法の精神」内でできることならば何でもする。
純粋な順守 genuine compliance	ビジョンのメリットを理解している。期待されていることはすべてするし，それ以上のこともする。「法の文言」に従う。「良き兵士」
形式的順守 formal compliance	全体としては，ビジョンのメリットを理解している。期待されていることはするが，それ以上のことはしない。「そこそこ良き兵士」
嫌々ながらの順守 grudging compliance	ビジョンのメリットを理解していない。だが，職を失いたくもない。義務だからという理由で期待されていることは一通りこなすものの，乗り気でないことを周囲に示す。
不服従 noncompliance	ビジョンのメリットを理解せず，期待されていることをするつもりもない。「やらないよ。無理強いはでさないさ。」
無関心 apathy	ビジョンに賛成でも反対でもない。興味なし。エネルギーもなし。「もう帰っていい？」

当然のことながら，ビジョンの共有において求められるのは，最終的にはコミットメントレベルとなるが，その前段階である参画にまで到達できればしめたものだ。不服従者を直接引き上げていくにはコストがかかる。したがって，形式的順守者を純粋な順守者に引き上げ，参画者さらにはその者たちからのコミットメントを引き出すのだ。こうした参画プロセスは，ビジョンに対する本物の熱意と，他者が進んで自分自身の選択を行うことから成立する。そのためには，以下の条件が必要，とのことである。(p.303)

1．個人ビジョンを有するあなた自身が共有プロセスに参画（積極的関与）すること。
2．正直になること。メリットの誇張，問題を隠してはいけない。ビジョンをできる限り分かりやすく，正直に説明すること。
3．他者に選択させること。ビジョンのメリットを「納得させる」必要はない。進んで自由な選択をさせればさせるほど，相手は自由を感じる。部下が自分なりのビジョン意識を育てるための時間と安全な場をつくってやれば，部下を手助けすることはできる。

そのうえで，共有ビジョンを一連の経営理念に定着させることができれば，企業としての精神・文化へと昇華する。経営理念とは，３つの重要な問い，つまり「何を」「なぜ」「どのように」に対する回答である。ビジョンは「何を」に相当し，自分たちが創造しようとしている未来のイメージである。「なぜ」は，企業の目的（社会的使命）に相当し，「どのように」は，企業としての基本的な価値観であり，ビジョンを達成する過程から醸成されてくるものである。したがって，共有ビジョンは企業の基本的価値観を生み出す素地なのだ。

共有ビジョンとシステム思考

ところが，多くの共有ビジョンには本質的に価値があるにもかかわらず，定着せずに終わることが多い。ビジョンの明瞭性とそれに対する熱意，そしてビジョンを話題に参画してくる人たちの数が増える自己強化型のシステムになれ

7）項目のタイトルについては，一部翻訳を修正した。Complianceには，遵法精神という意味合いが含まれている。それゆえ，翻訳書では「追従」と訳されていたが，「順守」が適切だと考える。

ば，共有ビジョンは浸透・成長していくはずなのである（**図補4**）。

しかし，ビジョンを共有しようとする人たちの数が増えてくると，多様な意見に遭遇する可能性が出てきて，そのなかには対立するビジョンが登場しないとも限らない。そうなれば，ビジョンは二極化の様相を呈し，共有ビジョンの明瞭性に曇りが生じ，共有ビジョンの浸透・成長に限界が生じることになる。

この場合，どうすれば良いのだろうか。センゲは，メンタルモデルの「探求と主張のバランス」が重要だという。すなわち，「多様性を探求し，調和させる能力」を活かして（**図補5**），二極分化を避け，対立するビジョンを統合す

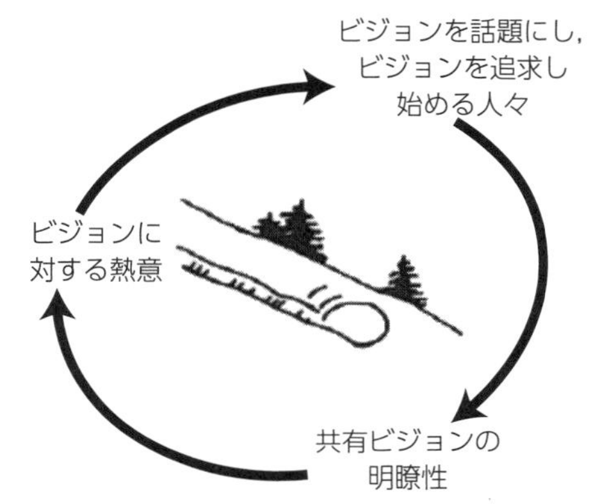

［図補4］　ビジョン共有の好循環（自己強化型）（p.309）

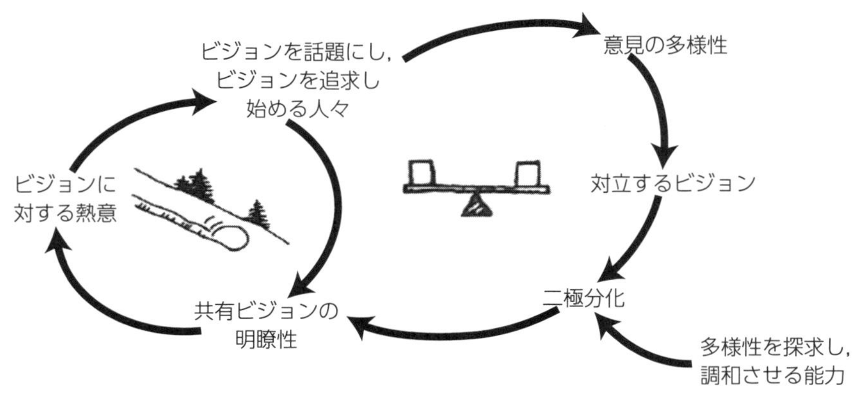

［図補5］　対立するビジョン（p.310）

ることに鋭意努力する，ということである。将来へのより高度なビジョンに仕上げていくためのプロセスだと解して取り組む，ということだ。

対立するビジョンの存在以外にも，共有ビジョンが浸透・成長の限界を迎える要因として，ビジョンが明瞭になればなるほど，ビジョンと現実とのギャップに人々が気付き落胆し，ビジョンに対する熱意が薄れる（**図補6**），ということも指摘されている。ではどうすれば良いのか。

これに対しては，自己マスタリーにおける「創造的緊張」という考え方を導入することによって，失敗を恐れずに立ち向かっていく姿勢が重要になる。自己マスタリーの箇所でも紹介したが，創造的緊張に熟達してくれば，「失敗」に対する見方も一変する。失敗は学びのチャンスでもあり，ビジョンの明瞭さについて学ぶチャンスにもなる，ということである。

これら以外にも，時間とエネルギーが制約となりビジョンに対する集中力が低下する場合（次頁，**図補7**）や，ビジョンに対する熱意から「布教」に走ってしまい，熱心な信者かそれ以外かに組織を分断し，人間関係の質を低下させてしまう（次頁，**図補8**）という状況もビジョンの共有化の阻害要因になる。

前者に対しては，より少ない時間と労力で集中的にビジョンづくりとその共有に割ける方法を見つけ出すか，あるいは新しいビジョンを追求する人員を「今の現実」への対応を行う人員から切り離す，というオプションが考えられる。ビジョン共有への道のりから考えると，ビジョン共有に熱心でない者たちに現実対応をお願いし，熱心な者たちの間でビジョンを共有していくというほうが

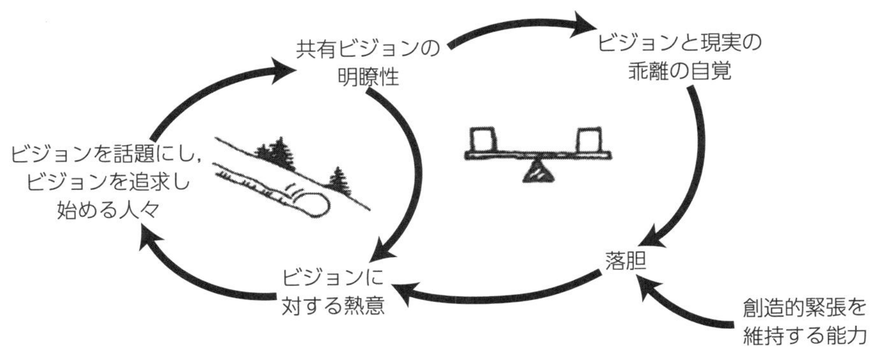

［図補６］　ビジョンと現実との乖離（p.311）

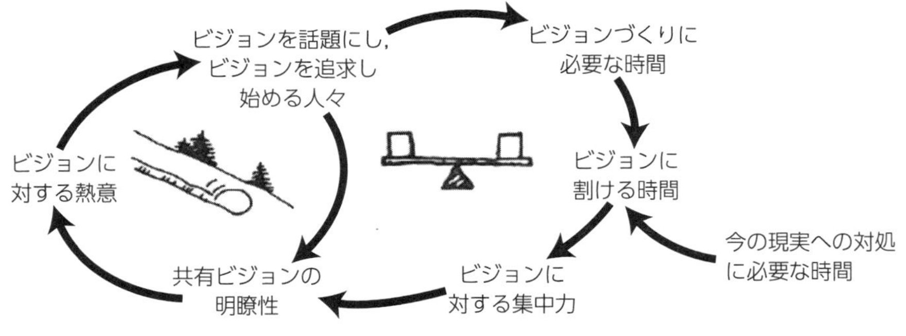

［図補７］　時間とエネルギーの制約（p.312）

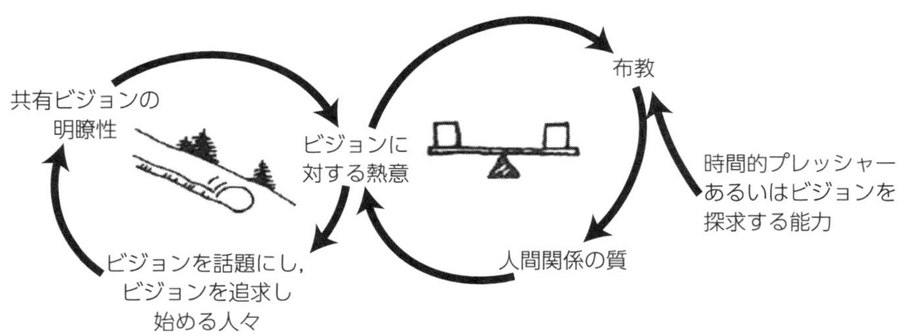

［図補８］　対布教のイメージ（p.313）

現実的だが，グループを二分してしまうリスクもなくはない。

そのため，現実対応者に対してもやがてはビジョン共有を行っていかなければならないが，やはり共有に時間がかかることは，熱意を冷めさせる要因にもなるので，少ない時間と労力で，ビジョンが共有できるようにする工夫は必要だと思われる。

次に，布教に走るのは，結局のところ，自己マスタリーの精神とメンタルモデルが未熟だからだ。ビジョンを探求する能力の向上によって，そうした布教活動を打破することも大事だが，時間的プレッシャーによって，布教活動を制約するのも１つの方法のように思われる。ただこうしたテクニカルな方法ではなく，ビジョンの共有を自己強化型にしていくには，やはり，自己マスタリーの精神とメンタルモデルの充実が重要である。

3.4　チーム学習（team learning）

ビジョンの共有を進めるうえでも，そして共有ビジョンを実践に移すにも必要不可欠なのがチーム学習である。チーム学習は，もちろん個人ではなく，チームという社会体が行うものだ。社会体は物体ではない。人々の共通認識の上に成立している抽象体である。この抽象体が学習するとはどういうことなのか。センゲは，お気に入りのNBAボストン・セルティックスの伝説的センタープレーヤー，ビル・ラッセルの回顧録を引用して，次のように比喩的にチームという社会体の感覚を伝えようとしている。

> セルティックスの試合は…身体や精神のレベルのゲームを通り越して，マジックみたいになった。その感覚は言葉にするのが難しく，…ひとたびその状態になると，私は自分のプレーがそれまでとは違うレベルに昇華するのを感じた…その感覚は私やセルティックスのチームメートだけでなく，相手チームの選手や審判までも包み込んだ…ゲーム展開はとても速く，どのフェイント，カット，パスもあっと驚くようなプレーだったが，私はどんなプレーにも驚くことはなかった。まるでスローモーションで動いているような感じなのだ。この魔法にかかっている間は次のプレーがどう展開するのか，次のシュートはどこから出るのかがほとんど直観的に分かった…（p.316）

「まるでスローモーションで動いているような感じ」にまで至る，一種のトランス状態（忘我，恍惚）において，自身とチームが一体化し，チームがラッセルのなかで強く具象化されている状況が表現されている。ここまでの感覚にならなくても，グループやチームを強く意識し，その一員となりグループやチームのために意識もせずに働いている，という感覚は皆さんも経験があるだろう。

ビジョンが共有されれば，おのずとチームが意識され，自動的にチーム学習に向かうのではないのか，と思われる向きもあるだろう。事実，ビジョンの共有化プロセスは一種チーム学習の様相を呈している。しかしながら，ビジョン共有を進めるにしても，ビジョンを実践するにしても，チーム学習は，それらとは別に必要不可欠，というのがセンゲの考えである。なぜなら，チームで学習するには，克服しなければならない課題と，そのための練習が必要だからだ。

課題とは，チームにおけるコンフリクトと防御ルーティンのことで，これらについては後述する。その前に，チームとして学習していくための練習方法，ディシプリンについて説明しよう。

チーム学習のディシプリン：ダイアログとディスカッション

センゲは，物理学者のデヴィッド・ボームのダイアログの理論と実践に関する研究を引用し，「思考は概して集団的な現象」で，「私たちは思考を私たちが相互に作用しあったり対話したりするやり方から生じるシステム的な現象としてとらえなければならない」，したがって「私たちの思考は一貫性のないもの（incoherent）であり，その結果生じる意図とは逆の効果が世界の問題の根本原因である」と考えている（p.323）。

また，学習は対話から生まれ，対話にはディスカッションとダイアログの２種類がある。とりわけディスカッションという用語は，語源としては，打撃や打楽器を意味するパーカッション（percussion）や，衝撃や振動を意味するコンカッション（concussion）から来ているので，ゲーム感覚があり，ゲームは通常勝ち負けを競うものなので，集団における自己主張を展開し，自らの意見を通そう（勝とう）とする，ということになるようだ。こうしたことは両刃の剣で，意見の明瞭化には向いているが，行き過ぎると意見が先鋭化し，いきおい多少の一貫性の欠如を無視することもある。

これに対して，「ダイアログの目的は，私たちの思考にある非一貫性を明らかにすること」である。ダイアログは，ギリシャ語のディアロゴス（*dialogos*）が語源で，２つの岸の間を流れる川のように，意味が間を通過し移動していくことのことで，それゆえ個人を超越した「共通の意味の集積」へと人々をいざなうことになる，というのがボーム及びセンゲの考えである。ではどのようにすればダイアログを行うことができるのだろうか。彼らによれば，次の３つの基本条件が必要だ，ということである。(p.328)

1．全参加者が自分たちの前提（仮定）を「留保（suspend）」しなければならない。つまり自分の前提（仮定）を文字通り，「我々の前に吊り下げられている（suspended）」かのようにしておくのだ。
2．参加者全員が互いを仲間と考えなければならない。
3．ダイアログの「文脈を保持」する「ファシリテーター」（進行役）がいなければならない。

自らの主張の拠って立つ前提（仮定）を詳らかにすることは，自らの意見を客観化するうえで，なくてはならないことだ。思考は概して集団的な現象なので，知らず知らずのうちに他者からの影響によって一貫性に欠けた意見を述べているのかもしれない。それゆえ，ダイアログでは，「自分自身の思考の観察者になる」ために，あえて振り返って，自らの前提（仮定）をさらけ出す必要がある。「ダイアログを通じて，人は互いに助け合いながら互いの意見の非一貫性に気づくようになれる。こうして集団的思考はますますだんだんと一貫性のあるものになっていく」（p.327）とのことだ。

その際，上記「２」は当然のことだが，ここには重要な意味が隠されている。仲間とは，「同調者」としての仲間ではなく，異なる意見を持つ可能性が十分ある仲間のことで，その本質は，対等という意識である。ボームは「階層制はダイアログと対極にあるものであり，組織の中で階層制から逃げるのは難しい」，よって「権限をもつ者が自分よりも低い地位にある者と本当に『同じ立場で率直に話す』ことができるのか」と問うている（pp.331-332）。

それに対してセンゲは，「参加者全員が自分の地位の特権にしがみつきたいと思う以上にダイアログの恩恵を心から望まなければならない」（p.332）と返す。そのうえで，「多くの組織のチームが，全員が前もって自分に期待されることを知っていれば，終始一貫してこの難局に挑むことができることがわかった。私たちの心の底にはダイアログへの切望がある。とくに自分たちにとって最重要の問題に焦点が当たるときはそうだ」（同頁）と付け加えている。

最後にファシリテーターの存在だが，もし熟達したファシリテーターがいないと，対話の多くはディスカッションに引っ張られることになる，とセンゲは言う。ディスカッションではさまざまな意見が提示され主張・弁護されるので，全体状況の分析には役立つ。そしてディスカッションを通じて，チームとしての決定は下される。しかしながら，ダイアログがなければ，議論は深く掘り下げられない。ダイアログは振り返り，掘り下げ，そして探求するための対話なのだ。

場面に応じて，両者を使いこなすのが熟達したファシリテーターだ。文脈を維持したうえで，時にディスカッションを通じて議論を拡散させ，あるいは逆にダイアログを通じて深く掘り下げ，時にディスカッションによって意見の収束を図りつつも，ダイアログによって問題点はないかを洗い出す，そうしたことのできるファシリテーターがいれば，チーム学習は相当高められると思われる。むしろ，こうしたファシリテーターを育成することがチーム学習の１つのビジョンかもしれない。

克服しなければならない課題：コンフリクトと防御ルーティン

ここでの内容は，ビジョンを共有する際の課題と本質的に同じである。コンフリクト（対立）は，**図補５**（本書，p.286）で示したように，あるビジョンが鮮明になってくればくるほど起こりがちになる。したがって，多様性を探求し，調和させる能力があればなんの問題でもなく，むしろコンフリクトは，ビジョンを深化させるチャンスとさえなる。

しかしながら，こうしたコンフリクトの原因が「自分の考えをさらけ出すのに伴う当惑や恐れからわが身を守るために染みついたルーティン」（p.338）である場合，少々厄介である。基本はメンタルモデルの構築に立ち返って，自分自身を見つめ直してもらうことが必要になるのだが，チーム学習を通じてそのことを行ってもらおう，というのがここでのエッセンスだ。

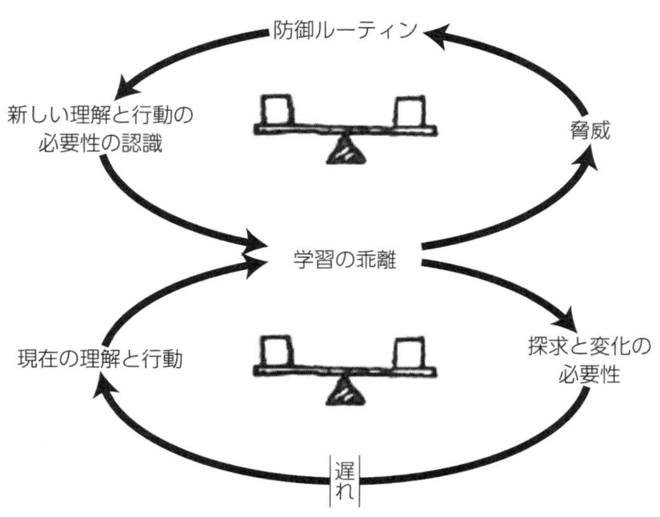

［図補９］　防御ルーティンと学習の乖離（p.342）

自分の考えをさらけだすのに伴う当惑や恐れからの防御ルーティンの１つの可能性は，**図補９**の上半分にある通り，「新しい理解と行動の必要性」から「学習の乖離（学習しなければいけないこと）」を認識し，そのことが「脅威」となり，そこで，見て見ないふりをする，あるいは「対症療法的な解決策」に走るなどして，「新しい」理解と行動の必要性の認識を低下させる，というものだ。

他の可能性としては，図の下半分に相当するものだが，学習の乖離によって，「探求と変化の必要性」を痛感するものの，その対応に「遅れ」，結局「現在の理解と行動」に留まり，学習の乖離に関する認識が希薄化する，というものである。いずれの可能性も学習棄却に陥るだけでなく，双方からのフィードバックで強化されるということも往々にして起こりうる。

防御ルーティンが，意識下で行われるようになり，１つのメンタルモデルになってしまう，というのはまさにこうした状況のことだ。そういう状況において，防御ルーティンを気付かせ「治そう」とすれば，逆効果になるのはほぼ確実である。確かに，気付かなくなっている人に，「おかしいよ」と言っても，「何言っているの？どこが？」になる。むしろ，防御ルーティンに陥っている人に気付いたのであれば，「自分もその一部だと思って間違いない。熟練したマネージャーならば，防御が防御を生むことがないように自己防衛に向き合うことを学んでいる」とセンゲは言う。そして，次のように続ける[8)](pp.345-346)。

> そういう人（熟練したマネージャー）たちは，まず自己開示によって，そして自分の自己防衛の原因を探求することによって，防御ルーティンに向き合う。例えば，こう言うだろう。「私はこの新しい提案に心中穏やかでない。君たちもそうだろう。この不安がどこから来るのか分かるように協力してもらえないだろうか。」または「私の言っていることをわかってもらえるだろうか？　この話し方のせいでこの点については人を寄せつけない頑固者に見えるだろう。だが，私たちがもっと客観的なイメージをつかめるようにみんなの考えを聞きたいのだ」（当然ながら，重要なのは言葉ではなく，発言に込められた気持ちだ）。両方とも話し手が不安に感じていることを認め，その原因を共同探求しようと誘っている。

8）引用文中（熟練したマネージャー）は筆者補足。また「防御ルーティン」の原訳は，「習慣的防御行動」である。

まず，情緒面で寄り添い，そこから上記メンタルモデルの箇所で説明した「相互学習の方法論（**表補2**）」（本書，pp.281-282）へ持ち込もうとする。そうすることによって，チーム学習を促進しようとするのだ。したがって，防御ルーティンに気付くことは，チームにとってむしろチャンスと思わなければならない。そのもとで，次のようにチームでダイアログを練習するのだ（p.352）。

1．「チーム」（行動するのに互いを必要とする人たち）の全メンバーを集める。
2．ダイアログの基本原則を説明する。
3．前提を「留保（suspend）」できないと感じる人がいたら，チームは「ダイアログ」ではなく「ディスカッション」になっているとはっきり述べるようにして，基本原則を徹底する。
4．チームのメンバーが，チームの仕事にとって不可欠な，最も難しく，最もとらえにくい，最も摩擦のある問題を提起できるようにし，むしろそれを奨励する。

以上が，センゲの「学習する組織」の育成方法である。本補論の冒頭でも述べたが，近代経営管理は，分業（特化），階層制（命令の連鎖），指揮一元制，統制の幅の原則によって，組織が効率的に機能するようにしようとする。そこに組織の学習障害を生み出す素地がある。この学習障害を克服することは大変なことだ。それを５つの教義（ディシプリン）によって克服しようとするのが，センゲ理論である。

組織の学習障害
① 「私の仕事は…だから」
② 「悪いのはあちら」
③ 先制攻撃の幻想
④ 出来事への執着
⑤ ゆでガエルの寓話
⑥ 「経験から学ぶ」という幻想
⑦ 経営陣の神話

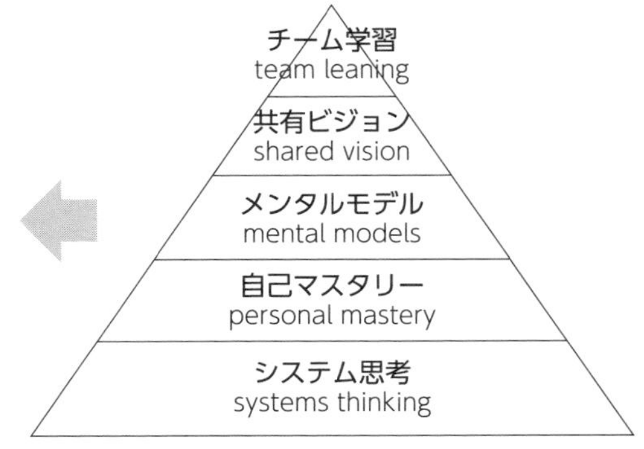

[図補10]　学習する組織の構図

５つの教養は，段階的に積み上がっている（**図補10**）。システム思考のもとで，自己マスタリーの精神を磨き，真実に忠実なメンタルモデルの構築に勤しみ，チーム及び組織におけるビジョンの共有と，たゆまぬチーム学習を行うという教養によって，学習する組織は醸成されていくのである。

◆参考文献

1　Abraham H. Maslow（1965），*Eupsychian Management*（Richard D. Irwin, Inc.）＜アブラハム・H. マズロー（著）／原年広（訳）（1967）『自己実現の経営―経営の心理的側面』（産業能率短期大学出版部）＞

2　Peter M. Senge（2006），*The Fifth Discipline: The Art & Practice of The Learning Organization, Revised edition*（Random House）＜ピーター・M. センゲ（著）／枝廣淳子他（訳）（2011）『学習する組織―システム思考で未来を創造する』（英治出版）

3　Barbara W. Tuchman（1984），*The March of Folly: From Troy to Vietnam*（Michael Joseph Ltd.）＜バーバラ・W. タックマン（著）／大社淑子（訳）（1987）『愚考の世界史　トロイアからヴェトナムまで』（朝日新聞社）＞

おわりに

経営研究を三十数年続けてきて，いつも悩むのは，この研究はサイエンスなのかということである。自然科学のように，主体と客体を完全に分離することができ，客体に対する観察や考察から不変の真理や法則を導き出すことは，主体と客体が一部未分化であることを甘受しなければならない社会科学において，無理なことは重々承知している。しかし，可能な限りその溝を埋めなければならないと思うのである。

主体と客体の未分化とは，観察者である我々が，社会の中に一部組み込まれているため，発見等の情報発信（フィードバック）によって，観察対象が影響を受け変化してしまうことを意味している。それゆえ，可能な限りステディステイト（定常状態）が得られそうな対象や状況を確保しようとする。人的資源管理論や消費者行動論でのアンケート調査はその典型であろうし，うまくいけばそこからさらに理論仮説を構築し，仮説検証をも行える。

ところが，その先にも難題が待ち構えている。導出された事実や実証された仮説に基づき，経営実践が行われているのか，といえばそうでもない。そうなる理由の１つとして，「科学的」知見を適用できる範囲が限定的で，いわばケーススタディの域を脱し切れていないことと，２つには，アカデミア（学術）と経営現場とを結びつける媒介者（コンサルタント等）が稀少であることが挙げられる。アカデミアと経営現場双方の交流が活性化することで，研究領域としての知＝科学は充実していくのであるが，なかなかそういう状態にまでは経営研究は達していないのである。

例えば，医療における診察や治療は，基礎研究だけでなく，臨床研究にも大きく依存している。後者のケーススタディやその積み重ねからの疫学研究が，基礎研究以上に診療・治療の現場を支えている。COVID-19（通称，コロナ）についても，無症状者からの感染とウイルスの変異の速さから感染拡大は収まらず，世界的なパンデミックであることが宣言されてからすでに２年近くが経過しているが，ワクチンの普及と，抗体カクテル等の新薬の導入，さらには既存薬剤の投与パターンの確立等によって，収束への期待は高まりつつある。

ただ，未知のウイルスであるがゆえに，飛び交う情報は玉石混交どころか，流言飛語にあふれ，我々の生活を情報面で不安定で不安なものにしている。こうした状況においてこそ求められるのが，社会体あるいは国体を安定させる政治と行政（アドミニストレーション）であり，とりわけ行政の根幹はマネジメントにあるはずなのだが，危機管理とその対応，柔軟な組織編制と連携，いずれの面でもスピード感に欠けているように思われる。

なぜそうなるのか。筆者の答えは，冒頭の問いへと回帰していく。これまでも，危機管理とその対応に関してのみならず，組織的な連携に関する経営研究は数多く存在する。しかしながら，それらが現場において活用されていないとすれば，やはり経営学のサイエンスレベルは低いのか，というように考えてしまうのである。

ここでの要点は，テクニカルな知識として普及していないということではなく，そのことを解決してくれる専門家が誰なのかということが，世間一般にあまり知られていない，ということである。例えば，医学や法学の場合，専門家として医師や弁護士等が社会的に認知されていて，その者に問題の解決を依頼するあるいは相談する，ということになる。ところが経営学においては，経営コンサルタントという職種は存在しているが，その職を生業（なりわい）としている者は少なく，またそれが社会的な資格という形では認知されていない。

むしろ，行政や企業における経営者や管理者が自らその実務にあたることから，なおさらのこと専門性が捉えにくくなっている。専門性が捉えにくいので，それを生み出す学術性が曖昧とされ，学問さらには科学として見なされにくいという見解が成り立つ。要するに，専門性が認識されにくいために，専門的知識へのアクセスも行われにくい，ということである。では，観点を変えて，経営学は科学ではない，とするとどうなるのか。

少々話は迂遠となるが，米国の大学には，古くから3つのプロフェッショナルスクールが用意されてきた。メディカルスクール，ロースクール，ビジネススクールである。近年，ケネディスクールのように，一部の大学には国際政治や外交等の専門家を養成するプロフェッショナルスクールも設置されてきているが，もともとは，プロフェッショナルスクールといえば，これら3つである。

ではなぜ，ビジネススクールがプロフェッショナルスクールの1つなのか。簡単に言ってしまえば，ビジネスの専門家を育成するためである。リー・アイアコッカ（フォードモーターズ）やジャック・ウエルチ（GE）のような専門的経営者の養成である。日本でビジネスというと，商売，営利というイメージが強いが，英語の語源としては，事業ということになり，営利だけに限定されるものではない。いかなる事業においても必要な，戦略・組織・管理を中核に，マーケティングとファイナンスを両ウイングとする構えで，経営のプロフェッショナルたちを養成する。そこでは，テクニカルな内容だけでなく，企業家精神やリーダーシップ等も体得されるようにプログラムされている。

1881年に米国ペンシルベニア大学に誕生したウォートンスクールは世界最古のビジネススクールである。以来140年，米国，欧州のみならずアジアにもビジネススクールは広がり続けている。いささか逆説的な論法になるが，そこに何がしかの「合理性」がなければ，成長・発展は続かないはずである。ビジネスパーソンをプロフェッショナルとして育成することが，社会において合理的でかつ有意義であるからこそ，この教育システムは，メディカルスクールやロースクールと対等に，社会的地位を築いてきたと考えても問題ないように思われる。

合理性は科学の根源である。それこそ自然科学が要求しているレベルでの不変の法則や公理に相当するような「厳密な」合理性の獲得は無理かもしれない。しかしながら，日常生活における合理性（卑近な例でいえば，刑事事件におけるアリバイ等）の獲得は可能だと思う。定理にならなくても，１つの説になり，日常合理性の研磨のなかで社会に受容され，定説にでもなれば，それは１つの科学的な知見といえなくもない。

経営研究のほとんどは，仮説を合理性の研磨にかけ，定説にまで仕立て上げるプロセスである。統計的な実証だけではなく，ケーススタディからの仮説の導出とその信憑性と実用性のチェック等々，さまざまなレベルで論理的なテストが行われる。

世界有数の経営コンサルティング会社・マッキンゼーには，方法論におけるエッセンスとしてMECE（「ミーシー」と発音する）というものがある。Mutually，Exclusive，Collectively，Exhaustiveの４つの頭文字なのであるが，前２つと後２つが対をなしている。Mutually（相互に）Exclusive（排他的で），Collectively（集合として，あるいは全体として）Exhaustive（余すところなく，あるいは網羅的で）ということになる。

事象を捉え，その因果・関連図式を構造化する際の方法論なのだが，要するに，相互に排他的で（独立した）変数を選び出し，それらが全体として，事象を余すところなく説明できているか否かを確認する姿勢がMECEである。経営学を含め社会科学全般に通用する科学的な姿勢だと思われる。

ただ，この姿勢が経営研究においてどのように担保されている，あるいはどのようにすれば担保できるのか，というところで最終的に悩むのである。マッキンゼーのように，チームでコンサルティングに取り組む際には，チームメンバー間で相互にチェックするシステムによって，MECEは機能する。しかし，1人での研究の場合，そうはいかない。唯我独尊に陥らないとも限らない。

そうならないために，我々に残された方法はないものか，と思うのである。最終的には，筆者は，その担保は経営教育にあるのではないか，と考えるようになった。本来，研究の還元先が教育，というのが一般的で，つまり，研究成果を教育現場にて敷衍する，ということである。しかしながら，むしろ教育現場において，合理性の研磨を行うことによって，すなわち，仮説や見解の有する「もっともらしさ（plausibility）」を，講義や指導を通じて確認し，その積み重ねによって，経営学は科学へと昇華していくのではないか，と考えるようになったのである。

ビジネススクールのMBA課程において，理論講義と対をなすのがケース討議である。ケース討議を行うにあたって，教員には綿密なシナリオライティングが要求される。以前，ハーバードのティーチャーズケース（ケースそのものの中身は同じ）を見せてもらったことがあるのだが，サブテーマごとにタイムスケジュールがキチンと定められており，討議で何をどこまでどの時点で導き出すのかが詳細に記載されていた。まるで，ケース討議という「舞台」での綿密な「台本」であった。

このケース制作の重要な裏方さんが，DBA（博士）課程の学生たちである。博士課程の学生なので，将来経営学の教授になろうとしている面々である。博士論文を仕上げるための題材となるケースを選び出し，それを教授との議論のなかからケースのエッセンスを抽出し，ケース教材に仕立て上げていく。このプロセスこそが，合理性研磨の第1段階である。そして，第2段階が，いざMBAでのケース討議本番である。「上演」され，問題があれば台本は修正されていく。安定したパフォーマンス（学生たちの満足）が得られなければ，廃棄されるケースもある。MBAの学生たちの間で不人気ということは，結局，合理性の研磨に不合格，ということになるからである。

プロフェッショナルスクールとしてのビジネススクールの真骨頂がまさにここにある。分野も多岐にわたり，アプローチも多種多様でありながら，MBAの学生たちが討議を通じて学んでいくエッセンスは，合理性の研磨プロセスなのである。

このプロセスを体得すると，どのようなことができるようになるのか。医学や法学の知識のプロフェッショナルとは違い，ビジネスのプロフェッショナルは，「意思決定」のプロフェッショナルなのである。時々刻々変化する環境において，合理的かつ迅速な意思決定を経営者や管理者は求められている。こういう人たちを育成するために，意思決定の科学としての経営研究が必要なのである。

日本の経営教育は，米国に比べればまだまだ日が浅い。大学におけるビジネススクールの設置もいくぶんかは進んだが，MBA取得者の量と質両面においてまだまだ十分とはいえない。意思決定のプロフェッショナルを多数輩出するようになるにはもう少し時間がかかりそうである。

幸い，筆者には大学院・学部併せて数百人に近い教え子がいる。補論で紹介したセンゲ理論を援用すれば，院生たちとのダイアログ（対話）と，ゼミ生たちによるディスカッション（討議）を通じて，筆者の経営研究における合理性感覚は磨かれていった。彼（女）たちがいなければ，本書を構想することもなかったであろう。コロナ禍に負けず，意思決定の技量をさらに磨いていってもらえればと願う次第である。

2022年度春学期を前に

甲山（かぶとやま）を借景に学舎を眺めつつ

小 林 敏 男

人名・企業名索引

【か行】

【さ行】

【た行】

【な行】

【は行】

【ま行】

事項索引

【欧文】

【あ行】

【か行】

【さ行】

【た行】

【ま行】

【や行】

【ら行】

【わ行】

【著者紹介】

小林　敏男（こばやし　としお）

関西学院大学国際学部教授，大阪大学名誉教授

1960年生まれ。1983年大阪大学経済学部卒業。1988年大阪大学大学院経済学研究科博士後期課程単位取得退学。1991年経済学博士（大阪大学）。2003年大阪大学大学院経済学研究科教授を経て，2018年より現職。

金融庁（公認会計士・監査審査会）平成17年度公認会計士試験第二次試験委員，平成18・19年度公認会計士試験委員（2004年11月～2007年11月まで）

研究分野：経営組織・戦略，事業創造

主　　著：『正当性の条件―近代的経営管理論を超えて』（1990年，有斐閣，第8回組織学会高宮賞受賞），『事業創成―イノベーション戦略の彼岸』（2014年，有斐閣）

関西学院大学研究叢書　第236編

法人と組織と資源の理論－経営学省察

2022年3月30日　第1版第1刷発行

著　者　小　林　敏　男

発行者　山　本　　継

発行所　㈱　中　央　経　済　社

発売元　㈱中央経済グループパブリッシング

〒101-0051　東京都千代田区神田神保町1-31-2

電話　03（3293）3371（編集代表）

03（3293）3381（営業代表）

https://www.chuokeizai.co.jp

印刷／昭和情報プロセス㈱

製本／誠　製　本　㈱

＊頁の「欠落」や「順序違い」などがありましたらお取り替えいたしますので発売元までご送付ください。（送料小社負担）

ISBN978-4-502-41371-1　C3034